Maria das Graças T. Paz
Alvaro Tamayo

organizadores

Escola, saúde e trabalho: estudos psicológicos

EDITORA UnB

Impresso no Brasil

Direitos exclusivos para esta edição:
EDITORA UNIVERSIDADE DE BRASÍLIA
SCS Q. 2, Bloco C, nº 78, Ed. OK, 2º andar
70300-500 Brasília DF
Fax: (061) 225-5611

ISBN: 85-230-0555-4

Ficha catalográfica elaborada pela
Biblioteca Central da Universidade de Brasília

E74 Paz, Maria das Graças T. e Tamayo, Alvaro
Escola, saúde e trabalho: estudos psicológicos / Maria das Graças T. Paz, Alvaro Tamayo (organizadores); – Brasília : Editora Universidade de Brasília, 1999.
294 p.

1. Psicologia do Desenvolvimento. 2. Psicologia social. 3. Psicologia do trabalho. 4. Saúde pública. I. Paz, Maria das Graças T. II. Tamayo, Alvaro.

CDU 159.922
159.944
301.151
614.2

Sumário

Apresentação

Escola, saúde e trabalho: três dimensões da vida que fazem parte da experiência da maioria dos seres humanos. Uma parte significativa da nossa vida gira em torno dessas três dimensões, que definem muito do que somos. Este livro foi escrito para aqueles que já conhecem essas realidades e que convivem com elas. Ele foi preparado para aqueles que passam ou passaram uma parte significativa da sua vida envolvidos com a escola; para aqueles que, de uma forma ou de outra, investem na saúde; para aqueles que sabem o que é o trabalho, que conhecem o ambiente de trabalho e passam boa parte de sua existência dedicando-se a ele. Este não é um livro introdutório. Ele pressupõe um conhecimento de primeira mão dessas três realidades e o desejo de compreender melhor a relação do homem com a escola, com a saúde e com o trabalho.

Escola, saúde e trabalho, em ordem alfabética, porque é difícil organizá-los por ordem de importância. A escola tem um papel altamente relevante na vida das pessoas. Ela prepara para o trabalho e desenvolve as bases para assumir o gerenciamento de sua saúde, tanto do ponto de vista pessoal como comunitário. A infância e a adolescência ficam marcadas pela vida escolar e, por meio dessas duas etapas, pela vida toda da pessoa. A grande maioria dos adultos tem a convicção de que os longos anos de escola deixaram uma marca indelével na sua vida. Os nossos pais preocuparam-se em nos oferecer uma boa escola, com a idéia de nos brindar com uma boa experiência escolar. Nós temos a mesma preocupação em relação aos nossos filhos porque sabemos a importância da escola na vida das pessoas. Só este fato é suficiente para mostrar a importância que a escola tem na nossa vida.

A importância da saúde não precisa ser salientada. Ela parece ser uma evidência, bem como o papel do indivíduo para a sua conservação e seu desenvolvimento. São numerosos os fatores intimamente vinculados que definem a saúde: fatores biológicos, diversos níveis de estresse, condições de vida, usos, hábitos e costumes e sistema de cuidados oferecidos pela sociedade, embora o agente principal do gerenciamento seja a própria pessoa. Sem saúde, escola e trabalho ficam comprometidos.

O trabalho é uma necessidade, um direito, um dever? Bem Gourion afirmava que "o trabalho é um dever social, um dever humano na terra, uma manifestação da força criadora do homem, do seu poder de dominar a natureza". Para muitos, ele é obrigação, sofrimento, castigo, escravidão; para outros, ele é realização, saúde, força criadora, a melhor escola na vida e mesmo liberação. Os amantes da estatística insistem que o trabalho representa um quarto da nossa atividade adulta, um oitavo da nossa vida e que ele constitui o meio por excelência para garantir a qualidade dos outros três quartos da nossa existência, bem como a existência e a harmonia da nossa família. A experiência dolorosa do desemprego revela também o papel fundamental que ocupa o trabalho na vida pessoal.

Diante da relevância dessas três dimensões para o ser humano, a Psicologia não podia deixar de se interessar pelo seu estudo e de tentar desvendar diversos aspectos que ainda as ofuscam. No contexto internacional, a sua contribuição tem sido sempre altamente significativa, e, no Brasil, a pesquisa relativa a essas três dimensões está em franco desenvolvimento. Este livro apresenta uma amostra das contribuições mais recentes da Psicologia brasileira.

Além de um capítulo introdutório que apresenta as atividades de pesquisa em Psicologia no país nos últimos anos, por meio do levantamento de trabalhos apresentados em congressos, o livro é constituído de três partes. A primeira trata de questões relativas à escola numa perspectiva desenvolvimental. Composta por quatro capítulos, o segundo enfoca a questão de métodos de pesquisa na área da Psicologia do Desenvolvimento, analisando e discutindo questões epistemológicas, metodológicas e de avaliação, apontando limitações e perspectivas para o desenvolvimento metodológico na área. O terceiro adota a perspectiva co-construtivista do desenvolvimento humano, que considera que a natureza social da personalidade humana emerge no curso da internalização dos processos sociais externos e da externalização de fenômenos psicológicos internos. Nessa perspectiva, é trabalhada a questão da dificuldade de aprendizagem da leitura, descrevendo-se o processo interativo que ocorre entre professora e criança. O quarto capítulo descreve uma proposta de intervenção preventiva para o problema da evasão e do fracasso escolares, baseada no acompanhamento do desenvolvimento infantil e no enriquecimento do ambiente de crescimento da criança institucionalizada. Embora a proposta apresente semelhanças com estudos sobre prontidão para a alfabetização, diferencia-se desta, enfatizando a necessidade de identificação de atraso no desenvolvimento de certas habilidades e intervenção precoces como cruciais para a prevenção de dificuldades de aprendizagem. E o quinto capítulo retrata como as competências das crianças e seu desenvolvimento são representados pelos professores. No que se refere ao desenvolvimento das competências, dois grandes fatores são salientados: o *setting* escolar, refletindo a influência de professores, a maturação, a autodescoberta e a interação com pares, e o *setting* sociofamiliar, que reflete a influência dos pais, da hereditariedade e do nível socioeconômico.

A segunda parte do livro aborda questões relacionadas à saúde, talvez um dos campos mais recentes da Psicologia. Esta área tem contribuído para reformular o processo saúde–doença, mostrando que o fator biológico é só um elemento desse processo e salientando a importância de fatores subjetivos, familiares, institucionais, sociais, comportamentais, políticos e culturais. No sexto capítulo, são abordadas questões que retratam a experiência subjetiva de pacientes psiquiátricos e seus familiares para o tratamento dos transtornos mentais graves, enfocando a não-internação e a manutenção do paciente na convivência familiar e na comunidade como uma das possibilidades de sucesso do tratamento. O sétimo capítulo enfoca a adesão ao tratamento de crianças hospitalizadas como uma das variáveis interferentes no sucesso do tratamento e, conseqüentemente, na recuperação da saúde. No processo de adesão, é enfocado o comportamento das mães, identificando os fatores que comprometem a adesão ao tratamento e demonstrando que um treinamento adequado pode aumentar as respostas de adesão ao tratamento por parte das mães. No oitavo capítulo, assegurando um enfoque sistêmico, é demostrado que, por meio de reuniões com várias famílias, é possível criar um espaço para o compartilhamento do sofrimento e da descoberta das competências das famílias para a resolução de problemas. As reuniões multifamiliares podem favorecer uma diminuição das tensões, além de facilitarem a aprendizagem de como tratar os filhos e como cuidar da saúde, dentre outras conseqüências. Os dois últimos capítulos estão centrados nas questões de gênero. Diferenciando sexo de gênero, sendo este último entendido como uma instituição cultural, o nono capítulo aborda a compreensão de questões fundamentais relacionadas à mulher e sua inserção social, tentando compreender os fatores que afetam a sua saúde, em especial a saúde mental; enquanto o décimo capítulo aborda a subjetividade e as questões de gênero no âmbito da cultura.

A terceira parte do livro aborda o mundo do trabalho, enfocando a organização de trabalho como um sistema aberto, uma entidade psicológica à qual o indivíduo reage. Trata-se, portanto, de um contexto ambiental do comportamento individual e grupal, um ambiente subjetivado e psicologicamente significativo. O décimo primeiro capítulo aborda a ergonomia como uma ciência em construção que visa à melhoria da relação homem–trabalho, discutindo questões conceituais e metodológicas e enfocando a prática ergonômica como elemento de construção teórica. O capítulo seguinte retrata o clima e os valores organizacionais, sendo a organização concebida em termos sociocognitivos e interpretativos. O caráter objetivo da realidade organizacional é substituído pela realidade construída mediante as percepções dos empregados. Nesta mesma linha, o último capítulo demonstra as relações entre critérios de justiça distributiva no trabalho e poder organizacional, sendo salientado que a produtividade de empresas e instituições e o bem-estar dos seus membros podem ser comprometidos se no cotidiano do trabalho houver a percepção de injustiças.

Quanto aos autores deste livro, é impossível identificar homogeneidade teórica e metodológica. O que há de comum entre eles é a postura científica e a determinação em compreender e contribuir para que a vida humana seja marcada pela dignidade, no que se refere às questões relativas à escola, à saúde e ao trabalho.

Atividade de pesquisa por meio de comunicações científicas

Maria Angela G. Feitosa

Neste trabalho, procurou-se analisar a atividade científica em Psicologia no Brasil a partir de comunicações de pesquisa apresentadas em reuniões científicas. As comunicações de pesquisa têm como característica interessante exporem à comunidade o trabalho efetivamente recente. Sua disponibilidade pública é menos dependente de variáveis limitantes, como acesso a espaço para publicação plena, que podem levar a considerável defasagem entre as datas de produção da pesquisa e de divulgação na forma de artigo, aprovado mediante detalhada revisão por pares. Analisar a produção de resumos não só é relevante para o reconhecimento do cenário vivo da área, como poderia contribuir para o diagnóstico de problemas e eventual recomendação de estratégias de indução, especialmente se aliado a análises complementares de artigos e outros produtos da atividade científica.

Fontes de informação e organização dos dados

Foram analisados três anos de resumos de comunicações de pesquisa, apresentadas nas Reuniões Anuais de Psicologia organizadas pela Sociedade Brasileira de Psicologia (SBP) em 1995, 1996 e 1997. As reuniões da SBP têm se caracterizado por acolher de forma ampla as diversas subáreas da Psicologia, permitindo uma amostragem representativa da atividade de pesquisa brasileira em Psicologia. Os resumos publicados nos três anos estudados foram classificados em função da subárea em que foram apresentados pela própria SBP e em função da origem institucional dos autores. Instituições com mais de um *campus* foram contabilizadas de forma integrada (isto ocorreu para os *campi* da Universidade de São

Paulo, da Universidade do Estado de São Paulo, da Universidade Paulista, da Universidade São Francisco e dos hospitais da Rede Sarah).

O primeiro desses indicadores básicos permite analisar a contribuição relativa de cada subárea para o cenário geral da pesquisa em Psicologia. Para maximizar a comparabilidade dos dados ano a ano, subdivisões idiossincráticas foram reorganizadas. Assim, a subárea *Etologia* foi incorporada à *Psicobiologia e Neurociências* e a subárea *Uso do Computador em Educação Especial* foi incorporada à *Metodologia de Pesquisa e Instrumentação*. Também foram integrados a esta última subárea os resumos de uma sessão de *Comunicações Técnicas* considerados compatíveis, mediante leitura do resumo. Trabalhou-se, então, com quinze subáreas da Psicologia: 1) *Análise Experimental do Comportamento* – AEC; 2) *Psicobiologia e Neurociências* – BIO; 3) *Psicologia Clínica* – CLI; 4) *Psicologia Cognitiva* – COG; 5) *Psicologia do Desenvolvimento* – DES; 6) *Psicologia Escolar e da Educação* – ESC; 7) *Psicologia da Família e Comunitária* – FAM; 8) *Formação em Psicologia*; 9) *História da Psicologia* – HIST; 10) *Metodologia de Pesquisa e Instrumentação* – MET; 11) *Psicologia Organizacional e do Trabalho* – ORG; 12) *Percepção e Psicofísica* – PERC; 13) *Psicologia da Saúde*; 14) *Psicologia Social* – SOC e 15) *Técnicas do Exame Psicológico*. Os números e os códigos anteriormente identificados serão utilizados nas Figuras 1 e 2.

Os resumos foram também classificados por instituição de afiliação dos autores. Nessa classificação, os trabalhos com autoria multiinstitucional receberam tantos registros quantas as instituições de origem dos autores, desconsiderando o número de autores de uma mesma instituição. Assim, um trabalho em que três autores se originavam de duas instituições diferentes recebeu dois registros, um para cada instituição. Esse segundo indicador básico, denominado *produto-instituição*, permite uma análise do perfil de pesquisa da instituição. A localização geográfica e a natureza jurídica da instituição foram pesquisadas em bancos de dados de acesso público do Ministério da Educação e do Desporto quando o resumo não era suficientemente informativo.

A partir desses dois indicadores básicos, uma série de outros indicadores foi derivada. Destes, o principal é o que denominamos *produto-instituição*, que representa o número de resumos para os quais houve participação de pesquisador de uma dada instituição. Esse indicador é sensível a autoria múltipla, especialmente se multiinstitucional.

Resultados e discussão

Características gerais dos resumos e de suas instituições de origem

Número e natureza de instituições do triênio

Os resumos originaram-se de 91 diferentes instituições, sendo 61 instituições brasileiras de ensino superior, 19 instituições brasileiras não-educacionais, onze instituições estrangeiras (centros de pesquisa ou universidades), totalizando oitenta instituições brasileiras e onze estrangeiras. Vinte e cinco resumos não tiveram origem identificada e um proveio de instituição educacional com *status* legal não confirmável, tendo sido excluídos de análises detalhadas.

As 61 instituições brasileiras de ensino superior distribuíram-se por todas as regiões do país. No Norte, dois dos sete estados contribuíram por intermédio de duas instituições; no Nordeste, cinco dos nove estados, por intermédio de seis instituições; no Centro-Oeste, dois dos quatro estados, por intermédio de cinco instituições; no Sudeste, os quatro estados, por intermédio de 34 instituições; no Sul, os três estados, por intermédio de quatorze instituições. Dentre as 61, verificou-se que 35 são de natureza pública e 26 de natureza particular.

As dezenove instituições brasileiras não-educacionais distribuíram-se da seguinte forma: uma em Goiás e em Minas Gerais, duas no Paraná, três no Rio de Janeiro, quatro no Distrito Federal, sete em São Paulo; uma última instituição tinha sede no Distrito Federal e na Bahia. Embora não se tenha conseguido identificar a natureza jurídica de cada instituição não-educacional, verificou-se um número expressivo de instituições públicas que têm tradição em abrigar treinamento para o exercício profissional (vários hospitais-escola) ou que são reconhecidas pela geração de tecnologia especializada (por exemplo, Embrapa) ou provedoras de serviços profissionais especializados (por exemplo, APAEs). O número de participações por instituições dessa natureza no triênio foi pequeno (1 a 4, Moda = 1), possivelmente refletindo situações episódicas de técnicos de nível superior em treinamento pós-graduado, uma vez que na maioria dos casos o co-autor provinha de um centro universitário. Em função das características apontadas, esse grupo também foi excluído de análises detalhadas.

As instituições estrangeiras foram tipicamente registradas em situações de co-autoria com pesquisadores brasileiros, refletindo circunstâncias de intercâmbio ou de atividade de pós-graduação de doutorando brasileiro. Foram identificadas parcerias com instituições norte-americanas (5), canadenses (3) e do Reino Unido (3). Esse grupo também foi excluído de análises mais detalhadas.

Número e distribuição dos trabalhos

O total de resumos no triênio foi de 961 (1995: 341; 1996: 341; 1997: 279) e o de produtos-instituição brasileiros no triênio, 1.079 (1995: 389; 1996: 368; 1997: 324). Dos 1.079 produtos-instituição, 861 (79,8%) provieram de instituições públicas de ensino superior, 184 (17%) de instituições particulares de ensino superior e 34 (3,2%) de instituições que não são de ensino superior. Relativizando o número de produtos-instituição pelo número de instituições, obteve-se um índice de produtividade de 24,6 produtos/instituição para as instituições públicas de ensino superior e de 7,1 para as particulares.

Analisando-se ano a ano, verificou-se que nem todas as instituições enviaram trabalhos para apresentação a cada ano. Em 1995, participaram pesquisadores filiados a 44 instituições brasileiras e duas estrangeiras; em 1996, pesquisadores filiados a cinqüenta instituições brasileiras e cinco estrangeiras; e em 1997, filiados a 54 instituições brasileiras e quatro estrangeiras. Os dados mostraram também um crescimento no número de instituições brasileiras cujos pesquisadores apresentaram trabalhos, ao longo do triênio, apesar da diminuição progressiva no número geral de trabalhos para o mesmo período.

Características mais específicas da produção das instituições

A distribuição do número de resumos, número de produtos-instituição e de instituições que contribuíram com resumos, por subárea da Psicologia e por ano, está apresentada na Figura 1. A distribuição no triênio está apresentada na Figura 2. Estas figuras permitem análises adicionais, que serão feitas a seguir.

FIGURA 1

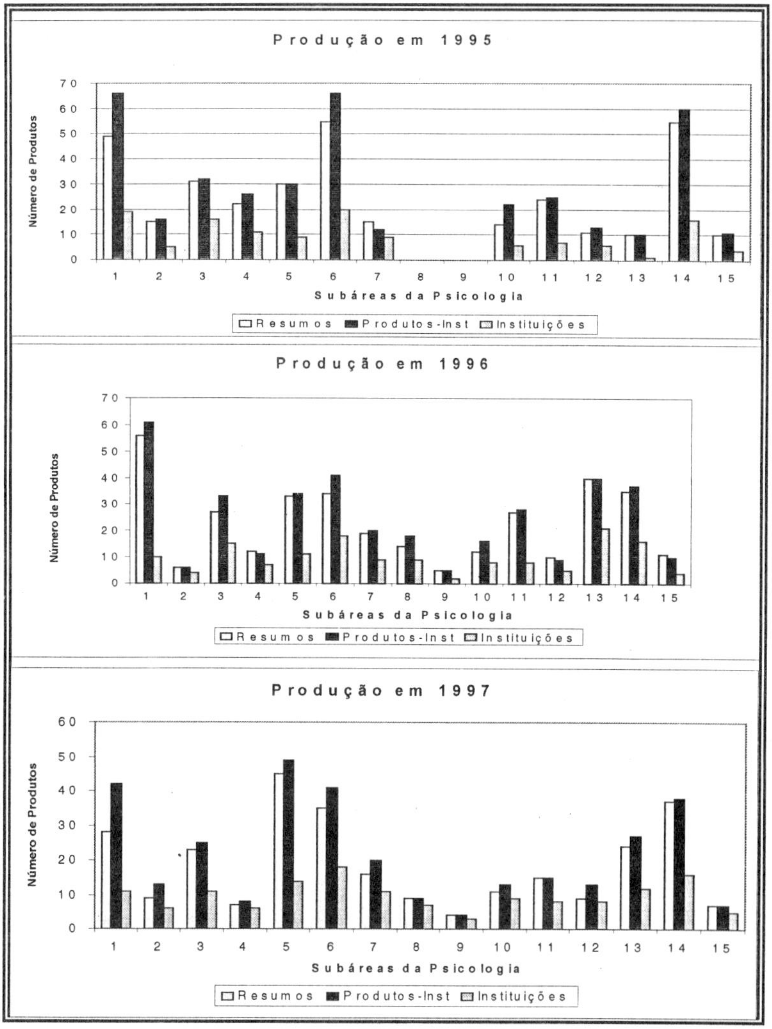

Comunicações de pesquisa apresentadas em Reuniões Anuais de Psicologia da Sociedade Brasileira de Psicologia em número de resumos, número de produtos-instituição e número de instituições que contribuíram para os trabalhos, por área da Psicologia. Os códigos numéricos para as subáreas estão descritos no texto. Os painéis mostram, respectivamente, a produção de 1995, 1996 e 1997.

FIGURA 2

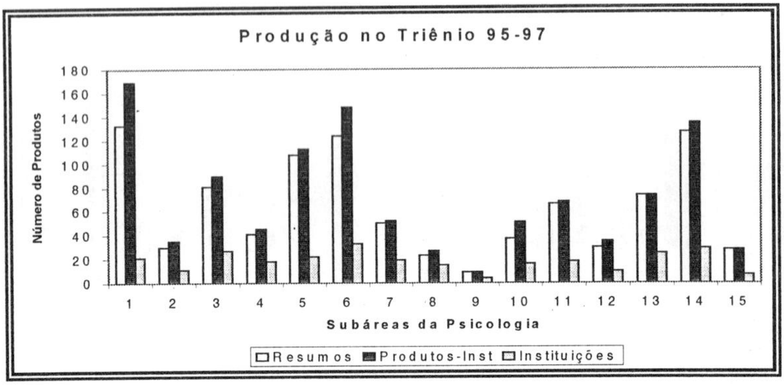

Comunicações de pesquisa apresentadas em Reuniões Anuais de Psicologia da Sociedade Brasileira de Psicologia em número de resumos, número de produtos-instituição e número de instituições que contribuíram para os trabalhos, por área da Psicologia, para o triênio 1995-1997. Os códigos numéricos para as subáreas estão descritos no texto.

A maioria das instituições contribui a cada ano para cinco ou menos subáreas da Psicologia (84% em 1995, 88% em 1996 e 89% em 1997). Um pequeno número de instituições contribui para seis a dez subáreas da Psicologia (13,6%, 8% e 7,4%, respectivamente). Apenas duas universidades contribuem para mais de dez subáreas (Universidade de São Paulo, no triênio, e Universidade de Brasília, em 1996 e 1997).

Características mais específicas da produção nas subáreas

Volume de produção

Dentre as cinco subáreas que mais contribuíram, identificaram-se Análise Experimental do Comportamento (133:169), Psicologia Social (127:135), Psicologia Escolar (124:148), Psicologia do Desenvolvimento (108:113) e Psicologia Clínica (81:90). Os números em parênteses indicam o número de resumos seguido do número de produtos-instituição no triênio.

Disseminação da pesquisa nas subáreas

As subáreas da Psicologia cuja pesquisa se originou de um número maior de instituições brasileiras foram Psicologia Escolar (33), Psicologia Social (29), Psicologia Clínica (27), Psicologia da Saúde (25) e Psicologia do Desenvolvimento (22).

Produtividade por subárea

Quando o volume de produção foi relativizado pelo número de instituições que contribuíram para a subárea, observou-se que as subáreas mais produtivas foram Análise Experimental do Comportamento (6,3: 8), Psicologia do Desenvolvimento (4,9: 5,1), Psicologia Social (4,4: 4,6), Técnicas do Exame Psicológico (4: 4) e Psicologia Escolar (3,7: 4,5).

No conjunto, estes três indicadores sugerem que as áreas de Psicologia Escolar, Psicologia do Desenvolvimento, Psicologia Social e Análise Experimental do Comportamento reúnem evidências consistentes de solidez.

Preocupações

Análise equivalente buscando, para os mesmos indicadores, as cinco subáreas com desempenho mais precário mostrou registro mais frágil para as áreas de Formação em Psicologia e História da Psicologia, tanto em números brutos quanto em relativos. As áreas de Psicobiologia e Neurociências, Percepção e Psicofísica e Técnicas do Exame Psicológico partilham as características de números brutos reduzidos, mas produtividade elevada ou mediana. Estas áreas merecem uma análise mais cuidadosa e a atenção da comunidade científica, pois os dados podem estar refletindo tanto insuficiência de massa crítica como preferência dos pesquisadores por outros eventos científicos. Também merecem uma análise mais cuidadosa as áreas de Psicologia Cognitiva e Psicologia da Família. Nestas duas áreas, os resumos podem conter impropriedades de classificação, dada a superposição de interesses dos pesquisadores com as áreas de Desenvolvimento Cognitivo e de Psicologia Clínica, respectivamente.

Estabilidade das áreas

No triênio analisado, observou-se uma queda geral no número de trabalhos apresentados. Uma amostra de um triênio não é suficiente para uma análise de trajetória das subáreas, especialmente porque no ano de 1997 a Reunião Anual da SBP foi precedida pelo Congresso Internacional da Sociedade Interamericana de Psicologia, na cidade de São Paulo, um evento que, à semelhança daquele organizado pela Sociedade Brasileira de Psicologia, abriga trabalhos em todas as áreas da Psicologia. Essa característica muito provavelmente gerou uma migração transitória para o evento organizado pela SIP. A análise de trajetória de comunicações em reuniões científicas precisa ser feita para todas as subáreas da Psicologia, a exemplo do que Gimenes, Nunes e Benvenuti fizeram para a Psicologia Experimental (ver adiante nesta obra).

Características das instituições mais produtivas

Volume de produção

As instituições foram ordenadas pelo número de produtos-instituição, para análise de sua contribuição para a massa da pesquisa. Verificou-se uma distribuição altamente assimétrica, na qual apenas duas instituições contribuíram para mais de 150 trabalhos no triênio; após uma grande falha na distribuição, registraram-se 21 instituições contribuindo com onze a 51 trabalhos, doze instituições com cinco a dez trabalhos e 56 instituições com menos de cinco trabalhos. Esta última categoria incluiu as onze instituições estrangeiras, as dezenove instituições brasileiras que não são de ensino superior e 26 instituições brasileiras de ensino superior, e foi excluída de análises subseqüentes.

Densidade da produção científica

As instituições foram novamente ordenadas por número de trabalhos, por número de subáreas para as quais a instituição contribuiu e por número de anos no triênio em que pesquisadores da instituição apresentaram trabalhos. Por limitações de espaço, está apresentado na Tabela 1 apenas o segmento que contém as instituições com escores mais altos, levando em consideração os três critérios de ordenamento anteriormente mencionados, de forma a contemplar as dez melhores instituições públicas e particulares.

TABELA 1

Instituições que mais contribuíram para trabalhos no triênio 1995-1997, por ordem decrescente de número de trabalhos com participação da instituição, número de subáreas em que as participações ocorreram e número de anos em que houve participação

Ord.	Est.	Nat.	Denominação	Prd.-Inst.	SbA.-Inst.	Anos	Pub.+	Part.+
1	SP	Pub.	Univ. de São Paulo	201	15	3	*	
2	DF	Pub.	Univ. de Brasília	157	14	3	*	
3	SP	Pub.	Univ. do Estado de São Paulo	51	11	3	*	
4	SP	Pub.	Univ. Fed. de São Carlos	45	9	3	*	
5	RS	Pub.	Univ. Fed. do Rio Grande do Sul	41	7	3	*	
6	RJ	Pub.	Univ. Fed. do Rio de Janeiro	40	10	3	*	
7	PE	Pub.	Univ. Fed. de Pernambuco	40	8	3	*	
8	PA	Pub.	Univ. Fed. do Pará	38	8	3	*	
9	SP	Part.	Pontif. Univ. Católica de Campinas	33	8	3		*
10	SC	Pub.	Univ. Fed. de Santa Catarina	31	10	3	*	
11	SP	Part.	Pontif. Univ. Católica de São Paulo	30	11	3		*
12	ES	Pub.	Univ. Fed. do Espírito Santo	27	8	3	*	
13	PR	Pub.	Univ. Estadual de Londrina	27	6	3		
14	GO	Part.	Univ. Católica de Goiás	25	4	3		*
15	RJ	Part.	Univ. Gama Filho	20	5	3		*
16	RJ	Pub.	Univ. do Estado do Rio de Janeiro	19	7	3		
17	MG	Pub.	Univ. Fed. de Uberlândia	18	8	3		
18	SP	Pub.	Univ. Estadual de Campinas	16	6	3		
19	PB	Pub.	Univ. Fed. da Paraíba	13	5	3		
20	MG	Pub.	Univ. Fed. de Minas Gerais	13	5	3		
21	BA	Pub.	Univ. Fed. da Bahia	13	3	2		
22	PR	Pub.	Univ. Fed. do Paraná	11	6	3		
23	SP	Part.	Univ. São Judas Tadeu	11	6	3		*
24	SP	Pub.	Univ. de Taubaté	9	4	3		
25	RS	Pub.	Univ. Fed. de Santa Maria	9	2	2		
26	SP	Part.	Univ. Paulista	7	5	3		*
27	SP	Part.	Univ. São Marcos	7	3	2		*
28	SP	Part.	Univ. Mackenzie	6	4	2		*
29	SP	Part.	Univ. Metodista de Piracicaba	5	3	3		*
30	SP	Part.	Univ. Católica de Santos	5	2	2		*

Na Tabela 1, pode-se observar que em cada região do país há pelo menos uma universidade ocupando as melhores posições, um dado muito positivo, considerando o tamanho e a diversidade do país. Mas a distribuição contém também alguns viéses importantes: as trinta instituições são universidades, das quais vinte públicas e dez particulares, sendo que dezessete se encontram na Região Sudeste. As dez melhores universidades públicas contribuíram com 27 a 201 produtos-instituição, em sete a quinze áreas. As dez melhores universidades particulares contribuíram para seis a 33 produtos-instituição, em duas a onze áreas da Psicologia. As seis universidades com melhor desempenho respondem sozinhas por 50% da produção de pesquisa em Psicologia no Brasil, uma preocupante concentração. Resumindo, mesmo analisando apenas as instituições com desempenho relativo diferenciado no cenário geral da Psicologia, verifica-se uma grande diferença entre as universidades públicas e as particulares na contribuição que oferecem para o desenvolvimento da pesquisa no Brasil. Os dados de Gimenes, Nunes e Benvenuti, nesta obra, apontam na mesma direção.

Contrastes entre a pesquisa e o ensino

De acordo com o Ministério da Educação (MEC, 1998), em 1996, último ano cujo censo está disponível, o Brasil contava com 123 cursos de graduação em Psicologia, dos quais 85 (69,1%) em instituições particulares. Em 1995, ainda de acordo com a mesma fonte, 9.799 pessoas concluíram o curso de graduação em Psicologia, das quais 7.407 (75,5%) em instituições privadas. Como os dados de 1996 para cursos e de 1995 para concluintes do terceiro grau são os últimos disponíveis, e como os dados de concluintes são estáveis no período 1991-1995, adotaremos o pressuposto de que os números relativos permitem comparação direta sem distorção de grande monta. Assim procedendo, observa-se que, enquanto na atividade de ensino a produção de graduados guarda uma razoável correspondência com a proporção de instituições quanto a sua natureza, na atividade de pesquisa a relação é inversa: elevada proporção da pesquisa é produzida por instituições públicas (75,1% da pesquisa apresentada no triênio 1995-1997 proveio de dezenove instituições públicas, correspondendo a 15,5% do conjunto de instituições que oferecem ensino superior em Psicologia ou a 31,1% das instituições brasileiras de ensino superior que apresentaram trabalhos no triênio 1995-1997 na Reunião Anual de Psicologia).

Comentários finais

No presente trabalho, foi mostrado um recorte específico na produção científica em Psicologia no Brasil, analisando a produção apresentada em evento científico reconhecido por sua tradição, seu profissionalismo e sua abrangência geográfica e de subáreas da Psicologia. Vários recortes complementares precisam ser feitos, de forma sistemática e regular, para se ter um mapeamento acurado da área e subsídios concretos para a proposição e a implementação de políticas para a Psicologia. É imperativo esclarecer adequadamente o desequilíbrio na atividade científica entre as subáreas da Psicologia, sugerido pelos dados aqui analisados. Mais do que nunca, mostra-se necessário um acompanhamento cuidadoso da atividade científica em Psicologia, dada sua forte concentração na universidade pública. Dois fatos recentes justificam essa preocupação. De um lado, a pressão internacional para a redução dos gastos públicos com o ensino superior, explicitada nas recomendações do Banco Mundial (1995) para os países em desenvolvimento. De outro lado, as implicações da Lei nº 9.394/1996 para o reordenamento das instituições de ensino superior na natureza de seu compromisso com o ensino e a pesquisa.

Referências bibliográficas

BANCO MUNDIAL (1995). *La enseñanza superior. Las leciones derivadas de la experiencia.* Washington, D. C.: Banco Mundial.

FEITOSA, M. A. F. (org.) (1996). *Resumos de comunicações científicas.* XXVI Reunião Anual de Psicologia. Ribeirão Preto: Sociedade Brasileira de Psicologia.

_______________. (org.) (1997). *Resumos de comunicações científicas.* XXVII Reunião Anual de Psicologia. Ribeirão Preto: Sociedade Brasileira de Psicologia.

GOVERNO BRASILEIRO (1996). Lei de Diretrizes e Bases da Educação Nacional (Lei nº 9.394). *Diário Oficial da União*, 23 de dezembro de 1996.

MINISTÉRIO DA EDUCAÇÃO E DO DESPORTO (1998). Dados do Censo do Ensino Superior sobre a Psicologia – 1996 a 1992. Brasília: MEC/SESu/COSIN/DAIN/SANAI.

TOMAZ, C. A. B. (org.) (1995). *Resumos*. XXV Reunião Anual de Psicologia. Ribeirão Preto: Sociedade Brasileira de Psicologia.

MARIA ANGELA G. FEITOSA é graduada pela Pontifícia Universidade Católica de São Paulo e Ph.D. em 1983 pela University of Michigan, Ann Arbor, Estados Unidos, onde desenvolveu pesquisa sobre um modelo primata para surdez neurossensorial. Trabalha na Universidade de Brasília, onde leciona nas áreas de percepção e psicofísica para alunos de graduação e psicobiologia e processos sensoriais para alunos de pós-graduação. Desenvolve e orienta pesquisas na área de desenvolvimento da percepção auditiva. Já foi diretora do Instituto de Psicologia da UnB, editora da revista *Psicologia: Teoria e Pesquisa* e presidente da Sociedade Brasileira de Psicologia. Ultimamente integra a Comissão de Especialistas em Ensino de Psicologia junto ao Ministério da Educação.

Escola e desenvolvimento

A questão do método na Psicologia do Desenvolvimento: uma perspectiva co-construtivista

Ângela Uchôa Branco
Jaan Valsiner

A questão da metodologia no âmbito das ciências psicológicas tem geralmente sido discutida de forma não integrada às questões teóricas e epistemológicas relacionadas ao fazer científico em nossa disciplina (para uma discussão mais ampla desta questão, ver Valsiner, 1997 e Winegar, 1997). No presente capítulo, será discutida a necessidade de tal integração, ressaltando a fundamental importância dos vários e diferentes níveis em que o processo de construção do conhecimento científico se dá. Em especial, no campo da Psicologia do Desenvolvimento, é preciso melhor definir o próprio conceito de seu objeto de estudo – o "desenvolvimento" humano – antes de adotar metodologias, ou melhor dizendo, métodos mais apropriados. Muitos métodos, por vezes, impõem-se ao pesquisador como sendo a opção mais "moderna" ou "atualizada" para garantir o desejável "rigor" científico das pesquisas realizadas, fazendo crer ao pesquisador que a simples utilização de testes estatísticos mais avançados, que aparentemente confere maior credibilidade aos "dados" obtidos nas pesquisas, é mais adequada para estudar o fenômeno do desenvolvimento humano.

Segundo Kindermann e Valsiner (1989), não é possível o estabelecimento da superioridade de um tipo de método sobre o outro, desconsiderando o fato de que a seleção dos métodos a serem adotados é uma função direta da natureza das perguntas orientadoras do processo de investigação. Isso permite a superação de antigas dicotomias que insistem em discutir a necessária prevalência de abordagens quantitativas sobre as qualitativas ou vice-versa, na medida em que o que se busca é resguardar a coerência interna do processo de pesquisa e o seu imprescindível contato com a realidade empírica que suscita as questões a serem analisadas. Aqui serão analisados os conceitos de "dados", de "variáveis", de critérios como fidedignidade e validade utilizados para indicar a consistência e a coerência dos dados da pesquisa, bem como outros construtos direta ou indiretamente relacionados à questão metodológica.

Neste trabalho, a ênfase principal será nos processos de produção de conhecimento na área da Psicologia do Desenvolvimento. Argumentos a favor da adoção de metodologias que contemplem o caráter dinâmico e transformacional dos processos desenvolvimentais serão apresentados, assim como serão aqui analisados os pressupostos construcionistas e sociogenéticos da abordagem co-construtivista e suas necessárias implicações em termos metodológicos. O resgate de metodologias microgenéticas para a melhor compreensão de certos processos psicológicos será discutido, em termos de suas repercussões no nível da compreensão dos processos de co-construção de significados e, portanto, dos variados aspectos e dimensões do desenvolvimento humano no contexto das interações sociais.

A abordagem co-construtivista

A perspectiva co-construtivista emerge a partir de uma síntese das principais contribuições de teorias sociogenéticas (*e.g.*, Baldwin, 1896; Vygotsky, 1984) e do construtivismo de Jean Piaget (*e.g.*, 1961), na tentativa de encontrar caminhos explicativos para a constituição de indivíduos originais e singulares a partir da forte e significativa influência exercida sobre a criança em desenvolvimento pelo contexto socio-histórico-cultural no qual ela está inserida (Valsiner, 1994, 1997). O ambiente, na perspectiva sociocultural co-construtivista, não modela os indivíduos, mas fornece eixos definidos por regras, normas sociais, limites e significados apresentados sob a forma de valores e crenças, que guiam e conduzem o seu desenvolvimento em determinada direção.

As metas, parte fundamental do sistema motivacional a orientar a ação dos indivíduos (aqui denominadas como "orientações para objetivo" – *goal orientations* – ver Branco e Valsiner, 1992, 1997), são, no entanto, transformadas ou co-construídas, na medida em que as sugestões sociais presentes nos vários contextos em que o sujeito se insere são por ele ativamente reelaboradas, sendo, então, internalizadas (Lawrence e Valsiner, 1993) como parte da sua cultura pessoal. Assim, atribui-se simultaneamente um papel central tanto às origens socioculturais das variadas dimensões em que se expressam o desenvolvimento humano (processo ao qual nos referimos como "canalização cultural"), como ao papel original e criativo desempenhado pelo sujeito nesse processo. Este, em contínuo processo de negociação e renegociação de metas e limites (*constraints*), vai pouco a pouco constituindo-se como ser único e individual, com características próprias que de uma forma ou de outra também refletem o contexto sociocultural específico dentro do qual se deu o seu desenvolvimento como pessoa humana.

Metodologia e o processo de co-construção do conhecimento

Uma visão sistêmica dos processos de desenvolvimento humano (Ford e Lerner, 1992) necessariamente exige a superação de fórmulas tradicionais amplamente utilizadas na Psicologia clássica. Ford e Lerner (1992) definem desenvolvimento humano da seguinte maneira:

> O desenvolvimento humano individual envolve processos de incremento e transformação que, através do fluxo de interações entre as características atuais da pessoa e os contextos em que está inserida, produzem uma sucessão de mudanças relativamente duradouras que elaboram ou aumentam a diversidade das características estruturais e funcionais da pessoa e os padrões de suas interações com o ambiente, ao mesmo tempo em que mantêm a organização coerente e a unidade estrutural-funcional da pessoa como um todo (1992, p. 49).

Considerando o caráter abrangente, multidimensional e dinâmico da definição anteriormente apresentada, torna-se inevitável o desenvolvimento de metodologias apropriadas, no sentido de captar, registrar, analisar e interpretar os processos por meio dos quais o desenvolvimento se expressa, o que exige, sem dúvida, uma definição de metodologia que de fato contemple a relação intrínseca que deve existir entre fundamentos epistemológicos, teoria, métodos, construção (e não "coleta") de dados, em sua relação maior com a natureza do fenômeno que se pretende cientificamente investigar.

Os desafios enfrentados por uma abordagem co-construcionista que, no nível epistemológico, considera a existência de uma realidade "natural" independente do ser humano em seu papel de observador cognoscente, de um lado, e o caráter construído do conhecimento desta mesma realidade, do outro (Barnett-Pearce, 1995; Rey, 1997), são realmente consideráveis. Particularmente, porque a "realidade" que mais significativamente afeta o ser humano e a organização da vida em sociedade, no complexo contexto de instituições sociais heterogêneas e do tecido formado por subculturas muitas vezes contraditórias, é uma realidade de natureza semiótica (Peirce, 1985) e multifacetada, co-construída por indivíduos de uma forma ou de outra organizados em complexos socioculturais.

Comumente, a questão dos métodos mais adequados a serem empregados nas pesquisas científicas realizadas no campo da Psicologia não se refere à necessária adequação entre o problema a ser investigado e a teoria, o que levaria à definição, ou mesmo ao desenvolvimento, de novas metodologias para responder aos desafios postulados pelos objetivos do projeto de investigação. Muitas vezes os métodos assumem preponderância no processo, uma vez que a comunidade científica os consagrou como confiáveis, rigorosos, adequados às exigências de fidedignidade e de validade às quais se referem os manuais de metodologia científica. Ora, a questão principal que se coloca aqui é a adequação e a integração de todos os níveis do processo mais amplo de construção do conhecimento (em seu conjunto, sendo designados como "metodologia").

A conceituação de metodologia é aqui apresentada como o processo utilizado pelo investigador orientado por metas de produção de conhecimento específicas, o qual envolve procedimentos de intervenção no sentido de provocar ou destacar aspectos do fenômeno que se pretende estudar (métodos ←→ dados). O pesquisador, na concepção e no desenvolvimento das diferentes etapas desse processo, parte de sua visão pessoal de mundo e vai definindo, a cada etapa, o melhor caminho a seguir. Entretanto, muitas vezes essa desejável coerência não se efetua na prática, não sendo explicitadas as razões ou o sentido epistemológico da adoção de determinados métodos e, muito menos, da relevância ou relação dos dados produzidos com o fenômeno propriamente dito (Smedslund, 1995; Winegar, 1997). A Figura 1 apresenta, de forma esquemática, a concepção de metodologia adotada a partir de uma perspectiva sistêmica co-construtivista.

FIGURA 1

Metodologia como um processo cíclico de construção de conhecimento (com base em Branco e Valsiner, 1997)

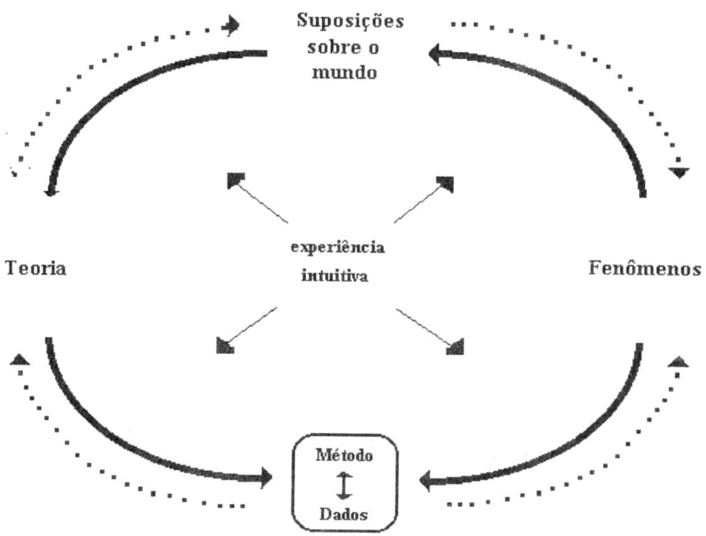

O processo de pesquisa, conforme apresentado na Figura 1, consiste em um fluxo cíclico de atividades, em que o papel dos pressupostos epistemológicos do pesquisador assume grande relevância, mesmo que estes não se encontrem claramente explicitados ao longo da investigação. O pesquisador, como indivíduo inserido em um contexto sociocultural específico e participante de uma comunidade científica caracterizada por um perfil determinado, tende a refletir, no conjunto das atividades desenvolvidas com o propósito de estudar cientificamente um certo fenômeno, os seus pressupostos e sua visão de mundo, muitas vezes, porém, deixando de lado o estabelecimento de relações coerentes e consistentes entre as diferentes fases do processo.

As setas que fazem as interconexões entre as várias etapas (na Figura 1) indicam a possível existência de *feedbacks* corretivos, no sentido de promover a real construção do conhecimento. O fato de que método e dados são aqui apresentados como uma unidade indissolúvel, a mutuamente co-construir-se, significa que os métodos são, de fato, os instrumentos por meio dos quais facetas específicas e selecionadas (pelo método!) da "realidade" se apresentam ao pesquisador. Assim, os pesquisadores irão construir os dados exatamente com base na forma peculiar e seletiva que utilizaram para evidenciá-los.

Outro aspecto presente na Figura 1 diz respeito à influência da experiência intuitiva do pesquisador na definição de cada uma das etapas e de suas inter-relações. Esse é um fator geralmente alheio aos manuais de pesquisa, mas que sem dúvida exerce um poderoso papel nos múltiplos momentos de criatividade científica que irão possibilitar a emergência do novo por meio do processo designado abducção. Segundo Valsiner (1997), apenas os processos de indução e de dedução, tradicionalmente consagrados para a construção de conhecimento, não são suficientes para explicar o surgimento da novidade e, portanto, o avanço no conhecimento científico. Daí ser preciso resgatar o conceito de abducção, que traduz a noção de que idéias novas surgem de forma mais ou menos imprevisível ao longo dos exercícios de indução e dedução realizados pelo cientista em seu projeto de construção do conhecimento.

É importante também considerar como a utilização de métodos, no sentido de produzir os dados no ciclo de investigação, acaba por alterar ou modificar esses mesmos dados. Existem excelentes exemplos de co-construção dos dados, desde a utilização de técnicas de observação direta até o emprego de técnicas de entrevista. Ilustrando essa questão, existe o caso em que o indivíduo que está sendo entrevistado não teve no passado qualquer posição formada em relação ao tópico que lhe está sendo apresentado pelo entrevistador. É evidente que, ao ser perguntado sobre uma questão acerca da qual ainda não se posicionou, o sujeito estará co-construindo um novo discurso, na dependência de como se estabeleceu o vínculo com o entrevistador, do conteúdo da pergunta, da ênfase dada a cada palavra e da qualidade metacomunicativa (Branco, 1998) das trocas verbais entre ambos. Considere-se, por exemplo, a seguinte questão: "Por que você comprou este livro?"

Dependendo da ênfase dada a cada uma das palavras acima, e a depender também do contexto da relação entre as pessoas participantes do diálogo, a resposta do outro poderia ser:

- Porque eu sempre sonhei ter uma pequena biblioteca!
  (ênfase e/ou destaque aqui para o termo "livro")
- Porque eu adoro literatura e este livro é de um excelente autor!
  (ênfase e/ou destaque aqui para o termo "este")
- Porque eu tinha dinheiro!
  (ênfase e/ou destaque aqui para o termo "comprou")
- Porque eu não conheço ninguém que tenha esse livro e ele não existe na biblioteca!
  (ênfase e/ou destaque aqui para o termo "você")

Este é apenas um pequeno exemplo de como as pessoas estão continuamente co-construindo os seus discursos, com base na interpretação que fazem das mensagens expressas por cada uma. Além disso, em todo processo de comunicação existe uma dimensão metacomunicativa (Branco, 1998; Fogel e Branco, 1997; Leeds-Hurwitz, 1995) que estabelece o contexto relacional (ou *frame*) específico que serve de base para a interpretação e a criação de significados ao longo do processo comunicativo, gerando, assim, novas informações, tanto relacionais como referentes a conteúdos não-relacionais específicos (a propósito, ver Rommetveit, 1992). Conclui-se, pois, que os dados que muitos consideram estarem sendo "coletados" estão, na verdade, sendo co-construídos pelos participantes – pesquisador e sujeito pesquisado – durante a aplicação de procedimentos ou técnicas específicas para a "coleta" de dados.

Ainda com relação à escolha dos métodos, Kindermann e Valsiner (1989) argumentam que os métodos a serem empregados devem antes de tudo adequar-se às questões colocadas pela pesquisa. Caso estas questões se orientem no sentido de buscar compreender características específicas, que podem ser traduzidas sob a forma de categorias preestabelecidas ou mesmo anteriormente elaboradas em pré-projetos de investigação, então métodos quantitativos podem (e devem) ser empregados na busca de respostas coerentes com as questões formuladas no projeto. Porém, se, ao contrário, se deseja investigar aspectos referentes aos processos envolvidos no desenvolvimento de alguma característica ou aspecto específico de um certo fenômeno psicológico, metodologias mais apropriadas para evidenciar, descrever e analisar tais processos de contínua mudança e transformação precisam ser desenvolvidas.

No caso específico da Psicologia do Desenvolvimento, na qual o próprio objeto de estudo – desenvolvimento humano – é definido a partir de uma perspectiva sistêmica como processo de mudança, metodologias de natureza qualitativa e interpretativa (Branco e Valsiner, 1997; Gaskins, Miller e Corsaro, 1992; Kindermann e Valsiner, 1989; Rey, 1997; Valsiner, 1997) revelam-se mais adequadas para compreender as estruturas e a organização dinâmica dos processos envolvidos. Isto é verdadeiro, considerando a ocorrência de tais processos tanto no nível micro como no nível ontogenético e situando-os no âmbito de contextos mais amplos (ver conceito de macrossistemas em Bronfenbrenner, 1989).

A adoção de metodologias qualitativas, porém, não implica que critérios relacionados ao rigor, à coerência e à consistência científicas devam ser relegados a um segundo plano. Gaskins,

Miller e Corsaro (1992) analisam muito bem essa questão, afirmando que é preciso observar estritamente critérios que garantam a qualidade científica do estudo sob o ponto de vista das metodologias interpretativas, em lugar das antigas noções de fidedignidade e validade, que se apóiam na utilização de modelos nomotéticos de investigação científica baseados na descontextualização e na universalidade dos fenômenos psicológicos. Chen e Pearce (1995) fazem o mesmo, ressaltando o sentido histórico e relacional dos fatores investigados e destacando o papel da interpretação coerente, da probabilidade e da plausibilidade das explicações obtidas por meio de múltiplas fontes acerca da natureza complexa do fenômeno. Tais explicações devem estar integradas à teoria e engajadas na realidade concreta, diretamente experienciada pelo pesquisador, das atividades e observações de ordem prática que se dão no contexto semiótico específico em que o fenômeno a ser estudado se apresenta.

A questão da unidade de análise na perspectiva co-construtivista aponta para as interações sociais, que são consideradas o momento privilegiado para a co-construção de significados e para a emergência de elementos novos (Valsiner, 1997). A definição das unidades propriamente ditas, porém, está na dependência direta dos significados atribuídos pelo investigador ao fluxo comunicativo, que irá lhe permitir estabelecer critérios de recorte (como o estabelecimento de proposições, por exemplo, na análise de conteúdo) para melhor estudar a dinâmica interativa e a expressão de categorias típicas do seu objeto de estudo. Levando em conta esse aspecto da análise dos dados, em conjunto com o pressuposto fundamental da organização sistêmica entre os variados fatores que participam na configuração dos processos psicológicos, a noção de "variável" (entendida como um fator específico e isolado dos demais e que assume diferentes valores) perde o seu valor heurístico no contexto das análises qualitativas, já que a estrutura ou a organização sociocultural do fenômeno adquire um papel preponderante (Magnusson, 1995). Cole (1992) é bastante convincente em seus argumentos de que a "cultura", considerada por muitos pesquisadores dedicados a estudos transculturais (isto é, estudos que consideram o fenômeno independentemente do seu contexto e que comparam a expressão do "mesmo" fenômeno em diferentes culturas), não pode ser de forma alguma entendida como "variável". No caso do desenvolvimento humano, argumenta o autor, a cultura exerce um papel constitutivo e não representa mais um fator a influenciar o desenvolvimento dos múltiplos aspectos em que este ocorre. A cultura, na perspectiva sociocultural co-construtivista, engendra o desenvolvimento e não apenas se relaciona a ele de forma periférica.

Particularmente no campo da Psicologia do Desenvolvimento, portanto, precisamos analisar o sentido da utilização do termo "variável". "Variáveis" são construções semióticas de natureza arbitrária, referentes a características específicas do ambiente ou do indivíduo. Ora, o rótulo "variável" – que originalmente designava um parâmetro que poderia ser variado ou pelo experimentador ("variáveis independentes'), ou pelo sujeito da pesquisa ("variáveis dependentes") – passou a ser empregado para definir, por exemplo, fatores que são, na realidade, índices (Peirce, 1985) ou condições constitutivas, tais como gênero, *status* socioeconômico, etc., desconsiderando-se o caráter sistêmico e contextual que orienta a organização dos fenômenos psicológicos em geral .

Danziger aponta para esta questão de uma forma muito apropriada:

> ...a divisão de ações das pessoas socialmente situadas em componentes individuais separados e em componentes situacionais externos à pessoa provê um quadro de referência para uma atomização generalizada das características tanto do indivíduo como da situação. Esta última tornou-se um "ambiente" para um indivíduo independente. A busca de leis científicas universalmente válidas freqüentemente assume a forma de um estabelecimento de associações empíricas entre "variáveis" e "fatores" ambientais e individuais. Esta tarefa depende do pressuposto fundamental de que as variáveis estudadas irão reter sua identidade, não importa em qual contexto estejam sendo estudadas (1990, p. 187).

Uma outra crítica muito pertinente em relação a grande parte das pesquisas publicadas na área da Psicologia do Desenvolvimento Humano é realizada por Smedslund (1994). O autor faz uma análise pormenorizada de cinco artigos recentemente publicados, escolhidos aleatoriamente de um único número do prestigioso periódico científico *Child Development*. Seu principal argumento é que quatro dessas pesquisas são, na realidade, pseudo-empíricas, uma vez que investigaram questões que já se encontravam respondidas em sua própria formulação, tornando impossível negar as hipóteses iniciais. Segundo Smedslund, "embora suas hipóteses [das pesquisas] fossem tratadas como empíricas, muitas delas eram necessariamente verdadeiras e, portanto, insensíveis à observação empírica" (p. 280). Isso representa um sério problema, na medida em que acreditamos ser essencial à pesquisa científica fazer avançar o conhecimento, mesmo que por meio de estudos exploratórios e mais contextualizados. Afinal, dentro da perspectiva aqui adotada, o que vale é a possibilidade de compreender a complexidade e a dinâmica dos processos envolvidos na configuração dos fenômenos psicológicos, buscando-se extrair princípios e tendências que possam, estes sim, ser generalizáveis e, portanto, úteis em novas situações ou novos contextos.

A elaboração de projetos que buscam construir uma lógica desenvolvimental (Valsiner, 1995; Herbst, 1995), bem como procedimentos criados para a análise de diálogos por meio de esquemas dialéticos (Markova, 1990, 1994; Smolka, 1994), tem claramente demonstrado a possibilidade de desenvolver metodologias que transcendem a necessidade habitual da Psicologia em trabalhar com a noção de variáveis. Nessa linha, a abordagem microgenética, inicialmente utilizada por autores como Sander (1930), Werner (1954) e Vygotsky (1984), representa um excelente caminho para a análise de processos complexos que se dão ao longo do fluxo interativo (Branco e Valsiner, 1992, 1997; Catán, 1986; Siegler e Crowley, 1991; Wertsch, 1989).

De acordo com Siegler e Crowley (1991), o método microgenético caracteriza-se por:

> a) as observações se estendem por todo o período da mudança, desde o início desta até o momento em que um [novo] estado relativamente estável é alcançado; b) a densidade das observações é alta relativa à taxa de mudança do fenômeno; e c) o comportamento observado é sujeito a uma intensiva análise de tentativa por tentativa [isto é, de cada passo da seqüência de ações], com o objetivo de inferir o processo que produz tanto os aspectos quantitativos como os qualitativos da mudança (1991, p. 606).

A metodologia microgenética permite o estudo dos fenômenos de mudança ou transição, dando margem à investigação de aspectos tanto qualitativos como quantitativos dos processos de mudança, bem como indicando as condições e as estratégias empregadas pelos indivíduos na produção das mudanças observadas. Os pesquisadores criam uma situação estruturada, no sentido de facilitar a ocorrência de um determinado tipo de fenômeno, o qual é, então, detalhadamente descrito e posteriormente interpretado em termos dos indicadores presentes e de seus possíveis significados desenvolvimentais.

Nos trabalhos de pesquisa realizados no Laboratório de Microgênese das Interações Sociais (Instituto de Psicologia – UnB), têm-se desenvolvido projetos a partir da perspectiva microgenética. A utilização de tal abordagem para o estudo dos processos de comunicação e de metacomunicacão tem permitido identificar estratégias comunicativas e metacomunicativas específicas, bem como a emergência de momentos de co-construção de significados entre os indivíduos no contexto das interações sociais (*e.g.* Branco e Valsiner, 1992, 1997; Branco, Flores Ferreira e Pessina, 1997; Maciel, Branco e Valsiner, no prelo).

Pela utilização da metodologia microgenética, tem sido possível estudar a dinâmica das interações sociais, destacando-se particularmente a identificação de *frames* interativos (Branco, 1998; Fogel, 1993) com base na análise da coordenação convergente, divergente e ambivalente entre as "orientações para objetivo" (*goal orientations*) (Branco e Valsiner, 1997) típicas de cada participante da interação. A análise microgenética permite, igualmente, analisar os processos de negociação de tais "orientações" e dos limites (*constraints*) (Valsiner, 1994) de cada participante da interação, negociações estas que dão origem a transições significativas e à emergência da novidade, com a conseqüente criação de novas informações durante o processo comunicativo.

O desenvolvimento de metodologias adequadas ao estudo do desenvolvimento humano a partir de uma abordagem sociocultural co-construtivista, entretanto, ainda representa um grande desafio a ser enfrentado, uma vez que exige do pesquisador a habilidade de desenvolver técnicas microanalíticas, sem perder a perspectiva da inserção dos processos microgenéticos no tempo ontogenético e nos contextos histórico-culturais em que as interações entre os indivíduos ocorrem. Isto é, exige-se do pesquisador que mantenha sempre em mente a relação dialética existente entre os processos nos níveis micro e macro, entre os domínios da cultura coletiva e da subjetividade individual, no contexto mais amplo de uma interpretação sistêmica (Schnitman, 1996).

Referências bibliográficas

BALDWIN, J. (1896). "Consciousness and evolution". *Psychological Review*, 3, pp. 300-309.

BARNETT-PEARCE, W. (1995). "A sailing guide for social constructionists". Em W. Leeds-Hurwitz (org.). *Social approaches to communication*. Nova York: The Guilford Press, pp. 88-113.

BRANCO, A. U. (1998, julho). *Metacommunication within diverse relational frames: a microgenetic approach*. Trabalho apresentado no XV Biennial Meetings of the International Society for the Study of Behavioral Development – ISSBD, Berna, Suíça.

BRANCO, A. U. e VALSINER, J. (1992, julho). *From competitive social contexts to the development of cooperation in preschool children*. Trabalho apresentado no XXV International Congress of Psychology, Bruxelas, Bélgica.

__________ (1997). "Changing methodologies: A co-constructivist study of goal orientations in social interactions". *Psychology and Developing Societies*, 9 (1), 35-64.

BRANCO, A.; JUNQUEIRA, L.; MELO, C. e VALSINER, J. (1994, julho). *An experimental study of the role of context structure in the development of cooperation among children*. Trabalho apresentado no XIII Biennial Meetings of the International Society for the Study of Behavioral Development – ISSBD, Amsterdã, Holanda.

BRANCO, A. U.; PARRO, C.; COSTA, V. e QUEIROGA, V. (1996, outubro). *Estudo microgenético de episódios de metacomunicação em crianças pequenas: uma contribuição metodológica*. Trabalho apresentado na XXVI Reunião da Sociedade Brasileira de Psicologia, Ribeirão Preto, SP.

BRANCO, A. U.; FLORES, A.; FERREIRA, M. e PESSINA, L. (1997, julho). *Metacomunicação entre crianças: estudo microgenético em contexto estruturado*. Trabalho apresentado no XXVI Congresso Interamericano de Psicologia, São Paulo, SP.

BRONFENBRENNER, U. (1989). "Ecological systems theory". *Annais of Child Development*, 6, pp. 185-246.

CATÁN, L. (1986). "The dynamic display of process: Historical development and contemporary uses of the microgenetic method". *Human Development*, 29, pp. 252-263.

CHEN, V. e PEARCE, W. B. (1995). "Even if a thing of beauty, can a case study be a joy forever? A social constructionist approach to theory and research". Em W. Leeds-Hurwitz (org.). *Social approaches to communication*. Nova York: The Guilford Press, pp. 135-154.

COLE, M. (1992). "Culture in development". Em M. H. Bornstein e M. E. Lamb (orgs.). *Developmental psychology: An advanced text book* Nova Jersey: Lawrence Erlbaum Associated Publishers, pp. 731-788.

DANZIGER, K. (1990). *Constructing the subject: Historical origins of psychological research*. Cambridge: Cambridge University Press.

FOGEL, A. (1993). *Developing through relationships*. Chicago: University of Chicago Press.

FOGEL, A. e BRANCO, A. U. (1997). "Metacommunication as a source of indeterminism in relationship development". Em A. Fogel; M. Lyra e J. Valsiner (orgs.). *Dynamics and indeterminism in developmental and social processes*. Hillsdale, NJ: Lawrence Erlbaum Associated Publishers, pp. 65-92.

FORD, D. H. e LERNER, R. M. (1992). *Developmental systems theory: An integrative approach*. Londres: Sage Publications.

GASKINS, S.; MILLER, P. J. e CORSARO, W. A. (1992). "Theoretical and Methodological perspectives in the interpretative study of children". Em W. A. Corsaro e P. J. Miller (orgs.). *Interpretative approaches to children's socialization* (New Directions for Child Development, nº 58). San Francisco: Jossey-Bass Publishers, pp. 5-24.

HERBST, D. P. (1995). "What happens when we make a distinction: An elementary introduction to co-genetic logic". Em T. Kindermann e J. Valsiner (orgs.). *Development of person-context relations*. Hillsdale, NJ: Erlbaum, pp. 67-79.

KINDERMANN, T. e VALSINER, J. (1989). "Research strategies in culture-inclusive developmental psychology". Em J. Valsiner (org.). *Child development in cultural context*. Toronto: Hogrefe & Huber, pp. 13-50.

LAWRENCE, J. A. e VALSINER, J. (1993). "Conceptual Roots of Internalization: From Transmission to Transformation". *Human Development*, 36, pp. 150-167.

LEEDS-HURWITZ, W. (1995). *Social approaches to communication*. Nova York: The Guilford Press.

MACIEL, D.; BRANCO, A. U. e VALSINER, J. (no prelo). "Bidirectional process of knowledge construction in teacher-student relations: a microgenetic analysis". *Infancia y Aprendizaje*.

MAGNUSSON, D. (1995). "Individual development: A holistic, integrated model". Em P. Moen; G. H. Elder e K. Luscher (orgs.). *Examining lives in context: Perspectives on the ecology of human development*. Washington, DC: American Psychological Association, pp. 19-60.

MARKOVA, I. (1990). "A three-step process as a unit of analysis in dialogue". Em I. Marková e K. Foppa (orgs.). *The dynamics of dialogue*. Hemel Hempstead: Harvester, pp. 129-146.

__________ (1994). "Mutual construction of assymmetries". Em P. van Geert e L. Mos (orgs.). *Annals* of Theoretical Psychology. Vol. 10. Nova York: Plenum.

PEIRCE, C. S. (1985). "Logic as semiotic: The theory of signs". Em R. E. Innis (org.). *Semiotics: An introductory anthology*. Bloomington: Indiana University Press, pp. 4-27.

PIAGET, J. (1961). *Psicologia da inteligência*. RJ: Ed. Fundo de Cultura.

REY, F. G. (1997). *Epistemología Cualitativa y Subjetividad*. São Paulo: EDUC – Editora da PUC – SP.

ROMMETVEIT, R. (1992). "Outlines of a dialogically based social-cognitive approach to human cognition and communication". Em A. H. Wold (org.). *The Dialogical Alternative: Towards a theory of language and mind*. Oslo: The Scandinavian University Press, pp. 19-44.

SANDER, F. (1930). "Structure, totality of experience and gestalt". Em C. Murchinson (org.). *Psychologies of 1930*. Worcester, MA: Clark University Press, pp. 188-204.

SCHNITMAN, D. F. (1996). *Novos paradigmas, cultura e subjetividade*. Porto Alegre: Artes Médicas.

SIEGLER, R. S. e CROWLEY, K. (1991). "The microgenetic method". *American Psychologist*, 46, 6, pp. 606-620.

SMEDSLUND, J. (1994). "What kind of propositions are set forth in developmental research? Five cases studies". *Human Development*, 37, pp. 280-292.

SMOLKA, A. L. B. (1994, julho). *Examining multiparty interactions: approaching knowledge and meaning elaboration in the classroom.*Trabalho apresentado na XIII Biennial ISSBD Meetings, Amsterdã.

VALSINER, J. (1994). "Bidirectional cultural transmission and constructive sociogenesis". Em W. de Graaf e R. Maier (orgs.). *Sociogenesis Reexamined*. Nova York: Spriger, pp.47-70.

_____________ (1995). "Processes of development, and search for their logic: An introduction to Herbst's co-genetic logic". Em T. Kindermann e J. Valsiner (orgs.). *Development of person-context relations*. Hillsdale, NJ: Erlbaum, pp. 55-66.

_____________ (1997). *Culture and the development of children's actions*. 2ª ed. Nova York: Wiley.

VYGOTSKY, L. S. (1984). *A formação social da mente*. São Paulo: Martins Fontes.

WERTSCH, J. V. (1989). "Semiotic mechanisms in joint cognitive activity". *Infancia y Aprendizaje*, 47, pp. 3-36.

WERNER, H. (1954). "Change of meaning: A study of semantic processes through the experimental method". *The Journal of General Psychology*, 50, pp. 181-208.

WINEGAR, L. T. (1997). "Developmental research and comparative perspectives: Applications to developmental science". Em J. Tudge; M. J. Shanahan e J. Valsiner (orgs.). *Comparisons in human development: Understanding time and context*. Cambridge, MA: Cambridge University Press, pp. 13-33.

ÂNGELA UCHÔA BRANCO é professora-adjunto IV do Departamento de Psicologia Escolar e do Desenvolvimento, Instituto de Psicologia-UnB. Desenvolveu o seu pós-doutorado na University of North Carolina, EUA, e seu interesse de pesquisa relaciona-se ao estudo dos processos de desenvolvimento humano, particularmente projetos que investigam a microgênese de padrões de interação social entre crianças e entre adultos e crianças a partir de uma perspectiva sistêmica. Atualmente, coordena o Laboratório de Microgênese das Interações Sociais (LABMIS), no Instituto de Psicologia, onde são desenvolvidos projetos acerca do papel dos processos de comunicação e metacomunicação no desenvolvimento humano (na família e na escola) e projetos sobre a questão das crenças e dos valores humanos, do desenvolvimento moral e da identidade de gênero.

JAAN VALSINER, eminente teórico e pesquisador no campo da Psicologia do Desenvolvimento, foi um dos principais divulgadores da obra de L. Vygotsky no mundo ocidental. Após trabalhar na Estônia e na Alemanha, mudou-se em 1980 para os Estados Unidos, onde trabalhou como professor titular na University of North Carolina e, mais recentemente, foi contratado pela Clark University, EUA, universidade de renome internacional na área da Psicologia desde o tempo de William James. Dedica-se ao estudo teórico da Psicologia, com ênfase especial nas questões de ordem epistemológica e metodológica, sendo um dos mais importantes representantes da abordagem sociocultural co-construtivista da atualidade. O Dr. Valsiner vem desenvolvendo pesquisas empíricas e projetos teóricos em colaboração com pesquisadores de todo o mundo. Participou da fundação do LABMIS e vem, desde então, participando ativamente dos projetos desenvolvidos no laboratório em cooperação com a Dra. Ângela Branco.

A co-construção da subjetividade no processo de aquisição da leitura e da escrita

Diva Albuquerque Maciel

Processos, como mudanças em geral, não podem ser observados diretamente. Eles devem ser inferidos pela comparação de sucessivas cenas ao longo de um dado período de tempo, levando-se em conta sua vinculação à participação ativa do sujeito na determinação da próxima cena (Valsiner e Voss, 1996). A perspectiva co-construtivista considera que a natureza social da personalidade humana emerge no curso dos processos de internalização sociais externos e de externalização de fenômenos psicológicos internos. Tais processos preservam o papel ativo da pessoa, ao mesmo tempo que o vinculam à orientação para objetivos de "outros sociais" que a alimentam com sugestões sociais (Valsiner, 1987/1997). Essa é uma perspectiva bidirecional de transmissão cultural, no sentido de que permite que se tome a cultura simultaneamente no nível da unidade social e da pessoa – isto é, cada pessoa elabora dentro de si a versão subjetiva, portanto própria, da cultura coletiva. Nesse contexto, a investigação dos processos de canalização cultural por meio dos quais ocorrem a aquisição e o desenvolvimento da linguagem escrita surge como um assunto de relevância para o estudo do desenvolvimento humano.

Sobre a importância da aquisição da linguagem escrita

A linguagem escrita é uma invenção histórico-cultural, ao mesmo tempo que um processo cognitivo subjetivo que permite ao indivíduo ter acesso aos bens culturais da sociedade. Ensinar uma criança a ler é um dos principais objetivos de nossa escola elementar. Para pais, professores e alunos, ter sucesso nas primeiras séries significa ter sucesso na aprendizagem da leitura, aqui entendida no sentido amplo de aprender a ler e escrever.

No princípio deste século, com a plena instalação da economia capitalista e da sociedade burguesa, especialmente na Europa, a escola populariza-se e sua obrigatoriedade passa a ser uma das principais bandeiras de luta das massas trabalhadoras.[1]

A educação e a valorização da alfabetização como etapa fundamental do ensino tornam-se um direito, pelo menos do ponto de vista legal, de todas as camadas sociais.

Entretanto, não há consenso quanto ao papel que a aquisição da linguagem escrita desempenha com relação ao desenvolvimento cognitivo dos indivíduos e dos grupos sociais. De acordo com a visão da teoria histórico-cultural, o uso de ferramentas e de signos é bastante crítico para a explicação das mudanças qualitativas na história da humanidade. Nessa perspectiva, considera-se que o domínio de um sistema de escrita interfere profundamente no desenvolvimento cultural dos grupos sociais e produz uma crítica mudança em todo o desenvolvimento do indivíduo. Entretanto, vários estudos indicam que as mudanças que vêm com a alfabetização, em diferentes culturas, não são nem consistentes nem predizíveis, sendo difícil fazer generalizações acerca de fatores causais (Scribner e Cole, 1981). Em um estudo sobre o passado e o presente da alfabetização, Graff chama a atenção para o caráter essencialmente contraditório dos "processos que moldaram o movimento histórico da alfabetização no Ocidente" (Graff, 1995, p. 43). Uma dessas contradições refere-se justamente às relações entre alfabetização e escolarização, tanto no que diz respeito a aspectos históricos como a cognitivos.

Como aponta Cook-Gumperz (1991), do ponto de vista histórico a escolarização é tanto resultado da luta por mudanças sociais de uma classe popular letrada como de movimentos reformistas das classes dominantes, sendo o objetivo maior desta última não exatamente promover a alfabetização, mas, pelo contrário, controlá-la. Quanto ao aspecto cognitivo, muitas das conseqüências tra-

[1] É importante lembrar aqui a luta da classe operária por uma escola em que os trabalhadores tivessem poder de gestão. Este assunto já foi abordado por diversos autores, entre eles Foucambert, 1994.

dicionalmente atribuídas à alfabetização por si só são hoje vistas como resultantes de condições contextuais que em cada sociedade estão apenas a ela associadas, tais como crenças, modos de produção e escolarização. Cole (1987) e Scribner e Cole (1981), por exemplo, concluem, com base em pesquisas interculturais, que o ambiente nos quais os alunos adquirem a alfabetização pode ter mais impacto que a alfabetização em si. Para esses autores, é a escolarização que dá às pessoas a possibilidade de tratar os problemas individuais como instâncias de classes gerais (ver também Oliveira, 1995, para uma discussão dessa questão).

Embora considerando que a hegemonia da cultura escrita venha sendo ameaçada pela revolução da mídia televisiva, cuja linguagem é basicamente icônica e oral (Meserani, 1995), ainda se pode afirmar que vivemos em uma cultura grafocêntrica, na qual o domínio da linguagem escrita representa uma importante forma de poder. A não-aquisição dessa competência, portanto, implica a privação de um dos principais modos de acesso a parte significativa dos bens culturais e, portanto, do poder. É aqui, todavia, que encontramos uma aparente contradição: essa sociedade, ao mesmo tempo que cria mecanismos seletivos que impedem o pleno acesso à cultura letrada por grande parte de seus indivíduos, não tolera um estado permanente de total ou parcial não-domínio da leitura e da escrita pela criança (Gerschwind, 1985). Essa intolerância, personificada na permanente cobrança por parte de pais, parentes, professores, irmãos, e até mesmo de vizinhos, significará para a criança, incluída nesse grupo, o ingresso em uma espiral de exclusão. Como observam Tudge, Putnam e Valsiner (1997),

> Atitudes e expectativas de membros da cultura para com a aprendizagem da leitura e da escrita são particularmente aparentes para crianças que não aprendem a ler na idade considerada adequada dentro de uma cultura particular (...).

Desse modo,

> a lentidão inicial para aprender a ler pode facilmente tornar-se acompanhada pelo sentimento de fracasso e frustração (1997, p. 211).

Do ponto de vista histórico, é com a popularização da escola que a aprendizagem da leitura e da escrita passa a despertar o interesse de investigadores de diferentes áreas e, em especial, de lingüistas, psicólogos e educadores. Até então, aprender a ler era considerado uma tarefa relativamente simples que se centrava sobre a aprendizagem das letras e de suas várias combinações. No princípio do século, surgem trabalhos, como os de Huey, que defendem o ponto de vista de que a aprendizagem da leitura é um processo mais complexo que a simples aprendizagem de letras. Para ele,

> a análise completa do que fazemos quando lemos seria quase o ponto máximo das realizações de um psicólogo, pois isso seria descrever muito dos trabalhos intrincados da mente humana, assim como decifrar a história emaranhada da mais espetacular realização que a civilização aprendeu em toda a sua história (Huey, 1908/1968).

Até a década de 1960, grande parte das pesquisas nessa área limitava-se a investigações sobre a decodificação de palavras e sobre questões curriculares ligadas à comparação de métodos instrucionais de alfabetização.[2]

O debate sobre método ocorreu historicamente de uma forma dicotômica, refletindo o acirramento entre duas concepções diferentes de teorias da linguagem. Como aponta Smith (1994), essas posições extremas ainda podem ser encontradas em grande parte do debate atual sobre a leitura e a escrita. A pesquisa sobre o cotidiano da sala de aula (por exemplo, Smolka, 1993; Azevedo e Marques, 1994) também tem revelado uma prática na qual ainda predomina a utilização do método silábico, sem que haja preocupação com o texto e com o significado. Entretanto, tais posições ou práticas de ensino não encontram sustentação nos dados produzidos sobre o assunto do final da década de 1960 em diante.

A partir de então, vários fatos levaram ao desenvolvimento da pesquisa nesse campo, observando-se duas diferentes tendências no que diz respeito à formulação de uma teoria da linguagem es-

[2] No Brasil, observamos essa mesma tendência, como pode ser constatado por vários trabalhos referentes ao estado da arte relativo à alfabetização no país. Ver, por exemplo, Soares (1986).

crita. A primeira engloba, além do conhecimento produzido a partir da gramática transformacional formulada por Chomsky (1957) e da pesquisa sobre inteligência artificial, o desenvolvimento mais recente observado no campo da neuropsicologia da linguagem. Utilizando-se ainda de recursos metodológicos e conceituais de diversos campos da ciência, como a acústica computacional e as teorias da comunicação, os modelos de leitura formulados dentro do que é aqui considerado representar essa primeira tendência tendem a caracterizá-la como um *processo cognitivo interativo e altamente complexo*. A outra tendência surge a partir da retomada por algumas correntes da Psicologia das dimensões culturais e sócio-históricas da cognição humana. Começa, então, a ser observado grande interesse por trabalhos formulados pela Antropologia Cultural e pelo método de investigação etnográfica utilizado nesse campo de estudo. Essa tendência toma grande impulso a partir da divulgação, na década de 1970, dos trabalhos de Vygotsky e de seus colaboradores. Podemos colocar como principal formulação teórica dessa abordagem a proposição de que a linguagem escrita é uma prática histórico-cultural, cuja função tem de ser resgatada na visão de mundo do indivíduo, e também um objeto conceitual, cuja aquisição ocorre basicamente por meio da *mediação semiótica*.

Muitos estudos têm sido realizados a partir da abordagem sócio-histórica, ou de suas múltiplas versões, no sentido de contribuir para a construção teórica e metodológica pertinente ao estudo dos processos co-construtivos das interações adulto–criança e de coetâneos. A microgênese da linguagem e as relações de confiança que se estabelecem na relação educativa são alguns dos assuntos que têm merecido particular atenção. De maior interesse para o presente projeto são as investigações voltadas para questões relativas aos processos interativos envolvidas na aquisição e no desenvolvimento da leitura e da escrita e seus problemas, como aqueles realizados por Clay e Cazden (1990); Daiutte (1993); Góes (1993a, 1993b); Tudge, Putnam e Valsiner, (1997). Tais questões vêm sendo analisadas em nossos últimos trabalhos (Maciel, 1992, 1995, 1996 e Maciel e Branco, 1997) a partir de uma abordagem co-construtivista, a qual será apresentada, em suas linhas gerais, a seguir.

A abordagem co-construtivista do desenvolvimento humano

Segundo a abordagem co-construtivista, que abrange conceitos de várias correntes de pensamento, desde James Baldwin e Kurt Lewin até as atuais abordagens construtivistas e sóciohistóricas, o desenvolvimento humano ocorre pela interação dialética entre processos de canalização cultural e de constituição do indivíduo, como sujeito ativo e co-participante do seu próprio desenvolvimento. Em outras palavras, processos de aprendizagem desenvolvem-se em contextos sociais que são mediados por atos de co-construção.

A perspectiva co-construtivista considera que a natureza social da personalidade humana emerge no curso de dois processos: a *internalização* dos processos sociais externos e a *externalização* de fenômenos psicológicos internos. Tais processos, que são aspectos inseparáveis de um mesmo fenômeno, preservam o papel ativo da pessoa, ao mesmo tempo que o vinculam à orientação para objetivos (*goal orientations*) de "outros sociais" que a alimentam com sugestões sociais (Branco e Valsiner, 1997; Valsiner, 1987/1997). A socialização é aqui conceituada como um processo de construção ativa em que a criança em desenvolvimento coconstrói, portanto transforma, os valores e os conhecimentos transmitidos pela cultura, superando a herança de seus pais. Essa é uma perspectiva *bidirecional* de transmissão cultural, no sentido de que permite que se tome a cultura simultaneamente no nível da unidade social ou coletiva e no nível da pessoa – isto é, cada pessoa elabora dentro de si a versão internalizada, portanto própria, da cultura coletiva. Essa noção de transmissão cultural bidirecional é de fundamental importância para a perspectiva co-construtivista (ver, por exemplo, Valsiner, 1995; Wozniak, 1986), na medida em que indica processos por meio dos quais é possível pensar tanto a construção do novo como a singularidade do indivíduo. Além disso, a cultura aqui é vista como um produto da *construção semiótica.* Esta, por sua vez, é sempre influenciada pela *sugestão social*, isto é, é por meio da ação conjunta da sugestão social e da participação ativa do sujeito no desenvolvimento de simbolizações personalísticas do objeto que o ser humano participa de seu desenvolvimento. A cultura, quando vista sob essa perspectiva, torna-se uma forma organizacional dinâmica de interações pessoais e de processos intramentais.

Nessa perspectiva, a investigação dos processos de canalização cultural, por meio dos quais ocorrem a aquisição e o desenvolvimento da linguagem escrita, surge como um assunto de grande relevância para a Psicologia Escolar e do Desenvolvimento, considerando sua importância social e sua relação com o desenvolvimento cognitivo em geral. Segundo a perspectiva aqui adotada, cultura e cognição não são variáveis, mas constituem um sistema de processos dinâmicos, continuamente em desenvolvimento e em transformação mútua. O grande desafio passa a ser, então, como estudar desenvolvimento de modo a incluir a inter-relação das várias partes do sistema em desenvolvimento (Branco e Valsiner, 1997). O processo de construção de dados, nessa abordagem, deve ser capaz de captar tanto a unidade de partes opostas dentro de um sistema como a natureza dinâmica dessas relações de oposição e a emergência de novos estados do sistema. Para desvendar os mecanismos envolvidos nos processos de desenvolvimento, segundo esse ponto de vista, a unidade de análise adequada à pesquisa empírica deve ser capaz de captar, ao mesmo tempo, a dinâmica dos fatores envolvidos e a emergência do novo e de suas transformações. Tal unidade situa-se no *nível microgenético* de análise; portanto, é nesse nível que pode ser observada a seqüência do fenômeno quando processado pelo indivíduo. Além disso, devem ser levados em conta os *níveis ontogenético*, isto é, a história pessoal dos indivíduos participantes da investigação, e, como tem sido argumentado, "é imprescindível que se leve em conta o contexto *histórico-cultural* em que se dão as interações" (Branco e Mettel, 1995, p. 14). Uma forma de satisfazer esta exigência é buscar observar o sujeito em atividades orientadas para objetivos.

O papel do outro

Do que foi exposto anteriormente, fica clara a importância para as abordagens sociogenéticas de se compreender o papel do outro social no processo de constituição do sujeito. Este é fundamental ao processo de internalização e construção da *cultura pessoal* que ocorre na zona proximal de desenvolvimento (ZPD), por meio de processos de canalização cultural.

O conceito de zona proximal de desenvolvimento de Vygotsky tem merecido destaque, sendo objeto de inúmeros estudos que buscam refletir sobre as suas aplicações no campo da educação. Valsiner e Van der Veer (1993) analisam amplamente a evolução histórica desse conceito, desde as primeiras elaborações por Vygotsky e seu grupo até o que consideram avanços recentes no que se refere a tentativas de ampliar a capacidade explicativa do mesmo. Esses autores consideram, em particular, como avanços aos limites do conceito vygotskiano as contribuições feitas por Wertsch e colaboradores (por exemplo, Wertsch, 1985); por Cole no Laboratório de Cognição Humana Comparativa[3] (por exemplo, Cole, 1985, 1992); por Rogoff (1986, 1990) e Minick (1990), as próprias elaborações de Valsiner (1987/1997) e Valsiner e Van der Veer (1993) acerca da "indeterminação limitada" (*bounded indeterminacy*) dentro de um sistema limitado por dois tipos de *zonas* aos quais o conceito de ZPD está associado: zona de movimento livre (ZML) e zona de promoção de ação (ZPA).[4] De acordo com este sistema, o espaço psicológico em que se move a criança pode ser representado por "zonas", isto é, ZML, ZPA e ZPD. A *zona de movimento livre* (ZML) diz respeito ao conjunto de restrições (*constraints*) que *limitam* a liberdade de ação da criança. Os limites dentro dos quais a criança pode agir estruturam o seu acesso a diferentes áreas e objetos do ambiente e a sua forma de ação sobre eles. Esses limites são definidos pela ação de proibição do adulto quando a criança tenta agir fora dessa zona. A segunda zona, ou *zona de promoção de ação* (ZPA), é a contraparte da ZML no sentido de que é orientada para a *promoção* de novas habilidades. O adulto perito procura encorajar, de diferentes modos, ações consideradas desejáveis para as crianças. A *zona proximal de desenvolvimento* (ZPD), primeiro proposta por Vygotsky (1978/1984), diz respeito àquelas ações que a criança não está ainda habilitada a desempenhar sozinha mas é capaz de fazer com a ajuda do *outro social perito*. Essa interdependência entre a capacidade real da criança e sua capacidade provável em um futuro próximo tem sido um aspecto importante e também o mais divulgado a respeito do conceito de ZPD. Nas palavras de Valsiner, este conceito ajuda-nos

> a capturar aqueles aspectos do desenvolvimento da criança que, não tendo ainda mudado da esfera do possível para a esfera do

---

[3] Laboratory of Comparative Human Cognition – LCHC.

[4] No original, respectivamente, *Zone of Freedom of Movement* (ZFM) e *Zone of Promoted Actions* (ZPA).

> real, estão em processo de tornar-se realidade, interdependentemente, com atividades de "outros sociais" (1987, p. 107).

Num estudo piloto com crianças atendidas em um projeto de leitura, uma análise microgenética das interações verbais professora–criança, em situação diádica, foi conduzida no sentido de identificar as negociações dos limites e das zonas criadas pelo adulto para promover a aprendizagem da criança (Maciel, 1992). Uma interessante observação revelada pela análise microgenética diz respeito à maneira como o estilo de cada criança *impõe* um tipo de interação diferente com o adulto, no caso a professora, num exemplo claro da natureza bidirecional desse processo. Mostrando-se sensível ao estilo de cada criança, por meio de um processo permanente de negociação, a professora as encoraja a criarem suas próprias hipóteses acerca dos significados envolvidos na tarefa, ao mesmo tempo que facilita a internalização de regras (co-construção) associadas ao desenvolvimento de habilidades de leitura. Foi possível verificar a utilidade do sistema heurístico de *zonas* de desenvolvimento no estudo do processo de canalização cultural da leitura. Este, junto com outros conceitos co-construtivistas, mostrou-se produtivo, permitindo descrever o processo interativo que ocorre entre professora e criança, tornando assim possível a tarefa de buscar seus significados implícitos.

O estudo anteriormente descrito forneceu a base para o desenvolvimento do nosso projeto de doutoramento. Este teve como principal objetivo contribuir para o desenvolvimento metodológico de procedimentos de investigação voltados para a descrição e a compreensão dos processos co-construtivos da leitura e da escrita ocorridos na relação professora – aluno em situação diádica. Especificamente, buscou-se focalizar a organização do fluxo das interações, a partilha de responsabilidades, o estabelecimento dos acordos de utilização do tempo, a resolução dos conflitos de objetivos e os processos de negociação no sentido do estabelecimento de objetivos comuns.

Método

Um procedimento metodológico de sumarização de aulas foi construído a partir da análise qualitativa de 74 horas e 38 minutos de gravação em vídeo das interações desenvolvidas entre uma professora eficiente e uma criança de nove anos, com dificuldade de acompanhar o currículo escolar, ocorridas em um ambiente estruturado e mediado por objetivos bem definidos. Este resultou na construção de categorias de atividades que permitiram a contextualização de todo o processo. Foi feita a descrição da estrutura, da organização e da variedade das atividades (em termos de tipo, tempo, espaço, material empregado, etc.) e da dinâmica, isto é, os modos como a professora organiza e articula as atividades em função das negociações entre as suas orientações de objetivo e as da criança. Esse primeiro nível de análise delineou o contexto a partir do qual treze episódios interativos foram selecionados para análise microgenética realizada a partir da ampliação feita por Valsiner (1987/1997, 1993) do conceito de zona de desenvolvimento proximal de Vygotsky .

A análise microgenética realizada ao longo dos episódios selecionados revelou-se um importante instrumento metodológico no sentido de permitir explicitar os processos de canalização cultural e de negociação de objetivos por meio dos quais são co-construídas as competências de leitura e de escrita. Foi possível observar como vai ocorrendo, progressivamente, ao longo do ano, a transferência de responsabilidades da professora para a criança e o domínio de competências por parte desta última. Evidenciou-se o valor *constitutivo* das estratégias utilizadas pela professora a fim de criar zonas de promoção de ação e oferecer à criança *estruturas de apoio* (*scaffolding*) ao seu desempenho.

Análise microgenética dos processos de co-construção

É no nível microgenético que é possível examinar os processos de co-construção da leitura e da escrita, momento por momento. A flutuação transicional de orientação para objetivos, os processos de negociação de limites que ocorrem entre a criança e a professora, assim como os processos de mediação que ocorrem tanto entre estes como entre estes e a situação de aprendizagem (incluindo, por exemplo, os materiais de leitura), podem, nesse nível de análise, ser explicitados (Branco e Valsiner,1997; Tudge, Putnam e Valsiner, 1996).

Os momentos de negociação decorrentes da divergência de orientação de objetivos ou da clareza comunicativa são de fundamental importância para a co-construção de uma relação de confiança, a partir da qual a orientação para atividades cognitivas pode fluir. A natureza afetiva da relação professor–aluno e seu papel na construção do conhecimento, geralmente não levados em conta em estudos sobre processos de ensino–aprendizagem e de desenvolvimento humano, são aqui privilegiados.

A análise procede ao longo das transcrições do episódio, onde cada segmento significativo é interpretado de acordo com a terminologia conceitual da abordagem co-construtivista especialmente pelos trabalhos desenvolvidos por Branco e Valsiner (1992, 1996) e Valsiner (1993), além de conceitos oriundos da análise microetnográfica da sala de aula de Erickson (1987), McDermott (1977) e McDermott e colaboradores (1979).

De modo mais específico, a análise dos processos de canalização cultural neste trabalho busca, por meio da dimensão semiótica e de processos inferenciais de indução e dedução, explicitar a dinâmica das estruturas de orientação de objetivos que dirige o comportamento da professora e da criança. Considerando a situação específica da estrutura do ambiente educativo em que se desenvolvem as interações, isto é, aulas particulares de leitura e de escrita a uma criança que vem apresentando dificuldade de acompanhar o currículo escolar, procura-se aqui compreender a natureza *constitutiva* de tais interações, tanto no que se refere à co-construção da própria relação como às estratégias de leitura e de escrita.

Para realizar essa análise, utilizam-se aqui, principalmente, os conceitos de zonas (ZPA, ZML e ZPD), por meio dos quais se procura compreender como os espaços educativos são co-construídos neste caso específico e o que se pode aprender com *sua análise* sobre situações educativas de uma forma mais geral. Os processos de *negociação* de redefinição de *limites* que ocorrem no interior desses espaços em função da natureza *divergente* ou *convergente* das *orientações para objetivo* (Branco e Valsiner, 1992) dos participantes da interação professor–aluno (P–L), que vão se configurando a cada momento nos episódios apresentados, são analisados e discutidos ao longo de cada episódio conforme a especificidade dos mesmos.

A metacomunicação indica a natureza qualitativa (em termos do tipo de relação interpessoal e da tonalidade afetiva dessa relação) das interações entre os indivíduos (Branco, 1995; Fogel e Branco, 1997). Os aspectos paralingüísticos da fala da professora, como tom de voz e ritmo, por exemplo, podem indicar a segurança com relação aos objetivos que ela pretende alcançar e ao mesmo tempo comunicar à criança afeto positivo e confiança em seu desempenho. Aspectos não-verbais, tais como o sorriso, o toque, a expressão fisionômica, a busca do olhar, o nivelamento, bem como aspectos verbais, como forma carinhosa de falar, de perguntar, de fazer com que a criança encontre ela própria o erro – tudo isso leva à meta-comunicação de que a professora confia na criança, em sua capacidade, valoriza o seu esforço, que os momentos daquela aula são de trabalho duro, mas também de aconchego.

Episódio analisado

O *episódio selecionado* corresponde a dezoito minutos de uma atividade ocorrida na 16ª aula, que teve 81 minutos de duração. Na seleção do episódio, levou-se em consideração a ocorrência de momentos de co-construção de uma relação de confiança entre a professora [P] e o aluno [L], como também de co-construção de significados nos quais se configura o processo de emergência da novidade, essencial à ocorrência do desenvolvimento. L já havia feito uma leitura e a correção da redação da aula anterior. Havia também lido e ouvido explicações sobre os órgãos dos sentidos e feito duas diferentes tarefas que envolviam escrita de palavras. Às 11h 20, L lê o comando da atividade seguinte: como já havia ocorrido em outras aulas, ele deve novamente escolher três palavras da tarefa anterior e escrever três orações. Ele escreve a 1ª oração com a palavra *corta*: "O meu pai corta a carne com uma faca". Junto com P, L completa essa frase com a palavra *afiada*. A transcrição e a análise a seguir ocorrem a partir da escolha da segunda palavra, às 11h 24.

Professora	Criança
1- Muito bem, agora escolha outra. Pule uma linha, tá?	

Os limites da ZML aqui são as dezoito palavras da atividade anterior. P fala procurando manter a *promoção de ação* e relembra regra a ser seguida [dá orientação sobre a organização do caderno].

	2- (L fala rindo e dando pulinhos): *marta* (na tarefa anterior, L havia escrito duas colunas de palavras e entre elas estava o par *marta* – animal, substantivo comum, já conhecido por L – e *marca*).
3- Então vai! pode fazer (incentiva com animação).	
	4- (Recosta-se na cadeira e fala batendo a extremidade do lápis no caderno): Não (L está indeciso), mas só tem... *marca.*
5- Não? Qual que você formou?	
	5- *mar... dormir*, quer dizer (a palavra *dormir* estava abaixo da palavra *marca* no caderno. L está indeciso sobre qual palavra escolher).
6- (P espera enquanto L fica pensativo) L: Ah não, com *dormir* não (olha o caderno), *borda*!	
7- Por que que você não quis com *dormir*?	
	8- Ah, tia eu num sei! (o tom de L é de "não tenho idéia").
9- Opa!	
	10- Eu, eu falei/
11- Quando chega a noite, o que é que tem?	

P conduz L à construção de texto. Convida-o a complementar significado. "Quando chega a noite, o que é que tem?" [turno 11] num bom exemplo de *canalização* cognitiva.

Professora	Criança
	12- dormir... eu durmo
13- Essa aí já é *eu durmo*, num pode. Tem que ser a palavra *dormir*	

A ZML que P procura estabelecer aqui diz respeito aos limites aceitáveis de significado: "não vale outra forma verbal para manter a sintaxe da frase". Este tipo de confirmação [*feedback*] ajuda a criança a inferir regras, representando um tipo de canalização cognitiva que tem sido apontada como de eficiência construtiva (por exemplo, Coll, 1985; Wertsch, 1985).

Professora	Criança
	14- Então...
15- Quando chega a noite... (espera que L complete).	
	16-...eu vou dormir (exultante!).
17- Então! Olha só como é facílimo! (aprova, sorrindo).	

P de novo estimula L a *complementar* o texto. Induz a participação ativa da criança, pela sugestão de significado, na co-construção da frase. Esse tipo de intervenção pode significar para a criança: "Veja, você sabe, você pode". L introduz a palavra "vou" e mantém a sintaxe da frase usando a forma verbal pedida. Desse modo, o sucesso de L na tarefa é alcançado com a ajuda indireta de P [ZPD]. O *elogio* de P é imediato e entusiasmado. A comunicação implícita aqui é: "Veja, é só você querer que você consegue facilmente!" e tem como efeito *manter ZPA ativa.*

Professora	Criança
	18- Nã nã, mas depois (fala inaudível).
19- Mas essa aí eu te ajudei. Procure outra então.	
	20- Então, vou escolher *borda.*
21- Ãnhan! Então vá! Pule uma linha. Senão, fica parecendo redação.	

L retoma a palavra que tinha pensado escolher antes. P novamente orienta a organização do caderno lembrando convenções de escrita [ZML para escrita correta no caderno – turno 21].

<table>
<tr><th>Professora</th><th>Criança</th></tr>
<tr><td></td><td>22- (L escreve vocalizando. Quando termina, levanta a mão com o lápis num gesto de entusiasmo): Pronto!</td></tr>
<tr><td>23- Leia a oração!</td><td></td></tr>
<tr><td></td><td>24- A minha vovó borda croché (faz uma cara gaiata quando fala ché).</td></tr>
<tr><td colspan="2">25- (L percebe a inconsistência da frase): "Ih, não! Tá errado" (ao mesmo tempo que P fala rindo): "Tá. Esse croché aí" (P parece referir-se à ortografia). L: "Tá errado. Croché nããão!" (L fala sorrindo e com entusiasmo. Parece referir-se ao significado).</td></tr>
</table>

Desde a primeira vez que L mencionou a palavra *borda*, a imagem da sua avó [com quem L costuma passar férias e a quem ele é muito ligado] parece ter-se construído: "Minha vó borda. Minha vó faz croché". Ao ler a frase, L percebe a inconsistência de significado: *croché* [ZML semântica da língua] não é um complemento lingüístico permitido para o verbo *bordar*. P parece não perceber essa construção lingüística.

Professora	Criança
26- Ché cheé (pega a borracha).	

A observação de P aqui [turno 26] dirige-se para a ortografia de *croché*, e não para o significado.

Professora	Criança
	27- Nãão! Né nãão! Né por causa disso não! (L fala sorrindo e confiante, enquanto apanha a borracha).
28- É o quê? (sorrindo).	
	29- Borda croché nãão! (L está muito entusiasmado).

L corrige P num tom de *confiança*, descontração, e P aceita a correção com naturalidade. Essa *alternância de papéis* [L assumir o papel de quem corrige] e a experiência de *reciprocidade* têm grande importância na construção de uma *disposição convergente* e de uma *relação de confiança.*

Professora	Criança
30- É porque *borda* é uma coisa/*croché* é outra (afirma sorrindo).	30- Borda é... (fala ao mesmo tempo que P).
	31-Humhum (confirma o que P acabou de falar, balançando a cabeça e sorrindo).
32- Borda o quê? Qué que ela borda, ó? (pega na toalha da mesa). O que é que ela pode bordar?	

Há um acento de *percepção de autocompetência* no tom de L. P aceita a correção e em seguida busca fazer com que L complemente, expanda o texto que começou, usando a forma interrogativa.

Desse modo, P procura promover a ação de L [ZPA], ao mesmo tempo que há um movimento no estabelecimento de limites [ZML], isto é, ao mesmo tempo que ela incentiva a expansão da frase, procura estabelecer que há um limite sintático/semântico relativo ao complemento pedido pelo verbo *bordar*. Aliás, na verdade ela *reafirma* o que já havia sido apontado por L no turno 29: "Borda croché nãão!"

Professora	Criança
	33- (L pensa... Depois, olhando para P e sorrindo, fala algo inaudível).
34- Como chama aquilo que a gente põe na mesa? Borda o quê? Uma...	

P dá tempo a L, espera [*indução de participação ativa*]. Depois dá pista mais concreta [turno 34], isto é, sugere de forma mais direta um complemento para *bordar* [novamente a ação desenrola-se na ZPD].

<table>
<tr><th>Professora</th><th>Criança</th></tr>
<tr><td></td><td>35-Toalha?</td></tr>
<tr><td>36- Toalha! (confirma com animação). De quê? Aí você tem que falar toalha, toalha de quê?...toalha de banho...Num é? Aí tem que falar! Então põe.</td><td></td></tr>
<tr><td></td><td>37- Ahan! (sorrindo, começa a escrever).</td></tr>
<tr><td colspan="2">38-(...) Quando L termina, P pede que ele releia as duas orações. L relê a primeira com fluência. Quando relê a segunda oração: "A minha vovó borda uma toalha de mesa", pára em uma, repete três vezes e autocorrige a escrita de toalha.</td></tr>
</table>

P continua conduzindo L a completar a frase: *faz perguntas* e usa redundância [*indução de participação ativa*]. L parece bem envolvido [motivado]. Ele próprio detecta um erro e autocorrige-se num bom exemplo de conquista de auto-competência [*transferência de responsabilidade*], como apontado por Rogoff (1990).

Professora	**Criança**
	39- Eu já fiz as frases (aponta com o lápis batendo no caderno e olhando com um sorriso maroto).
40- Nããão! Não importa! (sorrindo).	
	41- Num tem aqui ó! (continua apontando para as frases no caderno).

L tenta *negociar* o encerramento da tarefa por aqui. A orientação de objetivo de L continua sendo escrever menos do que P propõe, mesmo num momento em que ele está claramente envolvido na tarefa.

Professora	**Criança**
42- Não importa! Eu falei pra você escolher três orações...	
	43- Três palavras (L corrige P, sorrindo).
44- Três palavras e escrever três orações. Eu falei não, tá escrito aqui no dever (também sorrindo). Então são três orações.	
45- (P interrompe para que L corrija o acento de *vovó*).	

P não abre mão. Sua orientação de objetivo continua sendo fazer L escrever. Novamente se observa aqui P usar a estratégia de *conduzir a discussão para um outro ponto* [outra ZML/ZPA], no caso aqui a ortografia. E a resistência de L é rapidamente contornada.

Professora	Criança
46- (L escolhe fazer a terceira oração com *forca*. Ele faz uma pausa, P dá-lhe tempo e depois pergunta o que foi comemorado no dia 21 de abril).	
	47- Nããão tia... (recusa a sugestão do tema).
48- Não! Você já escolheu essa.	
	49- O quê? Nããão... (faz um leve gesto de recusa com a mão, sorrindo).
50- Foi comemorado dia de quem, dia 21 de abril?	
	51- Nããão, eu vou fazer essa frase aqui: "*Lá no meu colégio eu jogo forca*".
52- Ah, pode, é uma brincadeira gostosa! Eu conheço! Você vai falando as letras, não é?	

P dá tempo a L esperando a sua iniciativa. Como este demora, ela se movimenta no sentido de sugerir um tema [ZPA] no qual a palavra *forca* tenha um significado mais popular: a morte de Tiradentes. L recusa-se [turnos 47, 49], sua negativa é interpretada por P como tentativa de troca da palavra escolhida e ela insiste na sugestão do tema [turno 50]. Finalmente, vemos que a recusa de L ocorre porque ele já tinha construído outro tema, com base na sua "cultura pessoal", na qual *forca* tem um outro significado, para escrever a terceira frase: o jogo de forca. Quando P percebe que L tem uma sugestão pessoal de tema, aprova o seu movimento de afirmação com entusiasmo [turno 52]. Este é um importante momento de co-construção, em que a recusa ativa de L na defesa de uma idéia tem um valor constitutivo bastante positivo.

<table>
<tr><th>Professora</th><th>Criança</th></tr>
<tr><td></td><td>53- (L pega uma folha de papel sulfite dobrada). Aqui tem alguma coisa?</td></tr>
<tr><td>54- Não. (P quer dizer que a folha está disponível e pode ser usada). Então vamo, joga aí vai!</td><td></td></tr>
<tr><td colspan="2">55- L desdobra o papel... depois fala, enquanto desenha: “Assim,...faz a forca...”. Prepara a palavra, enquanto P observa.</td></tr>
</table>

O tema da frase sugere o jogo. L amplia ZPA [*inserção de novo objetivo*] proposta e toma a iniciativa de escrever a oração a seu próprio modo, adotando outro significado para a mesma palavra. P *aceita* a iniciativa e aproveita o jogo que L se propõe a jogar como forma de motivá-lo [envolvê-lo], criando uma disposição que pode facilitar envolvimento futuro nas atividades propostas. A partir desse ponto, é L quem conduz a atividade e estabelece ZML/ZPA, isto é, L assume *posição dominante*, enquanto P assume posição subordinada. Observa-se aqui, novamente, uma *alternância de papéis*, importante para a construção de uma disposição *convergente* (Branco e Valsiner, 1992).

<table>
<tr><th>Professora</th><th>Criança</th></tr>
<tr><td>56- Êta que palavra grande! Ãhn!</td><td></td></tr>
<tr><td></td><td>57- Vai?</td></tr>
<tr><td>58- Aí, como é que é? Eu ponho letra?</td><td></td></tr>
<tr><td></td><td>59- Não! Não, tem que falar a letra.</td></tr>
<tr><td>60- Pode falar qualquer uma, de qualquer lugar?</td><td></td></tr>
<tr><td></td><td>61- Pode!</td></tr>
<tr><td>62- O, o. Vou falar as vogais primeiro (explica).</td><td></td></tr>
<tr><td colspan="2">63- (O jogo prossegue muito animado. L está muito sorridente. P vai falando as vogais, até que descobre qual é a palavra: o nome de L).</td></tr>
</table>

L parece orgulhoso de estar fazendo uma atividade que ele controla [*sentimento de competência*]. L *conduz* a tarefa (Winegar, 1989).

Professora	Criança
64- Não tem outro *o*?	
	65- Não! Hum, hum (L corrige P).
66- Ah, não é... (P fala o nome de L).	
	67- É. Mas é com *u* (corrige).
68- Ah! Sim. É que o nome depende, não é? Aah! Ih, fui morta.	
	69- Nãão!
70- Não?	
	71- Não, não. Num sei. Você falou... (diz o seu nome com *o*) mas não tem nada não. Ó, *, *, ...(soletra seu nome mostrando que, em vez de dois *os*, tem um *u* e um *o*).
72- Ah, é ...!	

Nesse curto episódio [turnos de 64 a 72], L tem novamente oportunidade de corrigir P [turnos 65 e 67]. P entra no jogo com naturalidade. L domina as regras do jogo e da ortografia da palavra e assim tem oportunidade de *ensinar* a P, continuando a *alternância de papéis*, isto é, L em posição *dominante* e P em posição *subordinada*. P percebe que pode deixar L *conduzir* a ação. A atitude de P aqui é um exemplo da sua flexibilidade e heterogeneidade de estilo pedagógico. Isto é, ao perceber que L está na *tarefa*, P abre mão do papel mais diretivo observado nos episódios apresentados anteriormente e se permite uma atitude mais igualitária, democrática.

Professora	Criança
	73- Você só formou a cabeça.
74-...só a cabeça.	
	75- Só morre quando forma o corpo todo.
76- O corpo todo? Então vamos mais uma vez, vai.	
77- (L prepara uma outra forca, enquanto P comenta: "Já morri. Quero morrer de novo não, hem?" L explica a P que ela não morreu porque não formou o corpo todo. Eles retomam a brincadeira. P fala vogais que não entram na nova palavra. L está muito animado. Fala que vai brincar de *forca* em casa).	

O tom de L é de condescendência com P [73, 75]. P percebe a importância da atividade para L e investe nessa motivação [76], mantendo essa disposição *convergente*. L continua *conduzindo* a tarefa.

O jogo termina e L escreve a oração (terceira) que já havia formulado oralmente. Em seguida, enquanto P prepara uma tarefa para L fazer em casa, ele brinca de forca comigo. Quando sua mãe chega, L propõe brincar com ela também, o que evidencia a sua motivação.

Neste episódio, observamos desde o início que há uma *disposição de convergência* na orientação de objetivos aqui/agora entre P e L que permite fluência na ação. Os objetivos da atividade são colocados de modo claro por P. L já tem clareza quanto ao contrato de utilização do tempo e se mantém na tarefa. P mantém ZPA ativa acompanhando atenta e com animação a atividade de L, vindo em seu auxílio e dando-lhe tempo sempre que necessário. Essas estratégias mantêm L na ZPA e garantem o seu sucesso na tarefa. Veja, por exemplo, os turnos 6 a 17 em que P e L co-constroem oralmente uma oração com a palavra *dormir*.

O fato de L se manter na tarefa permite a P adotar uma postura de flexibilidade na condução da atividade, sendo um excelente exemplo de *heterogeneidade de estilo pedagógico*. Em vários momentos, na elaboração da segunda oração [com a palavra borda], L corrige P, havendo uma clara *alternância de papéis*. Na elaboração da terceira oração [com a palavra *forca*], L opõe-se à sugestão de P, a qual se baseia no significado mais popular que a palavra desperta, e propõe uma oração que tem base em sua "cultura pessoal". Esse significado pessoal sugere a L o jogo de forca e P *aceita* o movimento de L, no sentido de mudar momentaneamente a orientação de objetivo e jogar. L passa então a *conduzir* a atividade por alguns minutos, num bonito exemplo de *alternância de papéis*. Todos esses momentos de *co-construção* parecem claramente positivos para a autoconfiança de L. Ele se mostra alegre e envolvido. No final da aula, propõe continuar jogando [pedindo atividade].

Relação de confiança e metacomunicação

A análise realizada no presente estudo foi conduzida no sentido de identificar as negociações dos limites e das zonas criadas pelo adulto para promover a aprendizagem da criança. Mostrando-se sensível ao estilo da criança, por meio de um processo permanente de negociação, a professora a encoraja a criar suas próprias hipóteses acerca dos significados envolvidos na tarefa, ao mesmo tempo que facilita a internalização de regras (co-construção da subjetividade) associada ao desenvolvimento de habilidades de leitura. A análise microgenética permitiu descrever o processo interativo que ocorre entre professora e criança, tornando assim possível a tarefa de buscar seus significados implícitos.

O valor *constitutivo* dessas estratégias só pode ser compreendido quando se consideram os aspectos metacomunicativos da interação. A metacomunicação indica a natureza qualitativa (em termos do tipo de relação interpessoal e da tonalidade afetiva desta relação) das interações entre os indivíduos (Branco, 1995; Fogel e Branco, 1997). Os aspectos paralingüísticos da fala da professora, como tom de voz e ritmo, por exemplo, podem indicar segurança com relação aos objetivos que ela pretende alcançar e ao mesmo tempo comunicar à criança afeto positivo e confiança em seu desempenho. Aspectos não-verbais, tais como o sorriso, o toque, a expressão fisionômica, a busca do olhar, o nivelamento, bem como aspectos verbais, como forma carinhosa de falar, de perguntar, de fazer com que a criança encontre ela própria o erro – tudo isso leva à metacomunicação de que a professora confia na criança, em sua capacidade, valoriza o seu esforço, que os momentos daquela aula são de trabalho duro, mas também de aconchego.

Por exemplo, toda vez que P corrige ou indica um erro, observa-se a maximização do funcionamento de indicadores paralingüísticos e não-verbais de afeto positivo, de maneira a alcançar a minimização ou mesmo a neutralização de possíveis sentimentos de incompetência e mal-estar geralmente associados ao erro. Além disso, toda a forma de estruturar o ambiente, de ficar disponível, de preparar tarefas, de oferecer um lanche no final da aula, conversar, ouvir as histórias que a criança tem para contar e aproveitá-las na estruturação das aulas é maneira de comunicar o prazer de estar junto, de construir um ambiente de aconchego no qual as relações fluem naturalmente.

A metacomunicação, portanto, constitui o aspecto fundamental para o estabelecimento de *relações de confiança* no sentido proposto por McDermott (1977), responsável pela *sintonia* nas interações, pelo estabelecimento da *reciprocidade,* sem o que a co-construção do conhecimento estaria prejudicada.

Transferência de responsabilidade e domínio progressivo de competências

As estratégias que configuram estruturas de suporte à ação da criança permitem um domínio progressivo de competências (*progressive empowerment* – Winegar, 1989) pela criança, que vai, ao longo do ano, assumindo responsabilidades e trabalhando de forma independente. A análise aqui realizada permite demonstrar esse desenvolvimento mediante vários indicadores. No nível estrutural, por exemplo, verificou-se uma crescente quantidade de atividades de estudo dirigido ao longo do tempo, com a introdução gradativa de correção independente [autocorreção]. A maior complexidade das tarefas propostas pela professora ao longo do ano sintoniza-se com a crescente correção ortográfica e com a complexidade textual das redações da criança. No nível microgenético, esse domínio progressivo de competências percorre cada conjunto de episódios analisados, sendo que um dos indicadores mais claros é, por exemplo, a crescente tomada de turno na leitura no segundo conjunto de episódios.

Observa-se também uma clara evolução no estabelecimento de *relações de confiança*, indicada, por exemplo, por uma maior *convergência* de orientações de objetivo ao longo do tempo, resultando em menor necessidade de longas *negociações* sobre o que fazer, e pelo estabelecimento de ZPA/ZML mais flexíveis, possibilitando a *alternância de papéis*, em alguns momentos. Essa evolução no estabelecimento das relações de confiança entre P e L indica um ajuste na sintonia de suas interações, o qual é *resultado do que cada um aprende sobre o outro*, num bonito exemplo de *bidirecionalidade dos processo de canalização*. Isso ocorre de diversas maneiras e através de diferentes canais de comunicação. *Resistindo ativamente* a situações que lhe parecem pouco claras e sem sentido, L comunica a P os seus limites. P, por sua vez, como elemento da díade socialmente responsável pela condução do processo educativo, mostra-se sensível tanto às disposições de humor e aos interesses de L como às suas habilidades cognitivas. Essa *confiança*, como aponta McDermott (1977), não é propriedade das pessoas, mas algo construído na relação.

Também a *sintonia* entre P e L é co-construída pelos dois num processo muitas vezes difícil. Como se procurou mostrar na discussão do primeiro conjunto de episódios, a relação de confiança entre P e L esteve em vários momentos ameaçada pela forma de P conduzir o processo, mostrando-se às vezes pouco clara na proposição das atividades e inflexível diante do comportamento de resistência de L. Apesar disso, esses momentos foram solucionados a tempo de garantir a continuidade da relação e preservar a autoridade da mestra. A respeito da questão da autoridade, é importante ressaltar que esta é conquistada por P não apenas pela sua habilidade na forma de interagir, mas também pelo domínio do conteúdo e pela clareza de objetivos.

Referências bibliográficas

AZEVEDO, M. A. e Marques, M. L. *Alfabetização hoje*. São Paulo: Cortez.

BRANCO, A. e Mettel, T. (1995). "O processo de canalização cultural das interações criança–criança na pré-escola". *Psicologia: Teoria e Pesquisa*, 11 (1): 13-22.

BRANCO, A. e VALSINER, J. (1997). "Changing methodologies: A coconstructivist study of goal orientations in social interactions". Em G. Misra (ed.) *Cultural construction of social cognition*. Cambridge: Cambridge University Press.

___________ (1992, july). *Development of convergence and divergence in joint actions of preschool children: The emergence of cooperation and competition within structured contexts*. 25th International Congress of Psychology. Bruxelas, Bélgica, pp. 19-25.

CHOMSKY, N. (1957). *Syntatic Strutures*. Haia: Mouton.

CLAY, M. e Cazden, C. B. (1990). "A Vygotskian interpretation of Reading Recovery". Em L. Moll (ed.). *Vygotsky and Education*. Cambridge: Cambridge University Press, pp. 206-222.

COLE, M. (1985). "The zone of proximal development: Where culture and cognition create each other". Em J. Wertsch (ed.). *Culture, comunication and cognition: Vygotskyan perspectives*. Cambridge: Cambridge University Press, pp. 146-161.

___________ (1987-march). *Cognitive development and formal schooling*. Paper delivered at the conference on Cross-cultural psychology in the context of social change processes in developing countries. University of Saar.

___________ (1992). "Context, modularity and the cultural constitution of development". Em L. T. Winegar e J. Valsiner (eds.). *Children's development within social context*. New Jersey: LEA, pp. 6-32.

COOK-GUMPERZ, J. (1991). "Alfabetização e escolarização: uma equação imutável?" *A construção social da alfabetização*. Porto Alegre: Artes Médicas.

DAIUTTE, C. (1993). "The development of literacy through social interaction". *New Directions for Child Development*, 61.

ERICKSON, F. (1987). "Transformation and school success: The politics and culture of educational achieviement". *Anthropology and Education Quarterly*, 18: 355-356.

FOGEL, A. e BRANCO, A. (1997). "Metacommunication as a source of indeterminism in relationship development". Em A. Fogel, M. Lyra e J. Valsiner (eds). *Dynamics and indeterminism in developmental and social processes*. Hillsdale, NJ: Lawrence Erlbaum Ass.

GERSCHWIND, N. (1985). "A evolução anatômica e o cérebro humano". *Boletim*, 4. São Paulo: ABD.

GÓES, M. C. R. (1993a). "Os modos de participação do outro nos processos de significação do sujeito". *Temas em Psicologia*, 1: 1-6.

__________ (1993b). *Os modos de participação do outro no funcionamento da criança*. Relatório Fapesp.

GRAFF, H. J.(1995). *Os labirintos da alfabetização*. São Paulo: Artes Médicas.

HUEY, E. B. (1908/68). *The psychology and pedagogy of reading*. The MIT Press, pp. 329-354.

KATO, M. (1985). *O aprendizado da leitura*. São Paulo: Martins Fontes.

KLEIMAN, A. (1995). *Os significados do letramento*. Campinas: Mercado das Letras.

LURIA, A. (1988). "Diferenças culturais de pensamento". Em Vygotsky, Luria e Leontiev. *Linguagem, desenvolvimento e aprendizagem*. São Paulo: Ícone/Edusp.

MCDERMOTT, R. P. (1977). "Social relation as contexts for learning in school". *Harvard Educational Review*, 47 (2).

MCDERMOTT, R. P. e COL. (1978). "Criteria for an ethnographically adequate description of concerted activities and their contexts". *Semiótica*, 24 (3-4): 245-475.

MACIEL, D. A. (1992, julho). "Dyadic interactions between teacher and dyslexic children within a learning context: a co-constructivist analysis". *Symposition of ISSBD*, Recife.

MACIEL, D. (1994). *A reeducação de crianças com dificuldades de aprendizagem da leitura e escrita e a relação professora–aluno*. *Anais* do I Simpósio da pós-graduação da FEUSP.

___________ (1995) Simpósio: *A criança e o texto: identificando, produzindo, compreendendo e comunicando-se através de diferentes veículos de texto.* Coordenação: Diva Alina Galvão Spinillo Maciel.

___________ (1996a). *Análise das interações professora–criança em situação de ensino – aprendizagem na leitura e escrita.* Tese de doutorado, Universidade de São Paulo.

MACIEL, D. A. (1996b). *A co-construção da leitura e escrita: a análise de um processo.* III Congresso Brasileiro de Psicologia Escolar – Abrapee, Campinas.

MACIEL, D. A. e BRANCO, A. (1997, julho). *Interação professor–aluno: uma análise co-construtivista.* XXVI Congresso Interamericano de Psicologia – PUC – São Paulo.

MESERANI, S. (1995). *O intertexto escolar: sobre leitura, aula e redação.* São Paulo: Cortez.

MINICK, N. (1987). "Implications of Vygotsky's theories for dynamic assessment". Em C. S. Lidz (ed.). *Dynamic assessment: An interaction approach to evaluating learning potential.* Nova York: Guilford Press, pp.116-140.

OLIVEIRA, M. K. (1995). "Letramento, cultura e modalidade de pensamento". Em A. Kleiman (org.). *Os significados do letramento.* Campinas: Mercado das Letras.

ROGOFF, B. (1990). *Apprenticeship in Thinking.* Oxford: Oxford University Press.

SCRIBNER, S. e COLE. M. (1981). *The Psychology of Literacy.* Cambridge, MA: Harvard University Press.

SMITH, F. (1994). *Understanding Reading.* 5ª ed. Hillsdale: Lawrence Erlbaum Associates.

SMOLKA, A. L. B. (1993). "Construção de conhecimento e produção de sentido: significação e processos dialógicos". *Temas de Psicologia,* 1: 7-16.

SOARES, M. B. (1988). "As condições sociais da leitura: uma reflexão em contraponto". Em R. Zilberman e E. T. Silva. *Leitura perspectivas interdisciplinares.* São Paulo: Ótica.

TUDGE, J. Putnam, S. e VALSINER, J. (1997). "Culture and cognition in developmental perspective: Reading as a co-constructive process". Em B. Cairns e G. Elder (eds.). *Developmental science.* Cambridge University Press.

VALSINER, J. (1993). "Bi-directional cultural transmission and constructive sociogenesis". Em R. Maier e W. Graaf (eds.). *Mechanisms of Sociogenesis*. Nova York: Springer.

____________ (1994a). "Co-constructivism: What is (and is not) in a name?" Em P. van Geert e L. Mos (eds.). *Annals* of Theoretical Psychology. Vol. 10. Nova York: Plenum.

____________ (1994b). "Culture and human development: A co-constructionist perspective". Em P. van Geert e L. Mos (eds.). *Annals* of Theoretical Psychology. Vol. 10. Nova York: Plenum.

____________ (1995, march). *Promises and Pitfalls of the constructionist perspective in the study of socialization*. Manuscrito não publicado, Universidade de Brasília.

____________ (1987/1997). *Culture and development of children's action*. 2ª ed. Nova York: Wiley.

VALSINER, J. e VAN DER VEER (1993). "The encoding of distance: The concept of the Zone Proximal Development and its interpretations". Em R. R. Cocking e K. A. Renninger (eds.). *The development and meaning of psychological distance*. Hillsdale, NJ: Lawrence Erlbaum.

VALSINER, J. e VOSS, H. G. (1996). "Epilogue". Em J. Valsiner e H. G. Voss (eds.). *Structure of learning process*. Norwood, NJ: Ablex.

VYGOTSKY, L. S. (1984). *A formação social da mente*. São Paulo: Martins Fontes.

WERTSCH, J. (ed.) (1985). *Culture, communication and cogniton*. Nova York: Cambridge.

WINEGAR, L. T. (1989). "Organization and process in the development of children's understanding of social events". Em J. Valsiner (ed.). *Child development in cultural context*. Norwood, NJ: Ablex, pp. 45-65.

WOZNIACK, R. (1986). "Notes toward a co-construction of the emotion-cognition relationship". Em D. Bearison e H. Zimiles (eds.). *Thought and emotion: Developmental perspectives*. Hillsdale, NJ: Elrbaum, pp. 39-64.

DIVA ALBUQUERQUE MACIEL, professora do Instituto de Psicologia da UnB, é doutora pela Universidade de São Paulo, sendo atualmente coordenadora da graduação do curso de Psicologia. É professora nos cursos de graduação e pós-graduação em nível de mestrado e doutorado e tem desenvolvido trabalhos nas áreas de leitura e escrita, incluindo a relação professor–aluno e questões relacionadas às dificuldades de aprendizagem. Os trabalhos são desenvolvidos numa perspectiva co-construtivista sistêmica.

Desenvolvimento infantil e alfabetização*

Elenice S. Hanna
Raquel Maria de Melo
Alessandra Rocha de Albuquerque

O fracasso escolar nas séries iniciais, mais especificamente durante o processo de alfabetização, constitui um desafio à educação brasileira. O insucesso manifesta-se pela dificuldade na aprendizagem de conteúdos acadêmicos, tendo como conseqüências a repetência e a evasão do sistema educacional.

Conforme aponta Garcia (1987), de mil crianças que ingressam na primeira série, 450 repetem de duas a nove vezes. De acordo com dados de 1995 do Instituto Nacional de Estudos e Pesquisas Educacionais do MEC, 44% das crianças matriculadas na 1ª série do 1º grau repetiram. Comparando-se com as demais séries do 1º grau, esse é o maior índice de repetência. A evasão, no entanto, apresenta-se baixa (1%) e tende a aumentar nas séries subseqüentes. A aprovação automática da 1ª a 4ª série, uma ação implementada em escolas públicas de algumas cidades brasileiras nos últimos anos, modificará as estatísticas, eliminando a repetência nessas séries. No entanto, esse mascaramento nos níveis de sucesso escolar pode ter repercussões negativas sobre a qualidade do ensino no 1º grau, que é o principal aspecto no qual as ações deveriam estar centradas.

---

* Este trabalho corresponde a parte dos requisitos exigidos para a obtenção de grau de doutor no programa de doutorado da Universidade de Brasília, de Raquel Maria de Melo e Alessandra Rocha de Albuquerque, com financiamento parcial do Pronex e CNPq.

Qualquer ação governamental que pretenda ser eficaz deve estar fundamentada nas informações sobre as causas do fracasso e da evasão escolar. Conforme aponta Carraher, Carraher e Schliemann (1982), diversos enfoques têm sido utilizados para analisar o fenômeno do fracasso escolar. De acordo com um desses enfoques, a atribuição do insucesso deve-se às características físicas, motoras, cognitivas e/ou emocionais inerentes ao próprio aluno. Segundo uma outra interpretação, o insucesso do aluno está diretamente relacionado ao contexto socioeconômico e cultural no qual se encontra inserido o seu grupo familiar. Um terceiro tipo de análise propõe que o fracasso escolar seja decorrente da seletividade do sistema, a qual se expressa pela reprodução da estratificação social no ambiente acadêmico, ou seja, pela manutenção da classe baixa em níveis educacionais inferiores (Leite, 1988). Para Carraher, Carraher e Schliemann (1982), no entanto, o fracasso escolar representa o fracasso da própria escola e é decorrente da metodologia de ensino utilizada, dos currículos e programas seguidos e da desqualificação e inadequação dos recursos físicos, materiais e humanos.

Embora as deficiências individuais da classe ou sistema social sejam fatores que podem interferir no desempenho do aluno, a constatação da existência desses fatores é insuficiente para o estabelecimento de alternativas de intervenção e remediação do fracasso escolar (Leite, 1988). Por outro lado, a atribuição primordial do fracasso à escola descontextualiza a relação escola–aprendiz, uma vez que em uma mesma instituição de ensino nem todos fracassam.

Durante a alfabetização, o fracasso escolar expressa-se, sobretudo, pelo insucesso na aprendizagem da leitura e da escrita, que são repertórios básicos para o adequado desenvolvimento das etapas posteriores do ensino formal. Considerando os fatores previamente apontados, a solução para a dificuldade de aprendizagem desses repertórios exigiria um acompanhamento do desenvolvimento infantil na comunidade, o ajustamento do sistema escolar às diversidades dos alunos e ao contexto no qual estão inseridos, o nivelamento mínimo das condições socioeconômicas e culturais das famílias e o desenvolvimento de metodologias eficazes e adaptadas ao contexto sociocultural das diversas comunidades. Além disso, é de fundamental importância a formação dos profissionais para utilizarem essas metodologias e desenvolverem adaptações ou novas tecnologias, de acordo com necessidades momentâneas e específicas dos alunos.

Nas últimas duas décadas, analistas do comportamento têm envidado esforços na explicitação das relações que descrevem os comportamentos de ler e escrever (*e.g.*, Lee e Sanderson, 1987; Sidman, 1971; Sidman e Cresson, 1973), incluídas na categoria de comportamento verbal proposta por Skinner (1957). Comportamento verbal é um termo amplo e inclui operantes verbais, tais como: ler, falar, transcrever, redigir, gesticular, datilografar, usar códigos (*e.g.*, *Morse*) e expressões faciais. Esses comportamentos verbais são considerados *operantes* e, portanto, definidos pelo seu *efeito* sobre o comportamento do outro (o ouvinte), caracterizando-se, dessa forma, como uma relação social (Matos, 1991).

Skinner, já em 1957, salienta a importância da distinção entre leitura e comportamento textual, o último sendo definido como um operante controlado por estímulos textuais, visuais ou táteis (letras, figuras, hieroglifos, Braile) e o primeiro como um comportamento que envolve compreensão. A criança pode aprender uma resposta vocal adequada diante da palavra "silêncio", no corredor de um hospital, e essa resposta vocal exemplifica o comportamento textual. No entanto, a criança poderá ou não emitir comportamentos que produzem ruídos, e no caso negativo ilustraria a leitura com compreensão.

Investigações recentes em Análise do Comportamento, desenvolvidas por Sidman e colaboradores (*e.g.*, Sidman, 1971; Sidman e Cresson, 1973; Sidman e Tailby, 1982), têm gerado contribuições empíricas importantes para as análises funcionais do comportamento verbal propostas por Skinner (1957), possibilitando a extensão dessas análises para comportamentos complexos e cognição (*e.g.*, de Rose, 1993) e para o ensino de leitura e de escrita (*e.g.*, de Rose, de Souza e Hanna, 1996; Souza e col., 1992; Hanna e col., 1992). De acordo com o paradigma de equivalência de estímulos, a leitura é analisada como uma rede de repertórios verbais interligados, os quais podem ser adquiridos mediante procedimentos de pareamento com o modelo. Nesses procedimentos, são apresentados simultaneamente dois ou mais estímulos de comparação, e a tarefa do sujeito consiste em selecionar um desses condicionalmente à apresentação de um estímulo-modelo, sendo que a cada modelo corresponde um estímulo de comparação correto.

As relações condicionais entre estímulos-modelo e de comparação envolvidos na leitura de palavras são apresentadas na Figura 1. Os estímulos são apresentados nos retângulos, e a resposta de nomeação na elipse. A relação AB representa a seleção de uma figura correspondente a uma palavra ditada, a qual é denominada "nomeação receptiva-auditiva de figura" (Sidman, 1971); a relação AC indica a escolha de uma palavra impressa correspondente a uma palavra ditada e é denominada "leitura receptiva-auditiva" (Sidman, 1971); e a relação CD representa a "leitura oral" ou "nomeação oral de palavras" (Sidman, 1971) e corresponde ao comportamento textual de Skinner (1957).

FIGURA 1

Diagrama da rede de relações que representa a leitura de palavras treinadas e de palavras novas com compreensão

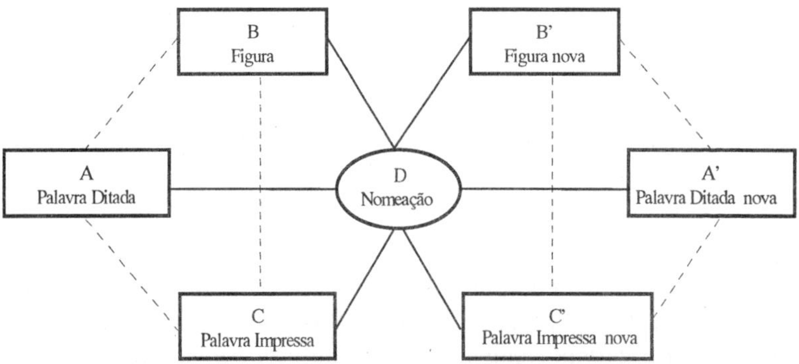

A leitura com compreensão, para Sidman (1971), ocorre quando a nomeação de palavras é acompanhada da "formação de classes de estímulos equivalentes", as quais envolvem as palavras impressas, as palavras faladas e as figuras correspondentes (os referentes). Sidman e Tailby (1982) definem a formação de classes de estímulos equivalentes em termos da emergência de relações não-treinadas, tendo como base três propriedades: reflexividade, simetria e transitividade. A primeira é caracterizada por uma relação de identidade entre os estímulos (BB e CC). As duas últimas são ilustradas pelas relações condicionais CB e BC, sendo que a simetria é verificada quando ocorre a reversibilidade funcional modelo-comparação, e a transitividade pela demonstração de relação condicional entre dois estímulos que não foram diretamente relacionados um ao outro, mas que foram relacionados a um estímulo comum por meio do treino de duas relações distintas (*e.g.*, tendo sido treinadas as relações condicionais AB e AC, verifica-se a emergência da relação BC).

A análise da leitura generalizada ou independente de treino requer uma ampliação da rede de relações condicionais previamente descritas, a fim de incluir a leitura de palavras novas que não foram diretamente ensinadas. A leitura de palavras novas é representada pelas relações C'D, sendo C' um conjunto constituído por "palavras impressas não-treinadas". A leitura de palavras novas envolve também a relação destas com os seus referentes, as quais são representadas por C'B' e B'C' (B' composto por figuras correspondentes às palavras não-treinadas). Essa análise simplificada da leitura pode ser bastante ampliada com a consideração de outros tipos de estímulos que participam da rede e que funcionam como referentes, como, por exemplo, ações executadas por pessoas e relações entre estímulos. De Rose, de Souza e Hanna (1996) demonstraram a utilidade dessa análise no desenvolvimento de metodologia alternativa de ensino de leitura para crianças com dificuldade de aprendizagem (veja também Melchiori, Souza e de Rose, 1992; de Rose, Souza, Rossito e de Rose, 1989).

Portanto, na abordagem funcional da análise do comportamento, o repertório de um indivíduo que lê palavras com compreensão integra uma rede de relações condicionais entre estímulos e entre estímulos e respostas, as quais incluem estímulos de diferentes categorias (palavras impressas de diferentes fontes, palavras faladas, figuras, objetos, pessoas, ações, frases, etc.) e modalidades diferentes de respostas (nomear em voz alta, nomear em voz baixa, apontar/relacionar). Avaliar a leitura é verificar a ocorrência de todas as relações mostradas na Figura 1. Por conseguinte, o ensino da leitura de palavras com compreensão considerado eficaz deveria produzir comportamento que apresenta todas as relações mencionadas.

Uma análise semelhante pode ser feita para a escrita. *Escrever* é um termo que nos remete a aspectos topográficos do comportamento. A escrita está presente na cópia, no ditado, quando se listam produtos a serem comprados, em palavras cruzadas, na produção de um texto, na tradução de um artigo, na redação baseada em um cenário/figura/descrição/frase, etc. Dizer que alguém escreve não especifica as condições de controle sob as quais o comportamento ocorre. Além disso, saber escrever em determinada circunstância não é garantia de resposta em condições diferentes. Portanto, a descrição funcional da escrita é condição primeira para definir a avaliação e a metodologia de ensino dos comportamentos a serem adquiridos nas diferentes séries.

A Figura 2 apresenta uma análise simplificada da rede de relações que descreve o comportamento de escrever palavras treinadas, com compreensão. Nessa análise, o comportamento não se restringe a uma ou a várias respostas motoras, mas é definido também em função das relações com diferentes estímulos. A escrita com anagramas pode ser vista como uma das diversas formas de selecionar letras em uma ordem específica, como na composição e na datilografia. Seria possível aumentar a complexidade e a generalidade do diagrama incluindo-se a escrita em Braile, código Morse, palavras em outras línguas, etc. O objetivo da simplificação é aproximar o modelo do que é, em geral, o comportamento de escrita ensinado na 1ª série do 1º grau.

As relações entre a escrita manuscrita ou com anagramas na presença de palavra impressa são chamadas de cópia (CmEm, CmEan, CiEm e CiEan). A escrita em situação de ditado é simbolizada por AEm ou AEan, e o ditado mudo por BEm e BEan. Comportamentos funcionalmente diferentes podem ser também estabelecidos quando um atraso é imposto entre a apresentação dos estímulos e a ocasião para responder. Treinos de escrita na ausência de modelos (modelo atrasado) são possivelmente importantes para o estabelecimento da escrita independente e original.

FIGURA 2

Diagrama das relações que descrevem o comportamento de escrever palavras treinadas com compreensão

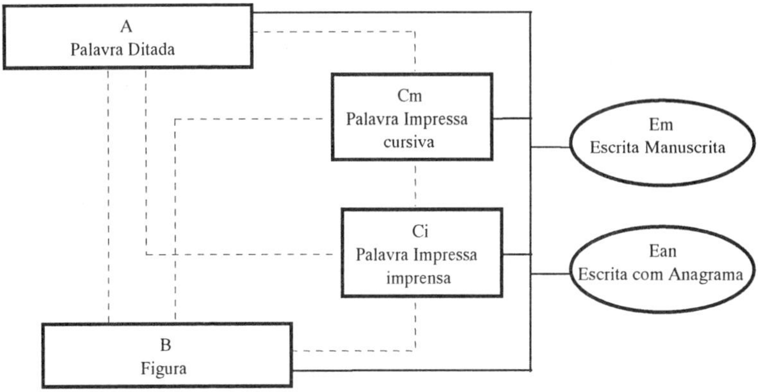

A criança escreve com compreensão quando ocorre a formação de classes de estímulos equivalentes, constituídas pela palavra impressa, palavra falada e a figura correspondente ou outro tipo de referente, além das relações entre esses estímulos e a escrita manuscrita (Em) ou com anagramas (Ean). A escrita generalizada de palavras, assim como mencionado para a leitura, é observada quando novas palavras e figuras controlam Em/Ean.

Essa concepção de leitura e de escrita permite identificar com clareza os comportamentos, ou seja, as relações que devem ser avaliadas e treinadas como estágio inicial de aprendizagem. Em estágios posteriores, as palavras serão substituídas por frases, parágrafos, etc., ou seja, por unidades textuais maiores.

A proposta de Sidman (1977), entretanto, remete-nos à noção controvertida de habilidades como pré-requisitos para a leitura/escrita. Segundo Sidman (1977), o ensino das relações condicionais AB e AC são pré-requisitos para a emergência das relações BC e CB. Nesse sentido, as relações condicionais AB e AC, apresentadas nas Figuras 1 e 2, isoladamente não descrevem a leitura e a escrita, mas constituem desempenhos necessários para que esses repertórios sejam adquiridos. Além disso, é necessário considerar que, para a criança aprender tais discriminações condicionais, os desempenhos de olhar para as palavras/figuras apresentadas, procurar a palavra/figura solicitado, discriminar uma palavra/figura de outras e apontar uma determinada palavra/figura quando solicitado já devem fazer parte do seu repertório ou deverão ser previamente ensinados.

Vários estudos sobre pré-requisitos, prontidão ou maturação para a alfabetização têm sido realizados. O grande interesse sobre o tema pode ser atribuído à concepção da leitura e da escrita como repertórios complexos e hierarquizados, aliada a uma preocupação de reduzir a probabilidade de ocorrência de fracasso escolar. Rodrigues (1995) apresenta uma revisão dessa literatura e mostra que, apesar do grande número de estudos preocupados com os pré-requisitos para a alfabetização, existem no Brasil poucas pesquisas que tenham investigado empiricamente a relação entre a aquisição de leitura/escrita e as habilidades supostamente necessárias para a aquisição desses comportamentos complexos.

A validade preditiva de desempenho escolar de quatro testes de prontidão (Teste ABC; Teste de Lourenço Filho, 1933; Teste Metropolitano de Prontidão; e Teste de Prontidão para a Leitura) foi avaliada por Oliveira (1981). Os resultados mostraram que apenas o Teste Metropolitano de Prontidão (Hildreth e Griffts, 1949) demonstrou validade preditiva para todos os grupos estudados. Witter (1977) propôs e aplicou um instrumento de avaliação de desempenho verbal infantil, juntamente com outros dois testes de prontidão, e concluiu que a validade preditiva dos testes não foi satifatória (veja também Guzzo, 1981). Evidências positivas sobre a relação entre habilidades consideradas pré-requisitos para a alfabetização e aquisição de leitura e escrita foram relatadas por outros autores (Micotti, 1982; Bima, 1982; Oliveira, 1986). Grunebau (1980) apresentou evidências de que o ensino de habilidades psicomotoras e de análise e síntese pode previnir o fracasso na alfabetização. Os estudos de Rodrigues (1995) e Leite (1984a) também sugerem a *análise* e a *síntese* como habilidades importantes na prontidão para a alfabetização, mas mostram ausência de relação entre aquisição de leitura e vários outros comportamentos incluídos freqüentemente nos intrumentos de prontidão (como, por exemplo, *esquema corporal*, *direção*, *tamanho*, *quantidade* e *espaço*).

Portanto, os resultados sobre a relação entre pré-requisitos e alfabetização não são conclusivos. Além da grande variabilidade encontrada nos estudos, existem diferenças no método de alfabetização, nos instrumentos de prontidão e nas medidas de comportamento de ler e escrever utilizadas. As discussões sobre resultados negativos têm-se centrado nos instrumentos de prontidão e gerado conclusões precipitadas que invalidam a noção de pré-requisitos. Qualquer discussão completa sobre o tema, entretanto, deve analisar: a) a metodologia de ensino, procurando-se identificar se comportamentos pré-requisitos estão sendo ensinados durante a alfabetização; e b) a medida do comportamento de ler e escrever utilizada pelo pesquisador. Considerando que não há instrumentos padronizados e validados para a língua portuguesa para medir a aquisição de leitura e escrita, autores com concepções diferentes do ler e escrever utilizarão medidas não equivalentes.

A aquisição da leitura e da escrita é concebida pela abordagem psicogenética como uma seqüência de estágios, nos quais capacidades são adquiridas à medida que a criança constrói a compreensão do sistema alfabético (Ferreiro, 1985; Ferreiro e Teberosky, 1986). Essa abordagem, diferentemente daquela utilizada por analistas do comportamento, rejeita o treino direto de habilidades específicas e defende que a criança deve reinventar o sistema alfabético. Na proposta construtivista, portanto, atribuições à criança das causas de fracasso ou dificuldade de aprendizagem são facilmente aceitas e utilizadas.

Coerentemente com a abordagem comportamental e na falta de evidências conclusivas contrárias, mantém-se que o ensino de comportamentos (relações) pré-requisitos, aliado à utilização de metodologia apropriada às características comportamentais da criança, é a principal forma de prevenir o insucesso na alfabetização.

As conseqüências práticas e a relevância dessa concepção estão ilustradas no trabalho que desenvolvemos numa instituição de crianças carentes. A equipe, inicialmente coordenada pela professora Deisy das Graças de Souza (UFSCar), dedicou-se ao desenvolvimento e à utilização de metodologia alternativa para a alfabetização, baseada no paradigma de equivalência de estímulos (Sidman e Tailby, 1982). Todas as crianças com história de fracasso escolar que participaram do programa aprenderam a ler e a escrever palavras treinadas e novas, sendo capazes de ler com compreensão livros infantis ao final do programa. Houve correlação perfeita entre o desempenho das crianças atendidas no programa de ensino de 1993 a 1996 e a aprovação na 1ª série do 1º grau. Com a substituição do sistema CBA para o de aprovação automática nas escolas públicas que as crianças freqüentaram nos últimos anos, entretanto, essa análise não pode ser considerada uma medida confiável.

A importância da intervenção por meio de metodologia de ensino alternativa, utilizada com as crianças que fracassaram com os métodos empregados na escola pública, entretanto, pode ser questionada devido a sua característica *curativa*. É necessário que uma criança fracasse para que providências e ações se justifiquem. As conseqüências desse fracasso, entretanto, não se restringem às dificuldades na alfabetização. O alto índice de repetência encontrado nessa instituição e observações assistemáticas, mas freqüentes, de dificuldades de atenção e motivação, problemas de pronúncia e ausência de outras habilidades básicas necessárias para o sucesso do ensino em situação formal geraram o interesse no desenvolvimento de ações preventivas. Duas formas de atuação estão sendo planejadas: 1) a identificação precoce de dificuldades escolares e a utilização de metodologia alternativa antes que o fracasso seja inevitável; 2) o acompanhamento do desenvolvimento infantil, avaliando-se comportamentos relevantes para a aprendizagem de leitura e de escrita e a orientação das mães sociais sobre como estimular a criança quando algum atraso no desenvolvimento for identificado.

A proposta de acompanhamento infantil e a orientação de mães têm como base uma redefinição de desenvolvimento de habilidades importantes para a alfabetização. A noção tradicional de pré-requisitos e de prontidão para a alfabetização tem focalizado o repertório no momento imediatamente anterior ao ingresso da criança na 1ª série do 1º grau. Entretanto, vários comportamentos incluídos como pré-requisitos podem ou deveriam ter sido adquiridos muito antes do ingresso na escola.

Podem-se identificar semelhanças topográficas e funcionais entre comportamentos que ocorrem a partir do nascimento e aqueles observados durante a aprendizagem de leitura e de escrita. A categoria *coordenação motora fina* é um exemplo de conjunto de comportamentos com semelhança topográfica. Aos sete anos, muitas crianças são capazes de copiar e desenhar sozinhas todas as letras do alfabeto português. Entretanto, esse controle motor foi precedido por formas mais simples de movimentos: inicialmente, pegam-se objetos com a mão; gradualmente, o tamanho do objeto diminui e, eventualmente, pode ser um lápis, se o ambiente lhe der essa alternativa; aparece o movimento de pinça; a rabiscação sobre o papel gradualmente toma formas celulares e então *conhecidas* e nomeadas, etc. Semelhanças funcionais podem ser identificadas na categoria *análise* ou controle por elementos do todo. Na leitura de palavras não-treinadas, o comportamento da criança passa a ser preciso quando o controle pelas letras, e não pelas palavras ou sílabas, é estabelecido. A identificação dos elementos (letras) do todo (palavra) é, portanto, uma habilidade de análise crucial para a leitura generalizada. Formas primitivas de análise ocorrem quando a criança identifica partes do corpo humano que faltam em um desenho, nomeia figuras de um desenho ou revista, escolhe corretamente a parte que pertence ao desenho de um livro de atividades, consegue encontrar o *Wally* ou outros personagens em um desenho complexo, etc.

A análise dos pré-requisitos da leitura e da escrita, portanto, remete-nos também ao acompanhamento do desenvolvimento da criança, uma vez que as discriminações visuais, vocais, motoras e outras que serão necessárias para a aprendizagem das referidas tarefas acadêmicas são estabelecidas a partir do nascimento ou mesmo antes deste. Nesse sentido, dados procedentes de investigações com outras metodologias, visando a estabelecer desempenhos que facilitem a alfabetização (Leite, 1984a; Pinheiro, 1994), como os das escalas de desenvolvimento e os testes de "prontidão", podem ser considerados pontos de referência importantes para a identificação de repertórios diretamente relacionados com o sucesso da alfabetização.

A análise que os testes de prontidão efetuam para o período imediatamente anterior à alfabetização foi estendida para o desenvolvimento de zero a sete anos. Tomaram-se como referencial os principais objetivos de ensino da 1ª série do 1º grau: a) leitura com compreensão de pequenos textos; b) escrita de palavras com compreensão; c) relato de histórias ou acontecimentos.

Considerando as definições de leitura e de escrita como redes de relações (Figuras 1 e 2) e assumindo que essas redes descrevem a maior parte dos componentes comportamentais da leitura e da escrita objetivadas na série inicial da escola brasileira, partiu-se para a identificação das formas mais primitivas ou de pré-requisitos desses componentes. Entende-se que essas informações permitem a identificação precoce de atrasos no desenvolvimento de repertórios de crianças, que podem interferir no processo de alfabetização. Tais informações possibilitam também a definição de estratégias de intervenção, em termos de estimulações adicionais a serem proporcionadas pelas mães sociais ou responsáveis pela criança. Esse conhecimento pode também ser relevante para ampliar as investigações a respeito das variáveis envolvidas na aquisição de repertórios acadêmicos. Exemplos de análises com objetivos semelhantes podem ser encontrados na literatura (*e.g.*, Resnick, Wang e Kaplan, 1973).

Foram analisadas sete escalas ou instrumentos de acompanhamento do desenvolvimento infantil, extraindo-se os comportamentos interpretados como relevantes para se chegar ao comportamento final de ler e escrever. As escalas utilizadas foram: a) Bayley Scales of Infant Development, de autoria de Nancy Bayley; b) Preschool Languague Scale-3 (PCL-3) – Escala de Linguagem Pré-Escolar 3; c) Escala de Avaliação do Desenvolvimento Psicomotor de zero-24 meses, de Rodriguez, Arancília e Undurraga, traduzida por Bárbara Marosa Castro Ramos; d) Ficha de Acompanhamento Evolutivo da Criança de zero-três anos do Programa de Educação Precoce da Divisão de Ensino Especial da Fundação Educacional do DF (1991); e) Ficha de Acompanhamento do Desenvolvimento do Ministério da Saúde; f) Escala de Avaliação do Desenvolvimento Infantil, de Gesell; g) Ficha de Observação da Creche Fundação Visconde de Cabo Frio, Brasília (zero-seis anos). Utilizou-se também o Instrumento de Avaliação do Repertório Básico para a Alfabetização (IAR, Leite, 1984b) como referência para a identificação dos comportamentos desejáveis para a alfabetização na faixa etária de seis a sete anos. A seleção final desses comportamentos por faixa etária, portanto, foi feita a partir da análise de semelhanças topográficas e/ou funcionais com os comportamentos descritos nos instrumentos mencionados.

O Quadro I apresenta os comportamentos divididos em onze faixas etárias distintas, compreendidas entre zero e 84 meses. Entre os comportamentos listados na faixa etária de seis a sete anos, entretanto, foram incluídas (em itálico) novamente algumas habilidades que apareceram em sua forma final antes dessa idade. Devido as habilidades da última faixa etária serem aquelas consideradas pré-requisitos imediatos ou co-requisitos[1] para a alfabetização, foi feita a categorização desses comportamentos, e o nome dessas categorias foi utilizado para indicar a relação entre os vários comportamentos nas diferentes fases do desenvolvimento (veja coluna 2 do Quadro I).

As informações contidas no Quadro I serão utilizadas para realizar a avaliação dos comportamentos relacionados à alfabetização. Durante a avaliação, deverão ser observados, inicialmente, os comportamentos compreendidos na faixa etária imediatamente anterior à da criança. Caso sejam observados todos os comportamentos dessa faixa, a criança será observada em relação aos comportamentos da sua própria faixa etária. Entretanto, a não-ocorrência de comportamentos na primeira faixa etária avaliada indicará a necessidade de observação dos comportamentos pertencentes à mesma categoria da faixa etária imediatamente anterior. Crianças até 48 meses (quatro anos) serão avaliadas semestralmente, e, a partir dessa idade, as observações serão anuais. Ao ingressar na 1ª série do 1º grau, a criança será avaliada no início e no final do período letivo.

Os comportamentos selecionados pertencem a 23 categorias básicas: atenção, discriminação visual, discriminação auditiva, coordenação motora fina ou viso-motora, lateralidade, espaço/distância, espaço/posição, direção, tamanho, quantidade, forma, cor, peso, temperatura, tempo, categorização, seqüência, verbalização/pronúncia, verbalização/compreensão, verbalização/gramática, análise, síntese e esquema corporal. Essas categorias, entretanto, podem estar combinadas, havendo a possibilidade de um mesmo comportamento pertencer a mais de uma delas.

---

[1] Rodrigues (1995) sugere o termo co-requisitos para se referir às habilidades relevantes que se desenvolvem no decorrer do processo de alfabetização. Os co-requisitos diferenciam-se dos pré-requisitos por não serem indispensáveis à aquisição de desempenhos mais complexos, como a leitura e a escrita.

As definições de cada categoria e as considerações sobre a sua relação com a aprendizagem de leitura e de escrita são apresentadas a seguir.

- *Atenção*: olhar dirigido para objetos ou pessoas. Do nascimento até a pré-escola, o tempo de fixação de atenção aumenta e os objetos e as pessoas que interessam à criança são influenciados pela sua experiência; a atenção a material impresso (que de certa forma reflete o interesse) deve, portanto, ser incentivada precocemente.
- *Discriminação visual – igual/diferente*: identificar estímulos visuais iguais e diferentes. O desenvolvimento da habilidade de diferenciar e de encontrar semelhanças em estímulos impressos (visuais) é requerido na leitura e na escrita com relação às letras, palavras, etc. O exercício prévio em um contexto pode produzir um desempenho generalizado ou facilitar a aquisição quando o treino direto com estímulos textuais é necessário. Esses comportamentos são componentes de habilidades mais complexas descritas nas categorias de aprendizagem de conceitos, análise, síntese e categorização.
- *Discriminação auditiva – igual/diferente*: identificar estímulos auditivos iguais e diferentes. As mesmas considerações feitas para discriminação visual valem para discriminação auditiva.
- *Coordenação motora fina ou viso-motora*: executar, a partir de instrução ou modelo, movimentos precisos com os dedos, utilizando um instrumento (lápis, pincel, blocos lógicos, pequenos objetos, etc.). Comportamentos dessa categoria podem ser vistos como formas mais simples dos movimentos motores da escrita.

As próximas doze categorias estão relacionadas à formação de conceitos básicos que utilizamos para analisar e classificar nossas experiências, comunicando nossas impressões aos outros por meio dos rótulos correspondentes. Elas foram incluídas devido à sua relevância para o aspecto de compreensão das palavras ou textos que deverão ser lidos. Além disso, o controle por certas dimensões ou características dos estímulos, adquiridos nas categorias conceituais *tamanho*, *espaço/posição*, *espaço/distância*, *direção*, *forma* e *lateralidade*, é semelhante aos presentes no comportamento textual e na escrita.

- *Lateralidade*: identificar e utilizar os conceitos de direita e de esquerda no corpo e em estímulos do ambiente.
- *Espaço/distância*: identificar e utilizar os conceitos que indicam o espaço que separa objetos e pessoas entre si (longe/perto, junto/separado).
- *Espaço/posição*: identificar e utilizar conceitos relativos à localização dos objetos ou das pessoas no espaço (dentro/fora, em cima/embaixo, atrás/em frente/ao lado, entre).
- *Direção*: identificar e utilizar conceitos relativos à direção do movimento de objetos ou de pessoas (para cima, para baixo, para frente, para trás, para a direita, para a esquerda).
- *Tamanho*: identificar e utilizar conceitos relativos à dimensão, ao comprimento e à espessura dos objetos (pequeno/grande, fino/grosso, baixo/alto, curto/comprido).
- *Quantidade*: identificar e utilizar conceitos que indicam volume e densidade (cheio/vazio, muito/pouco, inteiro/metade, mais/menos, nenhum).
- *Forma*: identificar e nomear exemplos de formas geométricas.
- *Cor*: identificar e nomear cores.
- *Peso*: identificar e nomear exemplos dos conceitos relativos a peso (leve/pesado).
- *Temperatura*: identificar e nomear exemplos dos conceitos relativos a temperatura (quente/frio).
- *Tempo*: identificar e nomear exemplos dos conceitos de tempo (manhã, tarde, noite, ontem, amanhã).
- *Categorização*: agrupar ou nomear, com o mesmo rótulo, objetos que possuem alguma característica ou função comum.

As três categorias relativas à verbalização definidas a seguir são relevantes para a precisão da leitura em voz alta, o relato e a compreensão de eventos e histórias e para a emissão de comportamento verbal original que utiliza as regras estabelecidas pela comunidade verbal.

- *Verbalização/pronúncia*: articular espontaneamente em situação de diálogo ou por imitação os sons da língua portuguesa.
- *Verbalização/compreensão*: apresentar relações simbólicas entre nomes/oralizações e seus referentes (ações, objetos, pessoas, relações, etc.); utilizar expressões em contextos apropriados.
- *Verbalização/gramática*: expressar-se oralmente em conformidade com as regras da língua portuguesa.
- *Seqüência*: produzir uma série de comportamentos respeitando a seqüência do modelo ou da instrução; reproduzir comportamentos de acordo com uma seqüência temporal. Para relatar oralmente ou por escrito um evento ou história de forma precisa, é necessário manter a seqüência de alguns acontecimentos ou das unidades verbais. Essa habilidade parece importante para o desenvolvimento de habilidades que requerem cadeias verbais, respeitando a ordem de ocorrência dos elos componentes.
- *Análise*: identificar ou separar as partes componentes de um todo. Veja comentários feitos anteriormente.
- *Síntese:* identificar ou construir o todo a partir de seus elementos. A habilidade de síntese é tão necessária quanto a de análise para a leitura e a escrita, pois não basta saber identificar letras ou sílabas. É necessário que o conjunto de letras ou sílabas seja "compreendido" como um novo estímulo (controle uma outra resposta). Isso vale também para a leitura seguida de relato de pequenos textos.
- *Esquema corporal*: identificar e/ou nomear espontaneamente ou quando solicitado partes do corpo humano. Comportamentos dessa categoria requerem análise, síntese, formação de conceitos.

Quadro I

Categorias comportamentais e comportamentos com semelhanças topográficas ou funcionais com a leitura e/ou escrita e relato de eventos/histórias, agrupados por faixa etária

Idade	Categoria	Comportamento
1m a 6m	Atenção	Olhar dirigido para pessoas.
	Atenção	Fixar e acompanhar os objetos em seu campo visual.
	Verbalização/pronúncia	Emitir sons, vocalizar (como ah, eh ou ohs).
	Discriminação auditiva	Virar a cabeça em direção a sons.
7m a 12m	Verbalização/pronúncia	Balbuciar e imitar a entonação de voz.
	Discriminação auditiva; Verbalização/ compreensão	Responder diferencialmente a negativas e a seu nome.
	Discriminação auditiva; Verbalização/ compreensão	Responder diferentemente a estímulos diferentes do ambiente (pessoas familiares/estranhas; a gestos como "vem cá" e pegar um objeto apontado; a palavras inibitórias como "pare" e "não").
	Verbalização/compreensão; Verbalização/pronúncia	Pedir os objetos, apontando para eles e vocalizando.
	Verbalização/pronúncia	Imitar sons.
	Verbalização/pronúncia; Verbalização/ compreensão	Dizer "mamãe" e "papai" especificamente.
	Coordenação motora fina/visomotora	Segurar um lápis e rabiscar.
	Discriminação visual	Fazer gestos com a mão e a cabeça (*tchau*, bater palmas, etc.).
	Verbalização/compreensão	Usar pelo menos uma palavra com sentido.
	Coordenação motora fina/visomotora	Pegar objetos pequenos com o dedo indicador e o polegar.
13m a 17m	Coordenação motora fina/visomotora	Imitar voluntariamente comportamento motor; imitar riscos simples.
	Coordenação motora fina/visomotora; Verbalização/ compreensão	Seguir instruções relacionadas a comportamento motor.
	Verbalização/compreensão; Discriminação visual	Identificar e nomear de três a cinco objetos.
	Atenção	Olhar as figuras de livro ou revista.
	Verbalização/ compreensão; Verbalização/ pronúncia	Utilizar vocabulário de três a cinco palavras (substantivos, verbos), excluindo "papai" e "mamãe".
	Coordenação motora fina/visomotora	Construir torre de três a quatro cubos.

Idade	Categoria	Comportamento
18m a 24m	Verbalização/pronúncia; verbalização/ compreensão; verbalização/gramática	Combinar pelo menos duas palavras.
	Coordenação motora fina/viso-motora	Imitar riscos em diferentes direções em um papel.
	Coordenação motora fina/viso-motora	Virar duas ou três folhas de um álbum ou revista.
	Esquema corporal	Apontar e nomear partes do corpo em si mesma.
	Verbalização/pronúncia; discriminação auditiva	Imitar palavras.
	Verbalização/compreensão; discriminação visual	Identificar e nomear mais de cinco figuras.
	Verbalização/gramática; verbalização/ compreensão	Usar pelo menos um pronome possessivo.
	Verbalização/compreensão	Seguir instruções simples, que envolvam além de negativas.
	Coordenação motora fina/viso-motora; discriminação de forma	Construir torre de seis a sete cubos.
25m a 30m	Coordenação motora fina/viso-motora	Imitar riscos circulares, verticais e horizontais.
	Verbalização/compreensão	Fornecer uso para os objetos.
	Verbalização/gramática; verbalização /compreensão	Utilizar pronomes "eu", "mim" e "me".
	Verbalização/compreensão; verbalização/gramática; verbalização/ pronúncia	Utilizar vocabulário de mais de dez palavras (verbos, adjetivos, pronomes, substantivos).
	Verbalização/compreensão; Verbalização/pronúncia	Usar palavras para expressar necessidades.
	Verbalização/compreensão; Verbalização/gramática; verbalização/ pronúncia	Formar frases com duas ou três palavras.
	Discriminação visual	Demonstrar reconhecimento de identidade dos objetos.
	Coordenação motora fina/viso-motora	Segurar lápis entre os dedos ao desenhar (movimento de pinça como o adulto).
	Verbalização/compreensão; verbalização/pronúncia; verbalização/ gramática	Usar inflexão de pergunta.

Idade	Categoria	Comportamento
31m a 36m	Verbalização/compreensão; discriminação visual	Descrever ação sugerida em figuras, quando solicitado, usando sentenças.
	Coordenação motora fina/viso-motora	Rabiscar linhas contínuas.
	Coordenação motora fina/viso-motora	Colocar bolinhas em uma garrafa, ou objetos em um depósito, um a um.
	Discriminação de forma	Identificar quatro formas geométricas regulares.
	Verbalização/compreensão; seqüência; tempo	Conversar sobre coisas ausentes e fatos passados vivenciados.
	Seqüência	Repetir três algarismos em seqüência.
	Verbalização/gramática	Utilizar plural.
	Coordenação motora fina/viso-motora	Construir torres de dez cubos.
37m a 42m	Verbalização/compreensão; Verbalização/pronúncia	Nomear espontaneamente o que ele desenha.
	Coordenação motora fina/viso-motora	Copiar uma cruz.
	Discriminação auditivo-visual; forma	Apontar seis formas geométricas.
	Verbalização/compreensão	Usar respostas apropriadas quando perguntada sobre o que faz a criança quando cansada, com frio ou com fome.
	Seqüência; verbalização/ pronúncia	Repetir sentenças compostas por mais de cinco palavras.
	Discriminação auditiva; verbalização/ pronúncia	Diferenciar e articular os sons fonéticos de todas as vogais e a maioria das consoantes.
	Verbalização/gramática; verbalização/ compreensão	Usar duas conjunções.
	Tamanho; verbalizção/ compreensão	Responder diferencialmente a conceitos de tamanho (maior e menor).
	Seqüência	Contar até três.
	Seqüência; verbalização/pronúncia	Cantar trechos curtos de músicas.
	Esquema corporal	Acrescentar três partes a um homem incompleto e apontar uma parte ausente de um corpo desenhado.
	Coordenação motora fina/viso-motora	Rabiscar, no desenho livre, formas celulares.

Idade	Categoria	Comportamento
43m a 48m	Discriminação auditivo-visual; forma	Apontar oito formas geométricas.
	Peso; verbalização/compreensão	Identificar e utilizar conceitos de peso (leve/pesado).
	Temperatura; verbalização/compreensão	Identificar e utilizar conceitos de temperatura (quente/frio).
	Distância; verbalização/compreensão	Identificar e utilizar conceitos de distância (longe/perto).
	Verbalização/pronúncia; verbalização/ compreensão	Saber dizer seu nome e apelido.
	Cor; verbalização/compreensão	Nomear mais de quatro cores.
49m a 60m	Verbalização/gramática; verbalização/ compreensão	Usar mais de duas conjunções e preposições.
	Seqüência; discriminação auditiva	Reproduzir ou inventar pequenos versos, rimas e músicas.
	Coordenação motora fina/viso-motora	Desenhar figuras soltas reconhecíveis.
	Espaço/posição; verbalização/ compreensão	Responder diferencialmente a conceitos espaciais (em baixo, atrás, em frente, ao lado, em cima, dentro, fora).
	Cor; verbalização/compreensão	Identificar e nomear mais de oito cores.
	Verbalização/compreensão	Definir palavras simples (ex: chapéu, bola).
	Categorização; verbalização/ compreensão	Nomear ao menos seis animais.
	Coordenação motora fina/ viso-motora; esquema corporal	Desenhar um "homem".
	Verbalização/compreensão	Formular planos verbalmente.
	Verbalização/compreensão; seqüência	Descrever procedimentos (como fazer algo).
	Verbalização/compreensão; discriminação visual	Interpretar atitudes morais representadas em desenhos.
	Verbalização/gramática	Usar formas regulares e irregulares do verbo no passado.
	Discriminação visual-auditiva	Apontar e dizer o nome, a pedido, de moedas de 1, 25, 50 centavos e 1 real.
	Seguimento de instrução; seqüência	Cumprir ordem que contenha três ações.

Idade	Categoria	Comportamento
49m a 60m	Tempo	Identificar e nomear dois conceitos relativos a tempo (noite, manhã e tarde).
	Categorização; verbalização/ compreensão	Nomear categorias (animais, alimento, brinquedo).
	Seqüência; quantidade	Contar objetos, apontando um de cada vez (três objetos).
	Verbalização/compreensão	Fazer perguntas.
	Verbalização/compreensão	Responder a questões de "por quê?", dando uma explicação.
61m a 72m	Verbalização/compreensão	Solicitar ajuda quando necessário.
	Verbalização/pronúncia	Falar sem articulação infantil.
	Verbalização/compreensão	Perguntar "por quê?".
	Verbalização/compreensão	Perguntar pelo significado das palavras.
	Verbalização/compreensão	Identificar substantivos relacionados a dois adjetivos.
	Verbalização/compreensão	Usar adjetivos para descrever pessoas e objetos.
	Verbalização/compreensão	Definir palavras mais complexas, substantivos abstratos.
	Quantidade; verbalização/compreensão	Responder diferencialmente a conceitos de quantidade, tais como todo, metade.
	Tempo; seqüência; verbalização/ compreensão	Responder diferencialmente a conceitos de tempo/ seqüência (ordem dos acontecimentos: primeiro, depois, após, antes).
	Quantidade; verbalização/compreensão	Usar palavras que expressem quantidade (cheio, vazio, muito, pouco).
	Lateralidade; verbalização/compreensão	Identificar e nomear os conceitos de direita e de esquerda.
	Seqüência; verbalização/compreensão; verbalização/gramática	Contar histórias com seqüência temporal, usando adjetivos, verbos e pronomes.
	Atenção	Folhear e olhar livro/revista por longos períodos (mais de cinco minutos). Permanecer em uma atividade por mais de dez minutos.
73m a 84m	Esquema corporal	*Identificar partes do corpo em si mesma e em figuras.* *Nomear partes do corpo.* *Apontar partes ausentes de um homem incompleto e complementar um desenho de corpo humano.*
	Lateralidade	*Apontar e nomear exemplos relacionados com os conceitos de direita e de esquerda.*

Idade	Categoria	Comportamento
73m a 84m	Espaço/posição	*Apontar e nomear exemplos relacionados com conceitos espaciais (embaixo, atrás, em frente, em cima, dentro, fora, entre, ao lado).*
	Espaço/direção; espaço/ distância	*Apontar e nomear exemplos relacionados com os conceitos longe, perto, junto e separado, para cima, para baixo, etc.*
	Tamanho	*Apontar e nomear exemplos relacionados com conceitos de tamanho (maior, menor, grande, pequeno, comprido, curto, alto, baixo, grosso, fino).*
	Quantidade	*Contar objetos, apontando um de cada vez.* *Usar palavras que expressem quantidade (cheio, vazio, muito, pouco).* *Apontar e nomear exemplos relacionados com conceitos de todo, metade, mais, menos, muito, pouco, nenhum, cheio, vazio.*
	Forma	*Apontar oito formas geométricas.*
	Cor	*Identificar e nomear dez cores.*
	Peso	*Identificar e nomear objetos ou figuras relacionados aos conceitos de leve e pesado.*
	Temperatura	*Identificar e nomear objetos ou figuras relacionados aos conceitos de quente e frio.*
	Tempo	*Identificar e nomear figuras/histórias relacionadas a conceitos de tempo (manhã, tarde, noite, ontem, amanhã).*
	Seqüência	*Repetir algarismos em seqüência.* *Seguir instruções que contenham três ações com seqüência determinada.* *Contar história com seqüência temporal.*
	Discriminação visual	*Identificar, agrupando ou apontando, objetos, figuras, letras ou palavras iguais.*
	Discriminação auditiva; análise	Identificar todos os fonemas da língua portuguesa em palavras e sílabas. Reconhecer palavras que iniciam e terminam por sons semelhantes.

Idade	Categoria	Comportamento
73m a 84m	Verbalização/pronúncia	*Imitar palavras que contenham os fonemas da língua portuguesa (ex.: pluto, cravo, problema, trança, atleta, refrigerante, blusa, etc.). Falar sem articulação infantil.*
	Verbalização/pronúncia	*Repetir sentenças compostas por mais de sete palavras. Reproduzir ou inventar pequenos versos, rimas e músicas. Dizer seu nome completo e apelido.*
	Verbalização/compreensão	*Descrever características de pessoas e de objetos. Nomear/apontar mais de vinte desenhos/figuras/objetos. Descrever ações sugeridas em figuras, quando solicitado, usando sentenças. Fazer perguntas (inclusive "por quê?"). Responder a perguntas de "por quê?", dando uma explicação. Fornecer uso para objetos. Conversar sobre coisas/fatos ausentes. Definir palavras simples. Formular planos verbalmente. Descrever procedimentos (como fazer algo). Interpretar atitudes morais representadas em desenhos. Compreender substantivos seguidos de dois adjetivos. Seguir instrução que contenha três ações. Responder apropriadamente quando perguntada sobre o que faz quando cansada, com frio ou com fome.*
	Verbalização/gramática	*Contar histórias usando adjetivos, verbos e pronomes (meu, seu, dele, eu, mim, me, este, aquele, esse, essa). Utilizar plural. Usar conjunções e preposições. Usar formas regulares e irregulares de verbo no passado.*

Idade	Categoria	Comportamento
73m a 84m	Análise	Nomear partes/detalhes de um desenho. Identificar os elementos de um quadro/figura/objeto/frase. Dividir os sons das palavras (falar silabado).
	Síntese	Montar quebra-cabeça de dezesseis peças. Juntar oralmente uma palavra silabada.
	Coordenação motora-fina/viso-motora	*Seguir instruções relacionadas a comportamento motor. Imitar, desenhando em papel, riscos elaborados em diferentes direções.*
	Categorização	*Nomear seis animais, brinquedos e alimentos. Agrupar figuras ou objetos da mesma categoria (animais, brinquedos, alimentos, material escolar, vestuário, meios de transporte, utensílios de cozinha).*

Apesar de as escolas passarem a dar maior atenção aos comportamentos envolvidos no repertório de leitura e de escrita quando a criança se encontra por volta dos cinco ou seis anos, a análise sugerida pode ser útil, no sentido de apontar a continuidade do desenvolvimento e a relação seqüencial dos comportamentos, bem como a importância de uma estimulação específica desde o nascimento. Essas informações evidenciam também o papel crucial da família no processo de aprendizagem da leitura e da escrita, considerando que o desenvolvimento de grande parte dos comportamentos relacionados com a alfabetização pode ocorrer antes de a criança ingressar na pré-escola. O desenvolvimento dessas habilidades de forma lúdica, respeitando a motivação momentânea da criança, favorecerá o interesse e a escolha futura por atividades com características semelhantes (Santos, 1996).

Deve-se ressaltar que as escalas e os instrumentais de acompanhamento de desenvolvimento infantil consultados não foram fontes suficientes para garantir uma análise com continuidade das hierarquias comportamentais. Será necessário ampliar o número de escalas analisadas, incluir informações oriundas de entrevistas com professores de maternal, pré-escola e primeira série e proceder à análise de cada comportamento para que o instrumento contemple, sempre que necessário, uma gradação até as formas finais dos comportamentos complexos.

O presente trabalho apresenta uma proposta preventiva de atuação do psicólogo, procurando enriquecer a estimulação de crianças institucionalizadas e aumentar as chances de sucesso escolar. É uma proposta em fase de implementação. A validação das informações contidas no Quadro I e a verificação do valor preditivo dessas informações para o desempenho na escola são etapas necessárias e previstas em um programa de pesquisa–ação. Entretanto, a ênfase na ação e as dificuldades metodológicas inerentes ao contexto poderão impedir conclusões precisas. As avaliações sugeridas aqui estão sendo planejadas em situações lúdicas, evitando a exposição das crianças a situações sem reforçamento ou que causem ansiedade. É possível e desejável, portanto, que as crianças aprendam em situação de "teste".

O segundo aspecto que dificultará conclusões sobre a validade da proposta é o impedimento ético de um grupo controle definido previamente. Quando uma criança for avaliada como não tendo adquirido um comportamento que já teria potencial para adquirir, a mãe social será orientada para desenvolver brincadeiras que favoreçam o seu desenvolvimento. O grupo controle pode surgir se houver recusa ou desinteresse de mães em participar do programa. Esse grupo controle, portanto, não será constituído de amostra aleatória.

A comparação entre os níveis de aprovação ou de sucesso na alfabetização, antes e depois da implementação das ações descritas, talvez seja a maneira mais confiável de avaliar a presente proposta. Por ser uma comparação longitudinal, entretanto, há que se considerar as mudanças que poderão ocorrer no sistema de ensino e na instituição e as implicações dessas mudanças para a interpretação dos resultados. Apesar das dificuldades metodológicas e éticas mencionadas, a relevância social justifica o desenvolvimento do projeto.

Adaptando para o contexto deste trabalho as considerações de Leite (1984 a, p. 135), pode-se afirmar que, certamente, as ações propostas não vão resolver a questão do fracasso escolar de crianças institucionalizadas, visto que o fenômeno não envolve apenas aspectos pedagógicos e de estimulação da criança. Fatores socioeconômicos, como má distribuição de renda, falta de oportunidade de trabalho, tipo de alimentação e a própria condição do menor na família, têm sido também apontados como importantes. Porém, há fatores intra-escolares e relativos à estimulação presente no ambiente no qual a criança se desenvolve que dependem, em grande parte, das pessoas com as quais ela se relaciona, tais como pais e professores. A influência desses fatores precisa ser mais bem compreendida para que críticas, revisões e reformulações possam ser propostas.

Referências bibliográficas

BIMA, H. J. (1982). *Validade do conceito de prontidão para a leitura e escrita.* Dissertação de mestrado. Rio Grande do Sul: Universidade Federal de Santa Maria.

CARRAHER, T. N.; CARRAHER, D. W. e SCHLIEMANN, A. D. (1982). "Na vida, dez; na escola, zero: os contextos culturais da aprendizagem da matemática". *Cadernos de Pesquisa*, 42, pp. 79-86.

DE ROSE, J. C. (1993). "Classes de estímulos: implicações para uma análise comportamental da cognição". *Psicologia: Teoria e Pesquisa*, 9, pp. 283-303.

DE ROSE, J. C.; DE SOUZA, D. G. e HANNA, E. S. (1996). "Teaching reading and spelling: exclusion and stimulus equivalence". *Journal of Applied Behavior Analysis*, 29, pp. 451-469.

DE ROSE, J. C. C.; SOUZA, D. G.; ROSSITO, A. L. e DE ROSE, T. M. S. (1989). "Aquisição de leitura após história de fracasso escolar: equivalência de estímulos e generalização". *Psicologia: Teoria e Pesquisa*, 5, pp. 325-346.

FERREIRO, E. (1985). "A representação da linguagem e o processo de alfabetização". *Cadernos de Pesquisa*, 52, pp. 7-17.

FERREIRO, E. e TEBEROSKY, A. (1986). *Psicogênese da língua escrita*. Porto Alegre: Artes Médicas.

GRUNEBAU, R. (1980). *Proposta de alfabetização baseada na anteriorização do ensino da leitura e no treino psicomotor simultâneo ao ensino da leitura*. Dissertação de mestrado. São Paulo: PUC.

GUZZO, R. S. L. (1981). *Eficiência de um treino em linguagem oral para o desenvolvimento do repertório básico para a alfabetização*. Dissertação de mestrado. São Paulo: IPUSP.

HANNA, E. S.; SOUZA, D. G.; DE ROSE, J. C.; SANTOS, L. G.; FONSECA, M. L.; HOROWITZ, D. B.; CARVALHO, G. P.; SALLORENZO, L. H.; e VEIGA, H. (1993). "Treino de cópia com resposta construída e o desempenho em ditado II: efeitos dependentes do nível de generalização na linha de base de leitura". XXIII Reunião da Sociedade Brasileira de Psicologia, *Resumos de comunicações científicas*, p. 305.

HILDRETH, G. H. e GRIFFTS, M. A. (1966). *Teste Metropolitano de Prontidão – Forma R – Manual de Aplicação* (publicação original de 1949, adaptação e padronização de Ana Maria Poppovic). São Paulo: Vetor – Editora Psicopedagógica.

LEE, V. L. e SANDERSON, G. M. (1987). "Some contingencies of spelling". *The Analysis of Verbal Behavior*, 5, pp. 1-15.

LEITE, S. A. S. (1984 a). *Preparando a alfabetização*. São Paulo: Edicon.

__________ (1984 b). *Instrumento de avaliação de repertório básico para a alfabetização (IAR)*. São Paulo: Edicon.

__________ (1988). *Alfabetização e fracasso escolar*. São Paulo: Edicon.

LOURENÇO FILHO, M. B. (1933). *Testes ABC: para verificação da maturidade necessária para a aprendizagem da leitura e escrita*. São Paulo: Melhoramentos.

MATOS, M. A. (1991). "As categorias formais de comportamento verbal em Skinner". *Anais* da XXI Reunião Anual de Psicologia da Sociedade de Psicologia de Ribeirão Preto, pp. 333-341.

MATOS, M. A. e D'OLIVEIRA, M. M. H. (1992). "Equivalence and reading". Em S. C. Hayes e L. J. Hayes (orgs.). *Understanding Verbal Relations*. Reno, NV: Context Press, pp. 83-94.

MCILVANE, W. J. e STODDARD, T. (1981). "Acquisition of matching-to-sample performances in severe retardation: learning by exclusion". *Journal of Mental Deficiency Research*, 25, pp. 33-48.

MELCHIORI, L. E.; SOUZA, D.G. e DE ROSE, J. C. C. (1992). "Aprendizagem de leitura por meio de um procedimento de discriminação sem erros (exclusão): uma replicação com pré-escolares". *Psicologia: Teoria e Pesquisa*, 8, pp. 101-111.

MICOTTI, M. C. O. (1982). "Das condições para a alfabetização". *Didática*, 18, pp. 55-64.

OLIVEIRA, Q. L. (1981). *Validade preditiva de alguns testes de prontidão para a alfabetização: um estudo comparativo*. Dissertação de mestrado. São Paulo: IPUSP.

__________ (1986). *Estudo psicométrico de quatro instrumentos de avaliação da prontidão para a leitura e escrita*. Tese de doutorado. São Paulo: IPUSP.

PINHEIRO, A. M. V. (1994). *Leitura e escrita: uma abordagem cognitiva*. Campinas: Editorial Psy.

RESNICK, L. B.; WANG, M. C. e KAPLAN, J. (1973). "Task analysis in curriculum design: a hierarchically sequenced introductory mathematics curriculum". *Journal of Applied Behavior Analysis*, 6, pp. 679-710.

RODRIGUES, O. M. P. R. (1995). *Desempenho de entrada e aprendizagem de leitura: em busca de relação*. Tese de doutorado. São Paulo: IPUSP.

SANTOS, S. V. (1996). *Avaliação do interesse por leitura em alunos de 2ª e 4ª séries*. Dissertação de mestrado. São Carlos: UFSCar, Programa de Pós-Graduação em Educação Especial.

SIDMAN, M. (1971). "Reading and auditory-visual equivalences". *Journal of Speech and Hearing Research*, 14, pp. 5-13.

__________ (1977). "Teaching some basic prerequisites for reading". Em P. Mittler (eds.). *Research to Practice in Mental Retardation: Educational and Training*, vol. II, pp. 353-360.

SIDMAN, M. e CRESSON, O. (1973). "Reading and crossmodal transfer of stimulus equivalences in severe retardation". *American Journal of Mental Deficiency*, 77, pp. 515-523.

SIDMAN, M. e TAILBY, W. (1982). "Conditional discrimination vs. matching to sample: an expansion of the testing paradigm". *Journal of the Experimental Analysis of Behavior*, 37, pp. 5-22.

SKINNER, B. F. (1957). *Verbal behavior*. Englewood Cliffs, NJ: Prentice-Hall.

SOUZA, D. G.; HANNA, E. S.; BORGES, M. M.; DE ROSE, J. C.; FONSECA, M. L.; SILVA, A. V.; MANHIÇA, C. e LACERDA, A. P. (1992). "Treino de cópia com resposta construída e o desempenho em ditado". XXII Reunião da Sociedade Brasileira de Psicologia, *Resumos de comunicações científicas*, p. 210.

STROMER, R.; MACKAY, H. A. e STODDARD, L. T. (1992). "Classroom applications of stimulus equivalence technology". *Journal of Behavioral Education*, 2, pp. 225-256.

WITTER, G. P. (1977). *Psicologia escolar: pesquisa e ensino*. Tese de livre-docência. São Paulo: Ipusp.

ELENICE SEIXAS HANNA é professora do Instituto de Psicologia da Universidade de Brasília. Obteve o grau de mestre em Psicologia da Aprendizagem na Universidade de Brasília em 1987 e de Ph.D. em Psicologia na University of Wales, College of Cardiff, em 1991. É pesquisadora de processos básicos da escolha, autocontrole e aprendizagem de leitura, com publicações em periódicos internacionais importantes. Membro do conselho editorial da Revista Latina de Análise do Comporamento *Acta Comportamentalia*.

RAQUEL MARIA DE MELO é professora assistente do Departamento de Processos Psicológicos Básicos do Instituto de Psicologia da Universidade de Brasília. Obteve o grau de mestre em Processos Comportamentais em 1991 na Universidade de Brasília. Atualmente é doutoranda do curso de Psicologia nesta mesma instituição. Tem interesse por pesquisas que envolvem a utilização do paradigma de equivalência de estímulos no estudo do desenvolvimento infantil e alfabetização e por investigações sobre procedimentos e processos relativos à aprendizagem-sem-erro.

ALESSANDRA ROCHA DE ALBUQUERQUE é mestre em Psicologia pela Universidade de Brasília e atualmente é doutoranda na Universidade de Brasília. É professora de Psicologia Experimental no UniCEUB (Centro Universitário de Brasília) e na UCB (Universidade Católica de Brasília). Trabalha com pesquisa em controle de estímulo (equivalência de estímulo e controle por unidades mínimas em leitura).

Desenvolvendo competências em universos múltiplos

Angela Maria de Oliveira Almeida

Em um estudo sobre a gênese da noção de fracasso escolar, Isambert-Jamati (1985) assinala que até meados deste século tal noção aparecia muito raramente. Em alguns casos, quase que excepcionais, o insucesso escolar era tratado em termos de retardo escolar, déficit de escolaridade, problemas de caráter, de inadaptação escolar, ou, mesmo, em termos de dificuldades afetivas, ligadas a conflitos familiares.

Após a Segunda Guerra Mundial, o contexto social mostra-se mais favorável à democratização do ensino, o que desencadeia uma verdadeira explosão escolar. Acreditava-se, naquele momento, que a democratização do ensino poderia garantir, ao mesmo tempo, duas funções complementares e contraditórias: por um lado, o funcionamento democrático da sociedade e, por outro, o recrutamento e a seleção de mão-de-obra qualificada diante das novas exigências científicas e tecnológicas e de modernização econômica, que implicavam a formação de uma massa de excluídos do mercado de trabalho.

A essas novas exigências, respondeu-se com a democratização quantitativa da escola, já que a democratização do acesso à escola não se tornou sinônimo de democratização de acesso ao saber e ao saber-fazer escolar. De fato, a democratização da escola, caracterizada pela explosão escolar, redundou na explosão das dificuldades escolares. Estas passaram a ser entendidas, nos meios científicos e pedagógicos, como fracasso escolar. As noções de debilidade e inadaptação foram sendo, progressivamente, menos utilizadas para, posteriormente, serem postas em questão. A explosão escolar coincidiu, portanto, com a explosão da noção de fracasso escolar. O uso desta expressão apareceu, portanto, com toda sua força e vigor no momento em que o próprio fracasso escolar se tornou um problema para a sociedade, adquirindo as proporções de um fenômeno social.

Porém, se durante a primeira metade deste século as dificuldades escolares se expressavam, sobretudo, em termos de um determinismo psicológico, seja ele organicista (debilidade mental leve), seja ele relacional (inadaptação), será em termos de um determinismo sociológico que o fracasso escolar aparecerá no início da segunda metade deste século. Mas, apesar de ter tido o mérito de ressaltar o papel dos fatores sociais sobre a ação da escola, o determinismo sociológico, assim como o determinismo psicológico, vai elaborar explicações unilaterais: o fracasso escolar será compreendido a partir unicamente das condições materiais de vida da criança, ou seja, de suas condições socioeconômicas e culturais.

Na busca de superar esses determinismos, uma contribuição importante veio da Psicologia, particularmente dos aportes teóricos da cognição social. A Psicologia Cognitiva, na década de 1960, surge como resposta tanto às críticas formuladas ao behaviorismo e sua conseqüente individualização como à própria teoria piagetiana. Alvo de inúmeras críticas, sobretudo no que diz respeito à ausência do social, ou à cisão entre o objeto social e o objeto psicológico, os questionamentos dirigidos à Psicologia, em geral, favoreceram, em seguida, o desenvolvimento de produções teóricas no campo da cognição social, a qual passa a ser responsável por inúmeras pesquisas e a influenciar diretamente a Psicologia do Desenvolvimento.

As primeiras produções no campo da cognição social expressaram, na verdade, uma tentativa de aplicar e expandir a teoria cognitivista piagetiana aos fenômenos sociais. Ficava cada vez mais evidente, naquele momento, no seio da Psicologia, que fatores sociais e culturais não poderiam ser ignorados pelos psicólogos. Começavam a aparecer as primeiras tentativas de síntese entre o individual e o social.

No que concerne particularmente à Psicologia do Desenvolvimento, observou-se uma tendência a se afastar de uma abordagem puramente normativa do desenvolvimento, para se debruçar sobre os conhecimentos elaborados no âmbito do senso comum, evidenciando um interesse em saber em que as crenças dos indivíduos, particularmente dos adultos, podem contribuir com os processos de desenvolvimento da criança e quais elementos da tradição e da ciência estão contidos dentro dessas crenças.

Desde os anos 1970, os processos sociocognitivos das crianças começam a ser cada vez mais estudados pela Psicologia do Desenvolvimento. A partir dos anos 1980, constata-se que esses estudos se estendem às crenças e às idéias acerca do desenvolvimento da criança, elaboradas pelos pais (Goodnow, 1988; Miller, 1988) e, de forma bem menos significativa, pelos professores (Vandenplas-Holper, 1991). Os primeiros estudos centraram sua atenção sobre as crenças dos adultos, seja em relação aos seus próprios filhos, seja em relação às crianças em geral. A literatura mostra (Almeida, Vandenplas-Holper e De Ketele, 1992) que os trabalhos relativos às crenças dos adultos se articulam, *grosso modo*, em torno de quatro grandes linhas de investigação: as origens das crenças; a natureza das crenças; as relações entre as crenças dos adultos e suas práticas educativas; as crenças dos adultos e o desenvolvimento das crianças.

As pesquisas que estudaram as *origens* das concepções centraram-se, principalmente, seja sobre as experiências individuais, seja sobre a influência das variáveis socioculturais na formação de certos tipos de crenças. No entanto, essas pesquisas não conseguiram, em sua maioria, estabelecer relações entre as experiências e as crenças, o que pode ser explicado, nos estudos realizados, pela dificuldade de integrar as experiências individuais às experiências compartilhadas nos grupos sociais (McGillicuddy-De Lisi, 1982).

Em relação à *natureza* das concepções, o conjunto dos resultados evidenciou que as crenças dos adultos sobre o desenvolvimento das competências das crianças diferem tanto no nível individual como no nível sociocultural e que essas crenças tendem tanto em direção a um certo determinismo social como a um certo determinismo biológico, apesar de que, fundamentalmente, se observou uma ausência significativa de crenças situadas nesses dois extremos (McGillicuddy-De Lisi, 1982, 1985).

A relação entre *crenças* e *práticas educativas* mostrou-se uma questão difícil de ser resolvida. Um dos principais pressupostos dessas pesquisas é que há uma relação entre crenças e ação educativa. Na maioria das vezes, os estudos basearam-se em medidas verbais das práticas educativas, sendo que poucos autores realizaram estudos nos quais medidas diretas da ação educativa tenham sido colocadas em relação às crenças. Mesmo assim, os resultados mostram que, em grande parte dos estudos, quando medidas diretas do comportamento foram efetuadas, as relações entre crenças e ações permaneceram bastante modestas (Stevens, 1984).

Os resultados mais encorajadores encontram-se entre os estudos sobre as *concepções* e *desenvolvimento*. Esses resultados mostram que as contribuições mais significativas para o desenvolvimento da criança são aquelas trazidas pelos adultos que a concebem como um ser ativo e em desenvolvimento, influenciado por múltiplas determinações (Johnson e Martin, 1985).

Os trabalhos realizados pela Psicologia do Desenvolvimento, no âmbito da cognição social, sobre os "conhecimentos", as "concepções", as "crenças" e as "idéias" sobre a criança refletem uma dupla tendência da Psicologia. A primeira é aquela da Psicologia do Desenvolvimento cognitivo ou Psicologia Genética Individualista, para a qual o lugar privilegiado de explicações se encontra estritamente nos processos internos do sujeito. A segunda tendência situa suas explicações nas relações que o indivíduo mantém com outros indivíduos ou no interior dos grupos sociais. É no espírito dessa dupla tendência que se inscrevem os trabalhos anteriormente descritos, fazendo surgir a denominada Psicologia Sociodesenvolvimental, que se interessa em investigar os processos simbólicos de construção das estruturas de referência sociocognitivas que modelam o comportamento.

> Vários pesquisadores têm-se interessado em descobrir *como* os adultos organizam suas idéias sobre as crianças, as *origens* dos elementos teóricos que informam essas representações e a *quais* influências os educadores se referem quando justificam suas ações (D'Alessio, 1990, p. 70, grifos da autora).

É esse tipo de preocupação e de interesse, por parte da Psicologia do Desenvolvimento, que leva alguns pesquisadores desta área, ainda nos anos 1980, a se aproximarem da teoria das representações sociais, elaborada no seio da Psicologia Social. A incorporação dos pressupostos dessa teoria vem expressar mais uma tentativa de superar o enfoque dualista da Psicologia, buscando recuperar, assim, o caráter unitário do indivíduo social.

O interesse crescente, nos diferentes campos da Psicologia, pelos conteúdos do conhecimento social traz um elemento novo, que permaneceu durante muito tempo marginal. Após as críticas ao behaviorismo ortodoxo, vê-se renascer um interesse pela subjetividade humana nas investigações psicológicas, com ênfase no conteúdo social do psiquismo humano. Inicialmente, ele é estudado no interior da Psicologia Social, para se estender progressivamente às diversas áreas da Psicologia, sustentado por pesquisas metodologicamente bem estruturadas e com resultados apresentando uma significativa coerência, tais como aqueles desenvolvidos por Mugny e Carugati (1985), Gilly (1980), D'Alessio (1990) e Duveen e Lloyd (1990, 1993).

Como afirma D'Alessio (1990), ao se tratar as idéias, as crenças, as concepções, enfim, as representações da infância a partir do aporte das representações sociais, necessariamente se amplia o contexto no qual a própria representação é considerada. Isso porque o processo de desenvolvimento da criança deixa de ser visto como um processo em si mesmo, para ser remetido tanto aos aspectos cognitivos como aos sociais da construção do sujeito e de sua realidade, onde, evidentemente, as representações que os adultos formulam acerca da criança não podem ser desconsideradas. Nessa perspectiva, as representações sociais não se referem apenas às idéias transmitidas verbalmente, mas também ao modo como os adultos lidam com a criança, independendo, portanto, da maneira pela qual elas se expressam.

A pesquisa realizada por Mugny e Carugati (1985) sobre as representações sociais da inteligência pode ser tomada como um exemplar dessa orientação, interessando-nos, particularmente, na medida em que essa pesquisa, juntamente com aquela desenvolvida por Gilly (1980), se constitui um dos poucos trabalhos que realiza a interface entre questões da Psicologia do Desenvolvimento e do cotidiano pedagógico. Neste estudo, pais e não-pais, futuros professores e professores, professores/pais e professores/não-pais, de diferentes categorias socioprofissionais, foram interrogados sobre suas representações em relação às definições de criança inteligente e não-inteligente.

Os resultados obtidos por esses pesquisadores mostram, inicialmente, uma polissemia do conceito de inteligência, o que exprime o fato de este conceito ser o resultado de uma construção mental de natureza social e coletiva. Nesse sentido, as representações sociais vão variar de acordo com os indivíduos e os grupos sociais, podendo mesmo apresentar-se de forma variada em um mesmo indivíduo. O conhecimento apresenta-se como um amálgama confuso que pode incorporar, ao mesmo tempo, desde elementos diversos das mais remotas origens até os mais avançados elementos da ciência de uma época dada. No processo de construção desse conhecimento, os adultos tentam dominar o inexplicável, o não-familiar, conjugado a uma carência de informações, estruturando representações que atuam no sentido de edificar uma identidade social e pessoal gratificante.

Os estudos de Gilly (1980) sobre as representações sociais que os professores elaboram acerca de seus alunos apontam para a existência de um sistema geral de apreensão, a partir do qual cada aluno particular é percebido. Duas grandes dimensões orientam esse sistema de apreensão. A primeira refere-se à função da instrução, traduzida por um sincretismo de julgamentos governados pelos valores atitudinais diante do trabalho escolar (mobilização, participação, motivação) e pelos valores cognitivos (assimilação e criatividade). A segunda dimensão refere-se à função de gestão da sala de aula (grupo-classe), caracterizada pela conformidade às regras sociais e morais da vida escolar. Esses dois fatores exprimem o eixo organizador da percepção do professor em relação a seus alunos, de tal forma que os valores das crianças julgados mais fundamentais pelo professor são exatamente aqueles que condicionam tanto a realização de seus objetivos profissionais como o grau de satisfação da instituição que o emprega.

Como o exame da literatura nos mostrou, a grande maioria dos trabalhos desenvolvidos tem se centrado nos pais. De nossa parte, consideramos que as representações dos professores constituem um terreno fértil para o estudo das representações sociais, porém pouco explorado. Foi nessa perspectiva que nossa pesquisa sobre as teorias implícitas das competências se realizou.

As "teorias" das competências

Para conhecer as representações que os professores têm das competências e do processo de desenvolvimento dessas competências na criança, foi construído um questionário, denominado "Teorias implícitas do desenvolvimento da criança", o qual variava de acordo com a descrição da criança apresentada ao professor: uma criança da 2ª série do ensino fundamental, de nove anos de idade, de baixo nível socioeconômico, menina ou menino, repetente ou não-repetente.

O conteúdo do questionário era composto de nove vinhetas-problema, que apresentavam ao professor situações-problema que deveriam ser resolvidas pela criança. Dentre as nove vinhetas, três foram destinadas à área escolar (ler, calcular, escrever), três à área social (entrar em um novo grupo, solidarizar-se com um colega, expor seu ponto de vista) e três à área física (manter-se em equilíbrio numa barra, acertar um alvo, escalar uma corda). Após a apresentação de cada situação-problema, duas questões eram colocadas: 1) qual é a capacidade da criança em resolver a situação-problema; 2) como a criança adquiriu ou poderá adquirir a capacidade para resolver essas situações-problema. Essas perguntas foram examinadas a partir de sete fatores que, de acordo com pressupostos filosóficos e científicos, bem como de acordo com conhecimentos do cotidiano, em nível do senso comum, elaborados ao longo dos anos, podem influenciar a aquisição de competências. Os fatores examinados foram os seguintes: influência dos pais, maturação biológica, influência dos professores, hereditariedade, interação com outras crianças, nível socioeconômico e autodescoberta da criança. Dessa forma, o questionário foi estruturado em torno de dois eixos principais, sendo que, no primeiro eixo, examinávamos as avaliações do nível de competência da criança e, no segundo, os fatores explicativos do desenvolvimento.

Este estudo foi realizado com 120 professores, das quatro séries iniciais do ensino fundamental, de quatorze diferentes escolas públicas estaduais de Mato Grosso. Os professores, quase unicamente mulheres (94%), apresentavam idade média de 31;8 anos (*SD* =7,11 anos), com 7,6 anos de experiência no magistério, sendo que 62,5% tinham formação universitária. Para o conjunto da amostra, 72,5%

são pais e, entre estes, 28% têm pelo menos um filho com história de repetência escolar.

O professores foram divididos em quatro grupos, em função dos quatro tipos de questionário (menina repetente, menina não-repetente, menino repetente, menino não-repetente).

As avaliações das competências das crianças

No primeiro eixo da pesquisa, perguntamo-nos se crianças com características diferenciadas suscitam nos professores representações igualmente distintas. Análises de variância univariada, a três fatores (situação escolar *versus* sexo *versus* área de competência), revelaram-nos um efeito significativo da variável situação escolar sobre as avaliações das competências das crianças feitas pelos professores, nas três áreas ($F = 2.32, p < .0006$).

Observou-se, ainda, que a variável situação escolar tem um efeito muito significativo sobre a avaliação da competência escolar ($p <.0001$) e um efeito bem mais moderado sobre as avaliações das competências social ($p <.06$) e física ($p <.08$). Quando observamos as direções das médias, constatamos que os resultados confirmaram nossas hipóteses: os professores consideram as crianças não-repetentes como significativamente mais competentes que as crianças repetentes nas áreas social, escolar e física.

Esses resultados coincidem com vários outros trabalhos de pesquisa. Uma primeira constatação desses resultados implica o efeito halo, observado nas avaliações dos professores (Gilly, 1989; Almeida, 1992). Estes têm tendência a generalizar para outros níveis de competência o impacto causado pelo rendimento escolar da criança, sendo que uma criança repetente é também percebida como menos competente nas áreas social e física. Parece que o protótipo de um "bom aluno", de um lado, e o de "mau aluno", de outro, implicam um apanágio de qualidades para os primeiros ou uma falta geral de qualidades para os últimos, na percepção dos professores. Nessa mesma direção, em um estudo sobre a estrutura fatorial da opinião dos professores sobre seus alunos, Londeix (1982) constatou que o perfil de um "bom aluno" reúne características, tais como inteligência, dinamismo, fluência verbal e sociabilidade.

Da mesma forma, Weiss (1986) fala de uma tipologia de aluno, na qual os "bons alunos", em oposição aos "maus alunos", são portadores de todos os atributos positivamente valorizados. Os protótipos de Weiss (1984) articulam-se, *grosso modo*, em dois grupos: os "bons alunos", considerados ativos, sociáveis, inteligentes, disciplinados e aplicados; os "maus alunos", considerados passivos, voltados para si mesmos, pouco dotados, pouco aplicados, dispersos e indisciplinados. Weiss constatou ainda que os professores julgam "bons alunos" aqueles que estão aptos a seguir seus estudos, enquanto "maus alunos" são considerados inaptos para tanto. É importante ressaltar que continuidade nos estudos na Europa, local onde Weiss realizou suas pesquisas, refere-se, essencialmente, aos estudos superiores e universitários. No Brasil, para a grande massa de crianças originárias das camadas populares, a continuidade dos estudos refere-se, efetivamente, ao ensino fundamental, já que as taxas de evasão, durante os quatro primeiros anos deste nível escolar, são ainda extremamente elevadas. Além disso, a evasão está diretamente ligada à repetência (Fletcher e Ribeiro, 1987).

Os fatores explicativos do desenvolvimento das competências

Quais são as representações que os professores têm do desenvolvimento das competências das crianças? Como se estruturam essas representações?

Interessava-nos nessa fase examinar quais eram os elementos integrados pelos professores em sua(s) teoria(s) implícita(s) do desenvolvimento. Seriam elas uma representação monolítica, com uma rejeição dos elementos que podiam ameaçar sua coerência interna? Ou seriam elas constituídas de elementos diversos, integrados em uma lógica também diversa, sem, no entanto, perder a coerência?

Uma *primeira* possibilidade é que poderíamos esperar encontrar entre os professores de nossa pesquisa uma estrutura de representação do desenvolvimento composta de elementos mantendo uma forte coerência entre eles; portanto, com uma rejeição de todos os outros elementos que viessem contrapor-se a essa visão *homogênea* do desenvolvimento. Isso implicaria que a estrutura manifestada nas análises fatoriais, realizadas com o conjunto da nossa amostra, deveria, igualmente, ser encontrada na nossa amostra, dividida em função da situação escolar da criança e, portanto, indicando que essa estrutura se manteria constante, independentemente das características da criança (sucesso ou fracasso escolar).

Uma *segunda* possibilidade é que poderíamos esperar encontrar entre os professores, considerados em seu conjunto, uma estrutura em fator bipolar ou *bidimensional*, com um fator agrupando em torno de si, por exemplo, elementos ligados às características próprias da criança, como sua maturação biológica, sua capacidade de autodescoberta e sua interação com os pais. De outro lado, poder-se-ia encontrar um segundo fator que agrupasse os elementos ligados ao meio da criança, tais como meio socioeconômico, familiar e escolar. Nesse caso, encontraríamos, então, uma saturação positiva de todos os elementos. Entretanto, as análises fatoriais realizadas separadamente sobre os professores, tendo recebido seja a descrição de uma criança com situação escolar repetente, seja de uma criança não-repetente, poderiam nos mostrar, em um e em outro, a rejeição, seja de um fator, seja de outro. Dito de outra forma, poder-se-ia esperar que os professores dessem uma explicação do desenvolvimento das competências das crianças não-repetentes completamente diferente daquela dada para o desenvolvimento das competências das crianças repetentes. No primeiro caso, os professores poderiam estimar que as crianças estariam diretamente implicadas no seu sucesso escolar, portanto rejeitando os aspectos ligados ao seu meio. No segundo caso, os professores poderiam estimar que os contextos sociofamiliar e escolar deveriam agir de uma forma mais direta sobre o desenvolvimento das competências das crianças que fracassam na escola. Isso implica, por conseqüência, uma rejeição dos aspectos ligados à própria criança. A confirmação de uma tal hipótese seria, assim, entendida como a confirmação de uma estrutura bidimensional das teorias implícitas dos professores, as quais se manifestariam quando esses mesmos professores se confrontassem com a questão do desenvolvimento das competências de crianças com características diferentes. Uma "teoria" mais ou menos válida, de acordo com as características das crianças.

Enfim, numa *terceira* possibilidade, poderíamos esperar encontrar entre os professores uma estrutura de representação *multidimensional*, a qual não implicaria a inclusão de certos elementos, de um lado, e a concomitante rejeição de outros elementos, por outro, mas, antes, o professor adere ou recorre a vários elementos organizados em torno de vários fatores, evidenciando uma estrutura que deveria se manter mesmo quando os professores são confrontados a crianças com características diversas. É preciso ressaltar aqui que não se trata de extrair uma estrutura multidimensional das representações dos professores em relação às diferentes áreas de competência, como se, para certas competências, certos elementos atuassem mais em seu desenvolvimento, enquanto, para outras competências, outros elementos interviessem de forma mais importante para o seu desenvolvimento, apesar de essa possibilidade não ser negada.

Nossos resultados vão na direção dessa última possibilidade. Os professores do nosso estudo partilham, ao mesmo tempo, várias idéias a respeito do desenvolvimento das competências das crianças, entre as quais algumas aparentemente inconsistentes com as outras.

Análises fatoriais, realizadas separadamente para cada uma das três áreas, revelaram a presença de dois fatores explicativos do desenvolvimento das competências para o conjunto da amostra. Observou-se, nas áreas escolar e social, uma estrutura semelhante. Um primeiro fator que explica sozinho mais de 35% da variância agrupa todos os itens que se referem à "criança no seu *setting* escolar": maturação biológica, interação com outras crianças, autodescoberta e influência dos professores. O segundo fator, também com forte valor explicativo (variância de 32,28% na área escolar e de 25,85% na área social), remete-nos à "criança no seu *setting* sociofamiliar": nível socioeconômico, influência dos pais e hereditariedade. Esses resultados parecem indicar que os professores se incluem no processo de desenvolvimento da criança, quando se trata de lidar com as características próprias da criança que lhe possibilitariam participar ativamente de seu processo de desenvolvimento, no interior da escola. Por outro lado, a hereditariedade, entendida como uma herança transmitida à criança pelos pais e/ou avós, alia-se à influência dos pais e ao nível socioeconômico de sua família. Esses três itens juntos, apesar de terem um impacto sobre o desenvolvimento das competências das crianças, o fazem em uma escala de menor importância, na qual a criança é percebida como um ser passível de sofrer influências externas, com as quais ela parece pouco interagir. Dessa forma, a criança é inserida em um universo mais amplo, como aquele da família, a qual, por sua vez, se insere numa perspectiva sociológica da macroestrutura. A hereditariedade aparece como um fator do acaso que à criança se impõe. Ela não escolhe, mas é a herdeira de seus genes, como também não escolhe seus pais, nem seu nível socioeconômico ao nascer. Quando examinamos esses dois fatores juntos, eles exprimem uma certa noção de que a criança vive em um universo de várias dimensões: um universo micro, individual, psicológico e biológico, que se remete apenas a ela; um universo meso, que se amplia por intermédio da família e da escola; um universo macro, que insere a criança na sociedade. Nesse universo, de múltiplas dimensões, a criança não é o único árbitro de sua vida. De fato, mesmo que em proporções menos importantes, os fatores externos podem intervir no processo de desenvolvimento da criança, facilitando ou dificultando a possibilidade de atualizar suas características intrínsecas.

Tal concepção de desenvolvimento, que emerge das representações sociais dos professores e que integra elementos tão diversos, vem satisfazer um princípio de economia psicológica, como afirmam Mugny e Carugati (1985, p. 180), "juntando tudo a um princípio justificador, único e unificador, que naturaliza e torna, portanto, objetivo aquilo que não é facilmente explicável (...)", como o desenvolvimento das competências das crianças que conduz umas ao sucesso e outras ao fracasso escolar.

Dessa forma, nossos resultados mostraram que os professores tentam absorver em suas representações, em um *corpus* unificado, conhecimentos mais arcaicos elaborados em nível do senso comum e sustentados pela tradição, bem como conhecimentos mais recentes derivados de uma vulgarização do saber científico, tornando-o mais acessível ao uso da vida cotidiana. Dessa forma, os professores, em um só tempo, demandam a ação da própria criança em seu processo de desenvolvimento; confirmam a ação da biologia genética de distribuição de dons entre as pessoas, de forma misteriosamente ao acaso, e incluem o papel do meio no processo de desenvolvimento. Nesse interjogo, o professor ora se inclui nesse processo, ora dele se exime.

No que se refere à área física, a análise fatorial revelou-nos uma estrutura semelhante à das duas áreas anteriormente citadas, mas tendo o item "influência dos professores" agrupado-se aos itens que compõem o segundo fator. Tudo se passa como se a competência física fosse essencialmente ligada às características intrínsecas da criança.

Relações entre os fatores explicativos do desenvolvimento e as avaliações das competências

Haveria relações entre as representações dos professores a respeito dos fatores explicativos do desenvolvimento das competências e suas avaliações destas mesmas competências? Essas relações variariam em função das características das crianças (sucesso ou fracasso na escola)?

Para responder a essas questões, dividimos, inicialmente, nossa amostra em dois grupos, em função da situação escolar da criança, realizando, para cada grupo, três análises fatoriais, uma para cada área. Em seguida, análises de correlação e de regressão múltipla foram feitas entre as médias das avaliações das competências e os *scores* fatoriais.

No que se refere às competências das crianças *não-repetentes*, as análises fatoriais mostraram uma estrutura das representações semelhante àquela encontrada para o conjunto da amostra; portanto, dois grandes fatores explicativos do desenvolvimento: "criança no seu *setting* escolar" e "criança no seu *setting* sociofamiliar", sendo que o item "influência do professor" permaneceu ausente em ambos os fatores no que se refere à área física. A variância encontrada em ambos os fatores é semelhante àquela encontrada nas análises fatoriais descritas anteriormente.

No tocante às relações entre as médias das avaliações e os *scores* fatoriais de cada área de competência, observaram-se correlações positivas e bastante significativas entre o fator "criança no seu *setting* escolar" e as avaliações das competências escolar ($r = .59$, $p < .0001$), social ($r = .59$, $p < .0001$) e física ($r = .53$, $p < .0001$). Já para o segundo fator, "criança no seu *setting* sociofamiliar", observaram-se correlações quase nulas e de fraca significância com as avaliações da competência.

As análises de regressão múltipla dos *scores* fatoriais sobre as avaliações das competências, nas três áreas, mostraram que o fator que implica a criança diretamente em seu processo de desenvolvimento constitui um forte preditor das avaliações das competências escolar, social e física pelos professores ($p < .0001$, nos dois *steps*), e com porcentagem de variância também significativa ($p < .0001$).

Já o fator que remete a criança ao seu meio sociofamiliar parece não constituir um preditor das competências de crianças não-repetentes, uma vez que os resultados obtidos não foram estatisticamente significativos.

Quanto às competências das *crianças repetentes*, foram igualmente realizadas três análises fatoriais, uma para cada área. Nas competências escolar e social, o primeiro e o segundo fatores extraídos foram os mesmos daqueles observados para o conjunto da amostra, bem como da análise fatorial das competências das crianças não-repetentes: "criança no seu *setting* escolar" e "criança no seu *setting* sociofamiliar". No que se refere à área física, extraiu-se um primeiro fator que denominamos` "criança no seu *setting* sociofamiliar e escolar", e um segundo fator, que implica exclusivamente a criança em seu processo de desenvolvimento (maturação biológica, interação com os pares e autodescoberta).

As avaliações das competências evidenciaram correlações moderadas com os dois *scores* fatoriais dos fatores explicativos do desenvolvimento das crianças repetentes, nas áreas escolar e social ($p < .05$). Quanto à área física, observou-se uma correlação altamente significativa com o segundo *score* fatorial (maturação biológica, interação com os pares e autodescoberta).

Os resultados das análises de regressão sobre a avaliação das competências escolar e social mostraram que tanto o fator "criança no seu *setting* escolar" como o fator "criança no seu *setting* sociofamiliar" constituíram fatores preditivos das avaliações da competência das crianças repetentes, se bem que ambos os casos os dois fatores apresentaram uma significância moderada ($p < .05$). No que concerne à competência física, apenas o fator que implica unicamente a criança no seu processo de desenvolvimento revelou-se como preditor dessa competência, com um nível de significância bastante elevado ($p < .0005$, nos dois *steps*).

Os resultados das análises sobre a competência das crianças repetentes vão na mesma direção daqueles encontrados com crianças não-repetentes, se bem que, do ponto de vista estatístico, foram observados níveis de significância bem mais moderados. Tais resultados apontam para uma estrutura multidimensional das representações, sendo que características diferenciadas das crianças parecem insuficientes para engendrar representações também diferenciadas nos professores.

Algumas conclusões podem ser tiradas de nossos resultados, tanto no nível teórico como no pedagógico. A partir do modelo teórico que nos inspirou, esperávamos que as características da criança tivessem efeitos sobre a estrutura das representações dos professores. Para elaborar essa hipótese, baseamo-nos nos trabalhos de pesquisa sobre a natureza das crenças dos pais, particularmente nos trabalhos realizados por pesquisadores americanos, no âmbito da cognição social (Sigel, 1985; Sameroff e Feil, 1985). Entretanto, nosso estudo sobre as teorias implícitas das competências mostra que apenas as características da criança parecem insuficientes para engendrar representações distintas nos professores. Constatamos, por exemplo, que os professores que foram interrogados a respeito das crianças não-repetentes mostraram representações semelhantes àquelas dos professores confrontados às crianças repetentes. Por outro lado, diferenças foram constatadas quando nos remetemos a um outro estudo por nós realizado (Almeida, 1992) sobre as representações que os professores têm acerca de crianças que abandonaram a escola. Parece-nos que a pesquisa sobre as teorias implícitas do desenvolvimento confirmou, antes de tudo, que a interpelação do papel profissional do professor tem um peso maior sobre a estruturação e a organização de suas representações do que propriamente as características das crianças. As contribuições da teoria das representações sociais, particularmente aquelas assimiladas pela Psicologia do Desenvolvimento (Moscovici, 1990; Duveen e Lloyd, 1990, 1993), permitem-nos pensar que o fato de uma criança estar na escola ou tê-la abandonado liga-se, de modo claro, à natureza e à estrutura das representações que os professores forjam a respeito do desenvolvimento das competências, pelo fato de estarem mais ou menos implicados profissionalmente.

Do ponto de vista das implicações pedagógicas, esse resultado pode assumir uma importância fundamental se quisermos, efetivamente, comprometer os professores mais diretamente com o futuro escolar de uma grande massa de crianças brasileiras que terminam por abandonar a escola muito precocemente. A interpelação do papel profissional do professor pode constituir-se um ponto de ancoragem sobre o qual se deve agir visando a garantir o sucesso escolar. É preciso conhecer os elementos de ancoragem se quisermos contribuir para a mudança dessas representações.

Referência bibliográfica

ALMEIDA, A. M. de O. (1992). *Réussite scolaire: perception et théories implicites de la compétence*. Tese de doutorado. Université Catholique de Louvain. Bélgica: Louvain-la Neuve.

ALMEIDA, A. M. de O.; VANDENPLAS-HOLPER, C. e DE KETELE, J.-M. (1992). "Revue critique des recherches sur les conceptions des parents à propos du développement de l'enfant". *Bulletin de Psychologie Scolaire et de l'Orientation*. Bruxelas: FCPL, 41, pp. 92-115.

D'ALESSIO, M. (1990). "Social representations of childhood: an implicit theory of development". Em G. Duveen e B. Lloyd. *Social representations and the development of knowledge*. Cambridge: Cambridge University Press, pp. 70-90.

DUVEEN, G. e LLOYD, B. (1990). *Social representations and the development of knowledge*. Cambridge: Cambridge University Press.

_____________ (1993). "An ethnographic approach to social representations". Em G. Breakwell e D. Canter (eds.). *Empirical approaches to social representations*. Oxford: Oxford University Press, pp. 90-109.

FLETCHER, P. R. e RIBEIRO, S. C. (1987). "O ensino de primeiro grau no Brasil de hoje". *Em Aberto*, 33, pp. 1-11.

GILLY, M. (1980). *Maîtres-élèves: rôle institutionnels et représentations*. Paris: PUF.

____________ (1989). "Les représentations sociales dans le champ éducatif". Em D. Jodelet. *Les représentations sociales*. Paris: PUF, pp. 361-386.

GOODNOW, J. (1988). "Parents' ideas, actions and feelings: models and methods from Developmental and Social Psychology". *Child Development*, 59, pp. 286-320.

ISAMBERT-JAMATI, V. (1985). "Quelques rappels de l'émergence de l'échec scolaire comme um problème social dans les milieux pédagogiques français". Em E. Plaisance (coord.). *L'échec scolaire*. Paris: CNRS.

JOHNSON, J. E. e MARTIN, C. (1985). "Parents' beliefs and home learning environment: effects on cognitive development". Em I. E. Sigel (ed.). *Parental belief systems: the psychological consequences for children.* Hillsdale, N J: Erlbaum, pp. 25-50.

LONDEIX, H. (1982). "Structure factorielle de l'opinion des professeurs sur leurs élèves". *L'orientation scolaire et professionnelle*, 11, pp. 169-190.

MCGILLICUDDY-DE LISI, A. V. (1982). "Parental beliefs about developmental processes". *Human Development*, 25, pp. 192-200.

____________ (1985). "The relationship between parental beliefs and children's cognitive level". Em I. E. Sigel (ed.). *Parental belief systems: the psychological consequences for children.* Hillsdale, NJ: Erlbaum, pp. 7-24.

MILLER, S. A. (1988). "Parents' beliefs about children's cognitive development". *Child Development*. 59, pp. 259-285.

MOSCOVICI, S. (1990). "Social psychology and developmental psychology: extending the conversation". Em G. Duveen e B. Lloyd (eds.) (1990). *Social representations and the development of knowledge*. Cambridge: Cambridge University Press, pp. 164-185.

MUGNY, G. e CARUGATI, F. (1985). *L'intelligence au pluriel. Les représentations sociale de l'intelligence et de son développement.* Cousset (FR): DelVal.

SAMEROFF, A. J. e FEIL, L. A. (1985). "Parental concepts of development". Em I. E. Sigel (ed.). *Parental belief systems: the psychological consequences for children* Hillsdale, NJ: Erlbaum, pp. 83-105.

SIGEL, I. E. (1985). *Parental belief systems: the psychological consequences for children*. Hillsdale, NJ: Erlbaum.

STEVENS, J. H. Jr. (1984). "Black grandmothers' and black adolescent mothers' knowledges about parents". *Developmental Psychology*, 20, pp. 1.017-1.025.

VANDENPLAS-HOLPER, C. (1991). *Nursery school teachers' control belief about development and education and educational actions*. Submitted for publication.

WEISS, J. (1984). *Individualité et réussite scolaire*. Berna: Peter Lang.

__________ (1986). "La subjetivité blanchie". Em: J.-M. De Ketele (ed.). *L'évaluation: approche descriptive ou prospective?*. Bruxelas: De Boeck-Wesmael, pp. 91-105.

ÂNGELA MARIA DE OLIVEIRA ALMEIDA, docteur pela Université Catholique de Louvain, é professora do Instituto de Psicologia nos cursos de graduação, mestrado e doutorado, sendo atualmente coordenadora de extensão do Instituto de Psicologia. Seus trabalhos são desenvolvidos: a) na área das representações sociais e desenvolvimento, identificando relações entre desenvolvimento infantil, práticas educativas e sucesso e fracasso escolar; e b) na área das representações sociais e construção da identidade da criança, parental e profissional.

Saúde, família e cultura

Prevenção de crises e hospitalizações em transtornos psicóticos: a contribuição de pacientes e familiares

Vera Lúcia Decnop Coelho

Introdução

Com o advento dos psicotrópicos na década de 1950 e o crescente movimento de desinstitucionalização que ganhou força a partir de então, o tratamento de indivíduos diagnosticados com transtornos mentais severos passou a ser preferencialmente realizado na comunidade, sob forma ambulatorial (Heinrichs, Cohen e Carpenter, 1985). Pacientes recebiam alta após hospitalizações prolongadas, retornando às famílias de origem, quando era o caso. Considera-se, contudo, que talvez devido ao despreparo de ambas as partes para tal reencontro, freqüentemente conflitivo e penoso, pacientes reinternavam-se recorrentemente. Essa constatação levou George Brown, no final dos anos 1950, na Inglaterra, a estudar os efeitos do ambiente familiar sobre a crise psicótica e as reinternações psiquiátricas (ver Brown, Monck, Carstairs e Wings, 1962).

O modelo de assistência não-custodial, no qual o indivíduo, em princípio, não é afastado do meio social e familiar, trouxe e ainda traz grandes desafios a clínicos, pesquisadores e particularmente a pacientes e seus familiares – esses últimos, pela dimensão do sofrimento que experienciam ao longo da vida. Dentre os muitos desafios que se apresentam, deter-nos-emos aqui na questão da prevenção de crises e hospitalizações em indivíduos com esquizofrenia e outros transtornos psicóticos. Faz-se referência primordial à esquizofrenia, por ser considerada a mais grave manifestação entre os transtornos psicóticos, com implicações profundas e duradouras em diversas dimensões da vida humana (Beiser e Iacono, 1990). No entanto, o tema pode ser aplicado de modo similar a outros transtornos psicóticos.

Em grande número de casos, a esquizofrenia é caracterizada por períodos alternados de exarcebação (agudização) e remissão de sintomas, embora permaneçam sintomas residuais responsáveis, em parte, pelo prejuízo social, afetivo e relacional do indivíduo (Kaplan e Sadock, 1994). Enquanto no regime asilar tais flutuações não despertavam muita preocupação, o acompanhamento de pacientes na comunidade logo se configurou como uma tarefa de extrema complexidade, estando o curso e o prognóstico da doença associados não apenas a fatores biológicos, mas igualmente psicológicos, sociais e culturais (ver Avison e Speechley, 1987). Dessa forma, inúmeras questões se colocam no contexto da assistência não-custodial, dentre as quais podem-se citar: a) que modalidades de tratamento devem ser oferecidas ao paciente e a seus familiares? b) quais as formas mais eficazes e por quê? c) que fatores contribuem para crises e re-hospitalizações do indivíduo com transtorno mental? d) que fatores, por outro lado, podem funcionar como "protetores" do equilíbrio do paciente, permitindo sua permanência e convívio no meio social? e) qual a contribuição da família para o curso e o prognóstico do problema? f) há como evitar-se hospitalizações desnecessárias mediante intervenções precoces na crise? De que modo? Partimos aqui do pressuposto de que pacientes e familiares têm uma função ativa e primordial no tratamento dos transtornos psicóticos severos. Enfatiza-se sua contribuição nos momentos nos quais uma crise se manifesta, podendo ser acompanhada o melhor possível, precocemente.

O tratamento não-custodial

Cabe esclarecer que, nesse contexto, assistência *não-custodial* vai além do tratamento ambulatorial clássico, que envolve consultas psiquiátricas e psicológicas realizadas principalmente em hospitais gerais e psiquiátricos; em contraposição a tratamento *asilar*, *mani-*

comial, a proposta atual da Reforma Psiquiátrica inclui diferentes modalidades de assistência em saúde mental, contempladas na legislação brasileira, tais como centros e núcleos de atenção psicossocial (Caps e Naps), hospitais-dia, oficinas de capacitação, pensões protegidas e lares abrigados, entre outras (Portaria MS 224, de 1992; Relatório da 2ª Conferência Nacional de Saúde Mental, 1992).

Uma das metas da assistência integral a indivíduos com transtornos psicóticos crônicos é mantê-los na comunidade, evitando-se re-hospitalizações recorrentes e desnecessárias (Heinrichs, Cohen e Carpenter, 1985). Certamente, a permanência na comunidade só faz sentido enquanto objetivo clínico, se a esses indivíduos for possível uma vida digna. Seria simplista e equivocado entender a hospitalização como um mal em si, bem como a permanência no meio social como intrinsecamente benéfica. Mais ainda, não se trata, em termos de metas terapêuticas, da mera supressão de sintomas positivos (como é o caso de delírios, alucinações); o tratamento deve voltar-se à reabilitação psicossocial do indíviduo, com atenção à sua vida afetiva, relacional e ocupacional (Pitta, 1996; Goldberg, 1996).

Apesar do alto custo financeiro associado à internações psiquiátrica (Weiden e Olfson, 1995), enfatizamos o custo social e emocional que pode ocasionar o afastamento abrupto de um indivíduo do seu meio familiar, devido a uma crise psicótica. É preciso levar em conta, como um dos fatores aí implicados, a estigmatização associada à doença mental. Fases agudas e disruptivas, e conseqüentes internações, geram mais estigma, cujos efeitos permanecem muito após a recuperação do paciente e sua alta hospitalar (Penn e cols., 1994), especialmente em casos de internações psiquiátricas involuntárias. Nessa perspectiva, há que se evitar hospitalizações de longo ou curto prazo, sempre que desnecessárias, isto é, se a crise puder ser assistida por meio de recursos comunitários, especializados ou não. Há, sem dúvida, circunstâncias envolvendo riscos à integridade do indivíduo ou de terceiros, que tornam a hospitalização inevitável ou um mal menor, pode-se dizer.

No que se refere ao tratamento da esquizofrenia e transtornos associados, a medicação antipsicótica é, sem sombra de dúvidas, um dos recursos mais utilizados, com relativa eficácia sobre a sintomatologia positiva, especialmente. Sabe-se que grande parte dos indivíduos com diagnóstico de esquizofrenia permanecerá sob regime medicamentoso ao longo de sua vida (Breslin, 1992). Embora os neurolépticos possam evitar recaídas, ou ao menos prolongar o período entre crises, isso nem sempre é o caso: a literatura aponta a ocorrência de crises a despeito do uso da medicação, mesmo que injetável (Heinrichs e cols., 1985). Se consideramos os inúmeros e indesejáveis efeitos colaterais dos antipsicóticos, é possível avaliar a pertinência de pesquisas clínicas que buscam a *melhor dose possível* para o paciente, a cada momento da sua trajetória; tal medicação deveria contrabalançar o risco de reagudização com efeitos colaterais mínimos e melhoria no funcionamento global do paciente (Breslin, 1992). Outra tendência no tratamento medicamentoso diz respeito ao uso esporádico do antipsicótico, isto é, apenas durante períodos de exacerbação sintomática, o que torna essenciais a detecção de indicadores da crise e uma intervenção precoce.

Por outro lado, modalidades psicológicas e sociais de tratamento dos transtornos mentais são cada vez mais presentes, e sua eficácia vem sendo testada até mesmo em estudos metaanalíticos (ver Lehman, Thompson, Dixon e Scott). Psicoterapia individual e grupal, intervenções psicossociais com famílias, reabilitação vocacional, treinamento de habilidades sociais, reabilitação cognitiva, oficinas de capacitação e produção, grupos informativos e de construção de cidadania, estratégias de convivência social ilustram a pluralidade técnica que caracteriza a atual assistência preconizada pela Reforma Psiquiátrica, no Brasil e no mundo. No entanto, mais do que simples oferta ampliada de serviços, os cuidados profissionais devem se pautar em princípios mais éticos do que técnicos. Como exemplos dessa perspectiva, temos a Declaração de Caracas (1990) e a Declaração da ONU (1991), documentos que enfatizam a dimensão da garantia dos direitos humanos e civis, bem como transformações sociais necessárias à convivência e ao tratamento dos transtornos mentais. Tal como Amarante (1996), entende-se aqui a desinstitucionalização como um processo ético, porque, em suma, inscreve-se numa dimensão contrária ao estigma, à exclusão, à violência (p. 121), a serem evitados a todo custo.

Nesse contexto, é crescente a preocupação com a família de pacientes com patologias mentais graves, e modalidades terapêuticas vêm sendo desenvolvidas nas últimas décadas (ver Dixon e Lehman, 1995). Considerando que as interações familiares têm um efeito considerável sobre o curso da esquizofrenia (e outros transtornos mentais e físicos), investigações multiplicaram-se após os trabalhos pioneiros de George Brown com pacientes que retornavam às famílias após longas internações (Brown, Carstairs e Topping, 1958; Brown, Birley e Wing, 1972). Os estudos sobre "emoção expressa", nesse contexto, deram origem a incontáveis pesquisas sobre intervenções psicológicas com famílias, visando a reduzir os efeitos negativos da convivência familiar em face da doença mental, a evitar re-hospitalizações, bem como a maximizar os benefícios do suporte familiar ao indivíduo (ver Kanavagh, 1992, para revisão do tema; Wuerker, 1996).

O que se sabe é que, a despeito do uso de drogas potentes e de estratégias psicossociais no tratamento dos transtornos psicóticos, crises acontecem, manifestando-se por vezes de modo abrupto e, em outras ocasiões, de forma insidiosa. Entendemos que cabe não apenas à Psiquiatria, mas igualmente à Psicologia, entre outras disciplinas, contribuir para a compreensão e a prevenção desses episódios. A valorização da experiência de familiares e do próprio paciente na identificação da crise, que aqui nos interessa, é apenas um exemplo da importância da Psicologia no entendimento e no tratamento das psicoses.

Sintomas prodrômicos e crises psicóticas

Com frequência, a crise psicótica é precedida por sinais, identificados seja como mudanças observáveis no comportamento do indivíduo, seja em transformações subjetivas, nos seus pensamentos e emoções, aos quais ocasionalmente temos acesso em situações clínicas. Tais alterações na experiência subjetiva e no comportamento manifesto que podem anteceder a crise franca vêm merecendo atenção crescente, especialmente nas duas últimas décadas (Herz e Meville, 1980; Heinrichs e Carpenter, 1985; Subotnik e Nuechterlein, 1988, Yung e McGorry, 1996). Hafner e an-der-Heiden (1997) apontam-nos, em artigo de revisão sobre a epidemiologia da esquizofrenia, que em 75% dos casos a primeira admissão psiquiátrica é precedida por uma fase prodrômica que pode ter curta ou longa duração. Em outras categorias diagnósticas, como no caso de transtornos do humor, transtorno obsessivo-compulsivo e do pânico, também se encontram estudos recentes acerca de indicadores prodrômicos (Fava, Savron, Rafanelli, Grandi e Canestrari, 1996; Perlis, Giles, Buysse e Kupfer, 1997; Hagerty, Williams e Liken, 1997), sinalizando a relevância do tema para a adoção de estratégias clínicas adequadas.

De acordo com o DSM-IV (APA, 1995), sintomas prodrômicos na esquizofrenia incluem formas atenuadas dos sintomas positivos, além de sintomas negativos. São exemplos dos primeiros: crenças incomuns, mas não claramente delirantes; experiências perceptivas estranhas (como pressentir a presença de uma pessoa) na ausência de alucinações francas; discurso compreensível, mas bastante vago, excessivamente concreto ou abstrato. No caso dos sintomas negativos ou "deficitários", indivíduos até então ativos socialmente podem tornar-se retraídos ou menos comunicativos, perder o interesse em atividades que antes eram prazerosas ou passar a maior parte de seu tempo deitados, inativos. Sintomas depressivos e de ansiedade também podem ocorrer. Sinais tão diversos como esses citados são, comumente, os primeiros indicadores à família de que algo não vai bem, de que o indivíduo está "piorando".

No entanto, ainda não fomos capazes de *qualificar* e *instrumentalizar* essa sensibilidade da família (ou de alguns familiares em especial) em captar os indícios de uma crise. Ao falarmos em sensibilidade, temos em mente uma habilidade que envolve as dimensões afetiva e relacional, e não primordialmente cognitiva. Isso significa dizer que familiares podem *não querer ver* (admitir) a crise ou buscar recursos para internar o paciente, a qualquer custo, por ser a convivência em casa vivida como penosa e insustentável.

A identificação dos sintomas prodrômicos tem contado tanto com a avaliação de profissionais em saúde mental quanto com o depoimento de pacientes e familiares. No primeiro caso, trata-se da utilização de escalas e/ou do monitoramento clínico sobre o aparecimento de sintomas anteriomente identificados no paciente (Marder e cols., 1991; O'Connor, 1991; Tarrier, Barrouclogh e Bamrah, 1991). Sem desmerecer essa abordagem, possivelmente mais "científica" de acesso aos sintomas precursores da crise, é à segunda estratégia – que valoriza o depoimento de pacientes e familiares – que se dá ênfase neste trabalho.

Como exemplo da primeira estratégia de investigação, ou seja, a avaliação de profissionais, temos o estudo de Heinrichs e Carpenter (1985), no qual assistentes sociais, psicólogos e psiquiatras foram solicitados a registrar em prontuários as alterações que sinalizassem, no seu entender, o início de uma crise psicótica. Cinco sintomas ocorreram em mais de 25% dos pacientes: alucinações, suspeita (*suspiciousness*), modificações no padrão do sono, ansiedade e dificuldades cognitivas. De forma semelhante, Subotnik e Nuechterlein (1988), baseando-se no julgamento de clínicos, concluíram que o aparecimento ou a intensificação de pensamentos estranhos, experiências perceptivas incomuns, depressão, preocupação somática e culpa são indicadores de recaída psicótica na esquizofrenia.

Herz e Melville (1980) ilustram a segunda estratégia de investigação, utilizando os próprios "usuários" da assistência em saúde mental. Em um estudo clássico na área, os autores demonstraram que, após a recuperações de um episódio psicótico, a grande maioria dos pacientes (70%) e familiares (92,6%) entrevistados conseguia, retrospectivamente, reportar a ocorrência de sintomas prodrômicos à crise. Os principais sintomas identificados foram: tensão, nervosismo, sintomas disfóricos (alterações no apetite e no sono, dificuldade de concentração, depressão), menor grau de interação com amigos, aumento no pensamento religioso do paciente e o sentimento de que estavam rindo ou falando a seu respeito. Nessa mesma linha, Kumar, Thara e Rajkumar (1989) encontraram um alto grau de percepção sobre sinais prodrômicos entre pacientes com esquizofrenia – apenas quatro, dentre trinta, não relataram qualquer sintoma. Os principais sinais identificados foram: distúrbios do sono e diminuição dos movimentos e de atividades. Birchwood e colaboradores (1989) constituem um exemplo adicional da utilização de pacientes e seus familiares na identificação de sintomas prodrômicos e na intervenção precoce na crise.

Os estudos citados no parágrafo anterior sinalizam uma percepção relativamente acurada dos usuários, ou seja, aqueles que recebem tratamento, acerca da recaída psicótica. Tal resultado, que sugere a viabilidade de se valorizar a experiência de pacientes e familiares acerca da doença mental, parece, em certo sentido, surpreendente. Isso se consideramos o pessimismo que tão comumente existe acerca da capacidade de indivíduos com transtornos psicóticos, em especial esquizofrenia, de reconhecerem a natureza "mental" do problema e a necessidade de tratamento. Não raro, esses são tidos como *incapazes*, e seu ponto de vista, dispensável, portanto. Certamente, fatores tais como delírio grandioso ou persecutório, pensamento desorganizado, além de déficits cognitivos, podem contribuir para a falta de *insight* do indivíduo sobre o problema. No entanto, muitos pacientes parecem demonstrar compreensão sobre o que lhes ocorre. No estudo realizado por Heinrichs e colaboradores (1985), 63% (n = 24) dos pacientes foram avaliados como tendo *insight* sobre o início da crise psicótica. Desses, 22 restabeleceram-se sob tratamento ambulatorial; apenas dois pacientes necessitaram de hospitalização para a resolução da crise. Sendo assim, por que não utilizar essa capacidade crítica (mesmo que relativa) em estratégias de assistência no início da crise?

Insistimos nesta questão: indivíduos diagnosticados com transtorno mental severo tendem a ser desqualificados em seus depoimentos, no relato de experiências subjetivas, não apenas por leigos ou seus pares, mas igualmente ou primordialmente por profissionais de saúde (Jaeger, Bitter, Czobor e Volavka, 1990). Ocorre então que, devido à dificuldade de alguns se expressarem coerentemente, despreza-se a contribuição de muitos pacientes em seu próprio tratamento. É possível que, durante períodos agudos, pacientes não queiram ou não tenham facilidade de expor sensações, pensamentos ou sentimentos que muito freqüentemente lhes trazem intenso sofrimento. Isso não constitui, no entanto, uma característica constante, imutável, de todos os pacientes.

O valor atribuído à fala dos familiares é provavelmente maior, embora estes sejam ainda vistos por profissionais de saúde mental como co-responsáveis pela doença mental ou como aqueles que dificultam ou "atrapalham" o processo de assistência, seja de ordem médica, psicológica ou social. Uma mudança nessa concepção, transformando-se a família em peça fundamental para a compreensão do fenômeno psicótico e seu tratamento, é mais recente, interesse este retratado em pesquisas sobre intervenções psicológicas com familiares (Bellack e Mueser, 1993; Dixon e Lehman, 1995). No entanto, aqueles que convivem de perto com a doença mental, em seus filhos ou esposos, por exemplo, nem sempre recebem informações adequadas sobre como lidar com situações diárias e com períodos de descompensação. É mais comum que familiares de pacientes com doenças físicas crônicas sejam orientados e valorizados como integrantes do tratamento (Lukoff, Liberman e Nuechterlein, 1986).

Pacientes psicóticos e suas famílias podem ser incentivados e orientados quanto ao reconhecimento de sinais prodrômicos, comunicando-os aos profissionais mais diretamente implicados no seu acompanhamento. Tornam-se, assim, participantes mais ativos no tratamento e, possivelmente, mais responsáveis; realizando alterações na rotina diária, cuidam de evitar situações estressantes em períodos mais vulneráveis. Estratégias como essa pressupõem uma mudança fundamental no valor atribuído ao paciente e familiares, o que se traduz numa mudança de pressuposto de trabalho com tais indivíduos, podendo ter valor terapêutico em si.

Considerações finais

Com a Reforma Psiquiátrica, entende-se que tratar ou cuidar de um indivíduo com transtorno mental é bem mais que medicá-lo, sob regime de exclusão física e social. As diferentes modalidades de tratamento visam não somente à ausência de sintomas produtivos ou a evitar-se hospitalizações, mas primordialmente permitir um viver mais humano e integral, a despeito de diferenças que jamais serão apagadas. A multiplicidade de ações propostas como parte do novo modelo, decorrente da complexidade do ser humano e, conseqüentemente, do fenômeno denominado doença mental, exige a presença multidisciplinar. A Psicologia aí se inclui, não tendo como abster-se. Desta se exigem transformações, de modo a não apenas acompanhar os projetos terapêuticos emergentes, mas também ampliar os fundamentos teóricos e o fazer clínico com o paciente dito crônico. A esquizofrenia, por assim dizer, convida a Psicologia a pensar em modos outros de convívio, colocando-se a crise psicótica como uma oportunidade de inovar.

Cabe ressaltar que, quando se afirma que pacientes e seus familiares podem ser orientados e incentivados a observar e a solicitar ajuda aos primeiros sinais de recaída, não há por que pensar que a resposta deva ser apenas, ou primordialmente, medicamentosa. Nesses perídos críticos, o paciente (e com certeza os que com ele convivem) necessita de atenção particularizada da equipe, seja por meio de assistência no ambiente familiar, intensificando-se visitas domiciliares, seja no espaço institucional onde vem sendo acompanhado. Mesmo que não se aumente a "dosagem" da medicação, é preciso aumentar a "dose" de escuta, de suporte individual e familiar, que deverá assumir formas adequadas ao caso específico, seja psicoterapia individual, grupal, acompanhamento terapêutico, apoio/terapia familiar e outras, contando com a criatividade dos profissionais implicados.

É fundamental que o paciente seja reconhecido em sua individualidade e que o tratamento tenha esta marca. Na crise, a atenção ao indivíduo em surto e a seus familiares próximos inscreve-se nesse modo de ver o sujeito em sofrimento. No dizer de Ana Pitta (1996), há um outro desafio: o de que essas pessoas fiquem convencidas de que suas vidas valem a pena, de que eles em si valem a pena e, ainda, que estes sentimentos possam nos contaminar nos diferentes momentos em que sentimentos de repulsa e distanciamento prevalecem nas nossas relações (p. 155).

Projeto de estudo preliminar

O presente trabalho inclui uma proposta de estudo de campo sobre sintomas prodrômicos em transtornos psicóticos, que se encontra em sua fase inicial. Parte-se aqui do pressuposto de que os que sofrem de transtorno mental e aqueles que convivem com o paciente têm um conhecimento vivencial de suma importância, a ser valorizado e transformado em instrumento de tratamento. A seguir, os principais aspectos do projeto são apresentados.

Objetivos

- Avaliar a possibilidade de pacientes com transtornos psicóticos e familiares identificarem e relatarem indicadores prodrômicos de uma recaída.
- Identificar os sintomas prodrômicos mais relatados pelos entrevistados, sem desprezar aqueles que possam ser característicos de poucos indivíduos na amostra. Mais do que concluir por alguns sinais prodrômicos, busca-se alertar para a sua importância, a cada caso.
- Contribuir para o tratamento de indivíduos com transtornos mentais severos, incentivando a utilização de indicadores prodrômicos de recaída em estratégias de suporte e intervenção precoce junto a pacientes e seus familiares.
- E, primordialmente, contribuir para que pacientes e familiares sejam valorizados em sua participação efetiva nos programas de tratamento.

Sujeitos

- Trinta indivíduos com diagnóstico de esquizofrenia ou demais transtornos psicóticos, em fase de hospitalização psiquiátrica no Distrito Federal, ou que tenham sofrido hospitalização até seis meses antes da participação no estudo. Casos em que haja suspeita de comprometimento orgânico (epilepsia, demência, etc.) não serão incluídos no estudo.

- Trinta familiares de pacientes, de acordo com os critérios descritos anteriormente. Não há, na proposta, intenção de comparar os dados obtidos por pares (cada paciente e seu familiar). O objetivo, nessa oportunidade, é avaliar a possibilidade de pacientes e de familiares identificarem, retrospectivamente, a ocorrência de sintomas prodrômicos à última crise que gerou hospitalização.

Instrumento e procedimento

Considerando a diversidade de sintomas apontados na literatura, optou-se por não indagar dos participantes do estudo acerca de indicadores específicos. Dessa forma, espera-se que o material acessado reflita, o melhor *possível*, a experiência dos pacientes e familiares. Após conversas informais com familiares na ala de internação da instituição participante do estudo-piloto, foram realizadas sete entrevistas gravadas com perguntas sobre a crise e a hospitalização atual, buscando-se a partir daí informações sobre possíveis sinais que antecederam a piora do paciente.

A partir da avaliação do material transcrito, foi definido o seguinte roteiro temático de entrevista:

1. *caracterização da crise e hospitalização atual*: motivo da internações, principais sintomas, como iniciou a crise, condições da internações;
2. *caracterização dos sintomas prodrômicos*: comportamentos, atitudes do paciente que sinalizavam uma mudança no seu modo de ser, prenunciando possivelmente a entrada em crise;
3. *caracterização do paciente fora da(s) crise(s)*: buscam-se informações sobre as diversas áreas da vida, ou seja, trabalho, estudo, relacionamento, lazer, quando o indivíduo não está em crise. No caso de pacientes crônicos, pode-se ter uma idéia do grau de comprometimento global que permanece apenas a alta hospitalar;
4. *identificação de fatores de risco e de proteção à crise psicótica*: estas questões podem ter sido respondidas nos itens anteriores, em especial quanto ao que pode ocasionar (ou ocasionou) a piora do paciente. Busca-se identificar, por um lado, possíveis situações, sejam físicas, emocionais, relacionais, associadas à recaída. A seguir, indagam-se os fatores que podem proteger o indivíduo das situações fragilizantes, desequilibradoras.

No momento atual, estamos passando à coleta de dados propriamente dita. Planeja-se, a princípio, a realização de diversas entrevistas com familiares antes de iniciar as entrevistas com os pacientes. Familiares e pacientes serão contactados no hospital, sendo informados sobre o estudo. Caso se disponham a participar, assinam um consentimento informado, que é antes lido pelo entrevistador. Os participantes recebem uma cópia do consentimento. As entrevistas são gravadas em fita cassete.

As questões específicas são precedidas por informações sociodemográficas e psiquiátricas. As primeiras incluem idade, parentesco com o paciente (no caso do familiar), naturalidade, sexo, religião, escolaridade, estado civil, situação de moradia, renda familiar, profissão/atividade profissional. As características psiquiátricas são: tempo de doença, tratamentos anteriores e número de internações.

Análise dos dados

As entrevistas gravadas serão transcritas e impressas, de forma a permitir a leitura recorrente das informações obtidas, representando a fala literal dos participantes no estudo. As características sociodemográficas e clínicas serão analisadas em termos descritivos (frequências, porcentagens, médias, etc.) por meio do programa estatístico SPSS para Windows.

Os sintomas prodrômicos serão identificados pelas respostas obtidas. As questões abertas permitem, certamente, um trabalho mais abrangente sobre os dados. Daí obteremos material sobre estilos de crise e de hospitalizações, com noções sobre como os familiares lidam com a recaída. Outro tema que nos interessa diz respeito aos termos empregados pelos indivíduos para referirem-se ao problema que denominamos, tradicionalmente, *mental*. Concepções sobre o problema podem surgir igualmente, constituindo um rico material. E, finalmente, os dados obtidos permitirão um levantamento dos fatores considerados "benéficos" e "perigosos", no sentido de evitar ou contribuir para a recaída. Cabe ressaltar que o estudo não tem primordialmente intenção descritiva, quantitativa. Busca-se conhecer mais de perto pacientes e familiares, colocando-os em contato com seu próprio saber e recursos. Entendemos que o ato de indagar-lhes acerca desse saber pode constituir, em si mesmo, uma atribuicão de valor e responsabilidade a tais indivíduos.

Referências bibliográficas

AMARANTE, P. (1996). *O homem e a serpente. Outras histórias para a loucura e a psiquiatria*. Rio de Janeiro: Editora Fiocruz.

AMERICAN PSYCHIATRIC ASSOCIATION (1995). *Manual diagnóstico e Estatístico de transtornos mentais*. 4ª ed. Porto Alegre: Artes Médicas.

AVISON, W. R. e SPEECHLEY, K. N. (1987). "The discharged psychiatric patient: A review of social, social-psychological and psychiatric correlates of outcome". *American Journal of Psychiatry*, 144, pp. 10-18.

BEISER, M. e IACONO, W. G. (1990). "An update on the epidemiology of schizophrenia". *Canadian Journal of Psychiatry*, 35, pp. 657-668.

BELLACK, A. S. e MUESER, K. T. (1993). "Psychosocial treatment for schizophrenia". *Schizophrenia Bulletin*, 19, pp. 143-162.

BIRCHWOOD, M.; SMITH, J.; MACMILLAN, F. e HOGG, B. (1989). "Predicting relapse in schizophrenia: The development and implementation of an early signs monitoring system using patients and families as observers – a preliminary investigation". *Psychological Medicine*, 19, pp. 649-656.

BRESLIN, N. A. (1992). "Treatment of schizophrenia: Current practice and future promise". *Hospital and Community Psychiatry*, 43, pp. 877-885.

BUSTILLO, J.; BUCHANAN, R. W. e CARPENTER, W. T. (1995). "Prodromal symptoms vs. early signs and clinical actions in schizophrenia". *Schizophrenia Bulletin*, 21, pp. 553-559.

DECLARAÇÃO DE CARACAS (Conferência Regional para a Reestruturação da Assistência Psiquiátrica dentro dos Sistemas Locais de Saúde, em 14/11/1990).

DIXON, L. B. e LEHMAN, A. F. (1995). "Family interventions for schizophrenia". *Schizophrenia Bulletin*, 21, pp. 631-643.

FALLOON, I. H.; MCGILL, C. W.; BPYD, J. L. e PEDERSON, J. (1987). "Family management in the prevention of morbidity of schizophrenia: social outcome of a two-year longitudinal study". *Psychological Medicine*, 17, pp. 59-66.

FAVA, G. A.; SAVRON, G.; RAFANELLI, C.; GRANDI, S. e CANESTRARI, R. (1996). "Prodromal symptoms in obsessive-compulsive disorder". *Psychopathology*, 29, pp. 131-134.

HAFNER, H. e AN-DER-HEIDEN, W. (1997). "Epidemiology of Schizophrenia". *Canadian Journal of Psychiatry*, 42, pp. 139-151.

HALFORD, W. K. e HAYES, R. (1991). "Psychological reabilitation of chronic schizophrenic patients: recent findinds on social skills training and family psychoeducation". *Clinical Psychological Review*, 11, pp. 23-44.

HERZ, M. I. e LAMBERTI, J. S. (1995). "Prodromal symptoms and relapse prevention in schizophrenia". *Schizophrenia Bulletin*, 21, pp. 541-551.

HERZ, M. I. e MELVILLE, C. (1980). "Relapse in schizophrenia". *American Journal of Psychiatry*, 137, pp. 801-805.

KAPLAN, H. I. e SADOCK, B. J. (1994). *Compêndio de Psiquiatria*. 6ª ed. Porto Alegre: Artes Médicas.

LUKOFF, D.; LIEBERMAN, R. P. e NUECHTERLEIN, K. H. (1986). "Symptom monitoring in the reabilitation of schizophrenia patiens". *Schizophrenia Bulletin*, 12, pp. 527-539.

MINISTÉRIO DA SAÚDE. Portaria nº 224, de 29/01/1992.

NORMAN, R. M. G. e MALLA, A. K. (1995). "Prodromal symptoms of relapse in schizophrenia: a review". *Schizophrenia Bulletin*, 21, pp. 527-539.

ONU (1991). Declaração da ONU (A proteção de pessoas acometidas de transtorno mental e a melhoria da assistência à saúde mental, em 17/12/1991).

PENN, D. L.; GUYMAN, K.; DAILY, T.; SPAULDING, W. D.; GARBIN, C. P. e SULLIVAN, M. (1994). "Dispelling the stigma of schizophrenia: What sort of information is best?" *Schizophrenia Bulletin*, 20, pp. 567-574.

PERLIS, M. L.; GILES, D. E.; BUYSSE, D. J. e KUPFER, D. J. (1997). "Self-report sleep disturbance as a prodromal symptom in recurrent depression". *Journal of Affective Disorders*, 42, pp. 209-212.

PITTA, A. M. F. (1996). "Cuidando de psicóticos". Em J. Goldberg. *Clínica da psicose – um projeto na rede pública*. Rio de Janeiro: Te Corá Editora, pp. 153-168.

SUBOTNIK, K. L. e NUECHTERLEIN, K. H. (1988). "Prodromal signs and symptoms of schizophrenic relapse". *Journal of Abnormal Psychology*, 97, pp. 405-412.

WEIDEN, P. J. e OLFSON, M. (1995). "Cost of relapse in schizophrenia". *Schizophrenia Bulletin*, 21, pp. 419-429.

WEIDEN, P. J.; SHAW, E. e MANN, J. J. (1986). "Causes of neuroleptic noncompliance". *Psychiatric Annals*, 16, pp. 571-575.

YUNG, A. R. e MCGORRY, P. D. (1996). "The inicial prodrome in psychosis: descriptive and qualitative aspects". *Australian and New Zealand Journal of Psychiatry*, 30, pp. 587-599.

VERA LÚCIA DECNOP COELHO é professora do Departamento de Psicologia Clínica da UnB, tendo concluído o doutorado em Psicologia em 1995, em Case Western Reserve University. Entre seus interesses de pesquisa está a contribuição da experiência subjetiva de pacientes psiquiátricos e seus familiares para o tratamento dos transtornos mentais graves. Outro tema de investigação refere-se à interação psicopatologia e cultura. É professora orientadora de mestrado no Programa de Pós-Graduação em Psicologia da Universidade de Brasília. Vera Coelho vem ainda se dedicando ao estudo e à divulgação da Reforma Psiquiátrica no Brasil e à supervisão clínica de alunos de Psicologia no CAEP (Centro de Atendimento e Estudos Psicológicos) – UnB, e em instituições de saúde mental no DF.

Adesão ao tratamento em pediatria*

Suely Sales Guimarães

O atendimento hospitalar em pediatria tem gradualmente atraído a atenção de diferentes profissionais de saúde preocupados com a assistência global à criança como ser em desenvolvimento. Desde a segunda metade dos anos 1980, os trabalhos publicados na área apontam para uma proposta de atendimento realizado por equipes multidisciplinares, reconhecendo a criança como um ser único e indivisível, conforme as novas tendências do conceito de saúde e da pediatria moderna (Guimarães, 1988; McGregor, Schofield e Powell, 1987; Melnyk, 1995; Okay, 1986; Sameroff, 1986).

Uma das sérias dificuldades enfrentadas por profissionais da área da saúde é a não-adesão total ou parcial do paciente à prescrição feita para seu tratamento, cura ou prevenção. Muitas das recidivas, agravamento ou demora do organismo em responder ao tratamento, mesmo quando recursos técnicos e farmacológicos estão disponíveis, devem-se à falta de seguimento à orientação recebida. Esse problema tem sido estudado há pelo menos trinta anos (cf. Mattar, Markello e Yaffe, 1975), mas continua representando um dos grandes impedimentos para o sucesso do tratamento e de programas de saúde (Dunbar-Jacob, Burke e Puczynski, 1996).

---

* Este trabalho foi parte do Projeto Psicologia em Pediatria, do Laboratório de Estudos do Desenvolvimento em Condições Adversas do Instituto de Psicologia da Universidade de Brasília, apoiado pelo Decanato de Extensão da UnB. Contou com a participação da bolsista de Iniciação Científica do PIBIC/CNPq Jaqueline Santos, da mestranda Lílian Borges e das estagiárias Marilei Tavares, Heila Veiga e Alessandra Feitosa, a quem a autora agradece. Uma versão do instrumento desenvolvido foi apresentado na XXVI Reunião da Sociedade Brasileira de Psicologia e parte do trabalho foi apresentada no III Congresso de Iniciação Científica da Universidade de Brasília.

Peculiaridades e complexidade da adesão

Adesão ao tratamento implica o seguimento rigoroso do uso de medicamentos conforme prescritos, dieta alimentar específica, mudança nos cuidados diários e no estilo de vida, comparecimento às consultas e aos exames marcados. A palavra adesão significa manter, seguir, acatar, concordar. Outros termos já foram sugeridos, tais como cooperação, colaboração e obediência, embora sem consenso e com algumas discussões sobre a adequação dos diferentes termos propostos (Brannon e Feist, 1992). Neste trabalho, o termo *adesão* será entendido como o *seguimento da orientação recebida* ou, como proposto por Sackett e Haynes (1979), *a coincidência entre o comportamento do paciente e a prescrição feita pelo médico.*

Os motivos para a não-adesão variam conforme as características da doença, do paciente e do seu contexto sócio-cultural-familiar, do tratamento, do profissional de saúde envolvido, da instituição provedora do serviço e da interação recíproca entre todas essas variáveis. As principais explicações apresentadas pela literatura para a baixa adesão incluem a pouca confiança do paciente na competência ou responsabilidade médica, recusa em se submeter à autoridade (Brannon e Feist), crenças familiares, culturais e religiosas; relação e comunicação pobres com o profissional de saúde; e falta de condições ou de recursos mínimos para viabilizar o tratamento, tais como dinheiro, tempo, estrutura familiar incompatível e isolamento social (Black, Hutcheson, Dubowitz e Berenson-Howard, 1994; Koocher, McGrath e Gudas, 1990; Taylor, 1995); magnitude da mudança necessária no estilo de vida, níveis de desconforto e de dor implícitos nos procedimentos recomendados; demora e incerteza na obtenção de benefícios concretos e observáveis (Thompson, Dahlquist, Koenning e Bartholomew, 1995).

O melhor procedimento para enfrentar essas variáveis e assegurar a adesão ao tratamento a longo prazo, ou pelo menos durante o período mínimo considerado necessário, ainda não está definido. A maior dificuldade talvez se deva ao caráter individual de cada situação e suas múltiplas peculiaridades, conforme evidencia a grande variação nos índices de adesão, entre 17% e 90%, dependendo das variáveis presentes em cada contexto (Brannon e Feist, 1992; Lemanek, 1990; Thompson e cols., 1996). Em algumas situações, por exemplo, a adesão limita-se ao uso correto de medicação sem efeitos colaterais; em outras situações, a prescrição pode incluir também um rigoroso regime alimentar e a realização de procedimentos dolorosos ou restritivos da atividade prazerosa da vida diária. A cada item prescrito, o investimento requerido ao paciente torna-se maior, e a probabilidade de adesão é reduzida.

A avaliação ou quantificação do comportamento de adesão de um paciente ou seu responsável é outro problema sério nessa área. As técnicas utilizadas até o momento incluem a avaliação clínica do paciente – se houver adesão, a evolução deve ser positiva ou pelo menos estável –, a contagem de pílulas ou o controle do volume da medicação, entrevistas dirigidas com perguntas reformuladas para conferir a informação de seguimento, entrevistas com familiares e amigos e, nas situações mais sofisticadas, exames laboratoriais e dispositivos eletrônicos para contagem de número de vezes que a caixa de medicamento é aberta. Entretanto, todos esses recursos têm-se mostrado insuficientes em maior ou menor grau, por serem todos adulteráveis e porque são mais direcionados ao controle da medicação, deixando de fora outras prescrições igualmente importantes de seguir (Brannon e Feist, 1992), como a realização de exercícios físicos, por exemplo.

Um programa de incentivo à adesão requer técnicas e procedimentos capazes de modificar e de desenvolver comportamentos de promoção e de manutenção da saúde, prevenção e tratamento da doença. Esses requisitos coincidem com os objetivos da Psicologia da Saúde, que se destina ao estudo do processo saúde–doença e à melhoria do bem-estar e da qualidade de vida do ser humano. Adesão ao tratamento, como um dos eixos fundamentais para a promoção da saúde e o combate à doença, é um dos pontos principais de interesse dos profissionais da área.

A adesão é um dos alvos mais difíceis de alcançar pelas equipes de saúde, mesmo em pediatria, quando os responsáveis pelo seguimento das orientações são os próprios pais. Segundo Brannon e Feist (1992), o índice médio de adesão de pais à orientação recebida para os filhos gira em torno de 50%, a mesma média que adotam para si próprios. Para essa clientela, o problema da baixa adesão é duplo: primeiro, quando o responsável pela criança deixa de seguir a prescrição, ele compromete a recuperação e a preservação da saúde da criança; segundo, o modelo comportamental inadequado do responsável, ao negligenciar a prescrição, possivelmente será incluído no repertório da criança, fortalecendo um ciclo familiar de não-adesão ao tratamento.

A elaboração de um programa eficaz de incentivo à adesão entre pais de crianças enfermas requer: a) a descrição do comportamento específico de não-adesão; b) a identificação acurada das variáveis mediadoras do processo em um contexto específico; c) a contemplação de cada uma delas em um treinamento sistemático e individualizado, conforme as peculiaridades de cada paciente e de cada situação. Naturalmente, são necessárias também condições adequadas para o cumprimento desses requisitos, que demandam tempo e uma técnica apropriada de registro das informações indispensáveis ao plano de intervenção.

Treinamento durante a hospitalização

A internação conjunta de um acompanhante, em geral a mãe, quando a criança é hospitalizada, constitui um dos mais significativos avanços na assistência pediátrica moderna (Mason, 1978). Essa prática traz segurança e apoio emocional para a criança, além de permitir que a equipe de saúde se familiarize com o padrão de cuidados dispensados pela família e treine a mãe-acompanhante no exercício de práticas saudáveis, promotoras do bem-estar e do bom desenvolvimento da criança. Em especial, a internação conjunta permite que o paciente seja visto e entendido à luz de sua singularidade e inter-relações complexas com a família. Reconhecidas as condições de compreensão e seguimento de instruções, características clínicas e demográficas e necessidades especiais das famílias, torna-se possível oferecer orientação individual à clientela hospitalizada.

O grande número de trabalhos recentes na literatura enfocando o estilo parental, as práticas nele envolvidas e suas conseqüências para a saúde global da criança, nas dimensões físicas e sócio-cognitivo-emocionais (Black, e cols., 1994; Black, Nair e Harrington, 1994; Finney, 1995; McGregor e cols., 1987; Melnyck, 1995), aponta para a relevância de momentos como o da hospitalização conjunta, que proporciona à equipe de saúde a oportunidade de observar e de investigar, por meio de indicadores comportamentais e verbais, os padrões familiares relevantes ao processo de adesão e treinar os acompanhantes em práticas adequadas de adesão.

O acompanhante como aliado

Alguns estudos já mostraram variáveis associadas à baixa adesão entre pais de crianças portadoras de condição crônica, semelhantes àquelas encontradas entre a população geral. Em enfermarias pediátricas com clientela de baixa renda, é comum encontrarmos acompanhantes, em geral mães, que deixam de compreender os objetivos para os procedimentos médicos e seus efeitos imediatos ou posteriores sobre a saúde e o comportamento das crianças; têm dificuldade de trabalhar com a expectativa em torno da recuperação do filho; e freqüentemente deixam de seguir a prescrição. Esses acompanhantes, durante o período de internação dos filhos, convivem em um ambiente emocionalmente desgastante, em geral sem oportunidade para discutir seus anseios, dúvidas, expectativas e necessidades diversas; estão afastados do lar, do cônjuge e de outros filhos, deixados a cuidados de terceiros; e o próprio lar, muitas vezes, é deixado sem alguém que dirija ou execute os trabalhos básicos necessários à rotina doméstica. Esses fatores, associados às condições de recuperação do filho enfermo, são ansiógenos e facilitadores de respostas inadequadas do acompanhante com relação ao contexto geral da enfermaria. Possíveis conseqüências incluem o comprometimento das relações entre os acompanhantes na enfermaria e deles com a equipe de saúde, ou o surgimento de sentimentos de descrença quanto ao interesse e à habilidade dos profissionais para tratar a criança.

A experiência do Projeto Psicologia em Pediatria

O interesse em desenvolver procedimentos adequados para promover comportamentos de adesão entre responsáveis por pacientes infantis levou à condução deste estudo, cujos objetivos eram: a) identificar e descrever as variáveis envolvidas no processo de adesão ao tratamento pelas mães-acompanhantes de filhos hospitalizados; b) aumentar suas respostas de colaboração por meio de treinamento. O comportamento de adesão foi operacionalizado como rigor no uso de medicamentos, no seguimento da orientação alimentar, na mudança dos cuidados diários, no estilo de vida e na adoção da orientação psicológica prescrita. A semelhança entre a prescrição formal e o comportamento observável era o indicador da adesão ao tratamento.

A proposta de estudo surgiu da demanda reconhecida na própria unidade pediátrica, onde havia recorrência de sintomas entre os pacientes e reinternações apontadas como resultantes da não-adesão do cuidador da criança. Naquela enfermaria, além do tratamento médico, a família contava com assistência psicológica interdisciplinar. Um dos objetivos desse programa interdisciplinar era qualificar a mãe para organizar o ambiente hospitalar e depois o doméstico, quando do retorno ao lar, de modo a favorecer as necessidades desenvolvimentais da criança. O fato de poder contar com a presença constante da mãe, como cuidadora da criança, durante todo o período da hospitalização, implicou uma oportunidade tripla: a) observar sistemática e diariamente o repertório de adesão da mãe; b) investigar as variáveis mediadoras de seu comportamento; c) realizar o treinamento na própria situação na qual a prescrição era feita.

Duas hipóteses básicas nortearam este trabalho:

1. A adesão da mãe ao tratamento médico e a orientação psicológica recomendadas a seu filho enfermo são mediadas por variáveis demográficas, pessoais e situacionais, identificáveis por meio do prontuário, entrevistas com a mãe e com a equipe de saúde.
2. Após identificadas as variáveis mediadoras do baixo seguimento da prescrição médico-psicológica, um treinamento comportamental oferecido à mãe durante o período de internação da criança deve aumentar suas respostas de adesão ao tratamento.

Metodologia

O estudo foi realizado em dois momentos que permitiram, primeiro, a elaboração de um protocolo de registro desenvolvido conforme características e comportamentos da clientela-alvo e, segundo, o desenvolvimento do programa de treinamento propriamente dito.

Participantes e local

Participaram do estudo quarenta mães entre dezessete e quarenta anos de idade e suas crianças internadas na enfermaria pediátrica de um hospital-escola. Dessas, doze mães e seus filhos (7 M; 5 F) participaram da fase de elaboração do protocolo, oito foram incluídas no programa de adesão e as outras vinte foram observadas assistematicamente para o provimento de informações preliminares. As oito mães incluídas no grupo de treinamento tinham de 21 a 40 anos, e seus filhos (4 M; 4 F) tinham de cinco meses a doze anos. Todas as mães eram de nível socioeconômico (NSE) desfavorecido, haviam cursado no máximo o primeiro grau incompleto e tinham mais de um filho.

Material e instrumentos

Foram utilizados:

- um protocolo de registro desenvolvido para este projeto;
- entrevistas semi-estruturadas com a mãe, os médicos e os enfermeiros;
- brinquedos diversos para interação com a criança.

Procedimento

O estudo foi conduzido em dois momentos subseqüentes:

- elaboração do protocolo de registro;
- Desenvolvimento do programa de adesão.

O procedimento de elaboração do protocolo incluiu observações assistemáticas da rotina de prescrições e adesão na enfermaria, registro de falas ocasionais de mães e médicos sobre adesão, descrição das características predominantes da clientela assistida e uma revisão das variáveis envolvidas no processo de adesão apontadas na literatura especializada. Uma equipe de auxiliares treinados trabalhou na elaboração e na aplicação diária das versões iniciais do protocolo. As necessidades de alteração foram discutidas e processadas semanalmente, até que estivessem incluídos todos os itens considerados relevantes para aquela clientela e que as instruções para o uso e o preenchimento do protocolo estivessem claras o suficiente para permitir a coleta fidedigna do dado por cada um dos auxiliares. Foi elaborado também um guia de preenchimento do protocolo, que serviu de orientação no treinamento de novos auxiliares e que será útil a qualquer profissional que venha a utilizar-se do instrumento.

Na segunda fase, todas as mães admitidas na unidade como acompanhantes eram observadas sistematicamente, conforme orientação do guia, desde a primeira orientação dada pelo médico ou pelo psicólogo da equipe. Os critérios de inclusão no grupo eram: a) o acompanhante ser a mãe ou o principal cuidador da criança; b) a ocorrência, registrada por um dos auxiliares treinados, de comportamento de baixa ou não-adesão da mãe à orientação recebida. Esse critério era alcançado quando a mãe deixava de cumprir a orientação por três vezes sucessivas ou por cinco vezes alternadas, conforme registro no protocolo. Casos de dúvida eram discutidos em equipe.

Alcançado o critério, os dados preliminares eram transcritos do prontuário da criança e era iniciada a seqüência de intervenção:

1. Confirmação, junto ao médico ou psicólogo responsável, a respeito das condições da criança e o motivo da orientação.
2. Entrevista com a mãe, em postura de apoio, para investigar seu conhecimento sobre a doença ou dificuldade comportamental do filho, a compreensão da fala do médico ou psicólogo, necessidades e dificuldades pessoais. Era destacada a relevância do que a mãe havia feito até então pela criança. Essa entrevista servia de linha de base para a compreensão que a acompanhante tinha do diagnóstico e sua percepção quanto às implicações do seguimento ou não da orientação recebida.
3. Entrevista com o profissional que havia informado e orientado a mãe sobre o conteúdo e as expressões usadas na comunicação.
4. Início do treinamento individual da mãe, incluindo informações sobre a importância da adesão, o diagnóstico da criança, o efeito previsto do tratamento, o provável momento dos primeiros efeitos e as possíveis implicações do não-seguimento. A linguagem utilizada era compatível com o nível de compreensão da mãe, reforçada pelo uso de gestos e exemplos, e o clima era de cordialidade e apoio, evitando formalidades e deixando sempre tempo disponível para dúvidas e comentários da mãe. Como a equipe estava presente

o dia todo na unidade, a mãe tinha tempo para refletir, e seus comentários ou questões a qualquer momento do dia eram anotados em seu protocolo.

5. Identificação das prováveis variáveis mediadoras da baixa adesão e treinamento específico na mudança dessa condição. Uso de modelos comportamentais realizados com a própria criança ou bonecos para ilustrar os procedimentos prescritos, quando fosse o caso. Uso de brinquedos diversos no treinamento da interação mãe–criança e em procedimentos de estimulação e enriquecimento ambiental.
6. Observação da mãe desempenhando sozinha a orientação ou descrevendo o procedimento prescrito. Correção das possíveis falhas e *feedback* positivo pela tentativa.
7. Observação e registro sistemático diário do comportamento da mãe durante todo seu período de permanência na enfermaria pós-treinamento.

Resultados

O protocolo desenvolvido foi suficiente para viabilizar o registro da variáveis associadas ao processo de adesão, incluindo dados demográficos, sociais, afetivos, emocionais e cognitivos da família, comunicação entre equipe e acompanhante, evolução clínico-sintomatológica da criança, percepção e expectativa da mãe. E, mais importante, o protocolo viabilizou o registro prospectivo, a partir de observação direta, da evolução diária da prescrição, da intervenção e dos comportamentos-alvo da mãe (ver Quadros I e II).

Na fase de intervenção, duas díades foram excluídas porque os acompanhantes se recusaram a permanecer na enfermaria, deixando as crianças aos cuidados da enfermagem. Assim, oito mães foram incluídas no grupo de treinamento.

O motivo da internação da criança, o diagnóstico e a orientação fornecidos pelo profissional e comparados ao entendimento do acompanhante sobre essas mesmas variáveis resultaram em onze acordos totais, sete acordos parciais e cinco desacordos (ver Tabela 1).

Todos os acompanhantes verbalizaram a intenção de seguir as prescrições médicas e psicológicas para obter a cura e a segurança de um desenvolvimento saudável para suas crianças. Entretanto, cinco deles anteciparam dificuldades para seguir as orientações e nenhum recurso alternativo para removê-las.

QUADRO 1
Protocolo de Registro

PROGRAMA DE ADESÃO
Protocolo de Registro

Staff ______ Residente ______ Interno ______

I. Identificação da criança

Admissão: / / Alta: / / Tempo de hospitalização: ______
Motivo da internação: ______ Diagnóstico: ______
Características clínicas: ______
Nome: ______ Sexo: ______ Idade: ______
Escolaridade: ______ Histórico de vida: ______
Hospitalizações anteriores: ______
Tratamento prescrito: ______
Orientação dada à mãe (entrevista profissional): ______

II. Dados para inclusão no Programa

Data/Hora Descrição do Indicador Rubrica

Comportamento-alvo: ______

III. Identificação do acompanhante

Nome: ______ Parentesco: ______ Idade: ______
Religião: ______ Escolaridade: ______ Filhos: ______
Situação conjugal: ______ Profissão: ______
Jornada de trabalho: ______ Pessoas na família trabalhando: ______
Renda familiar: ______ Suporte familiar recebido: ______
Hábitos familiares e culturais relevantes: ______
Estrutura familiar: ______
Local da residência: ______ Pessoas na residência: ______
Tipo de residência: ______

IV. Compreensão e atitudes do acompanhante

Motivo da internação: ______
Diagnóstico: ______
Orientações: ______
Intenção de seguir as orientações e motivo: ______
Dificuldades previstas para aderir ao tratamento: ______
Expectativa com relação ao tratamento: ______
Dúvidas ou receios expressos: ______
Avaliação das condições de compreensão e afetivo-emocionais do acompanhante a partir de verbalizações ou observações: ______

Reinternação: ______ / ______ / ______ Motivo: ______
Diagnóstico: ______ Observações especiais: ______
Condições clínicas de chegada: ______

Quadro II

Acompanhamento de respostas à prescrição após intervenção

Data/Hora	Evolução da enfermidade	Verbalizações da mãe sobre seguimento da orientação	Comportamentos relevantes observados	Rubrica

Os comportamentos-alvo identificados foram: administração errada da dieta (3), interação inadequada com a criança (2),[1] administração inadequada da medicação (1), controle da poluição no ambiente doméstico (1), manejo da recusa da criança (1), agressão contra a equipe e recusa do tratamento pelo pai (1). Cada acompanhante foi treinado em todos os comportamentos-alvo reconhecidos.

Ao mesmo tempo em que verbalizavam a intenção de seguir a orientação, os acompanhantes manifestavam dúvidas com relação à eficácia dos medicamentos, à competência, ao interesse dos profissionais e à capacidade da criança para receber os benefícios de uma interação positiva. Dentre os principais temores, o mais freqüente era o óbito da criança. As Tabelas 1 e 2 apresentam uma síntese desses dados.

As dificuldades previstas para seguir a orientação incluíram a falta de recursos financeiros para a aquisição dos medicamentos prescritos e a inabilidade pessoal para lidar com familiares ou com as caractrerísticas da própria criança. Dentre as condições afetivo-emocionais apresentadas, as mais relevantes foram o estresse causado pelas condições de hospitalização, a distância dos familiares, a ruptura da rotina diária e o próprio contexto hospitalar.

O programa individual, traçado a partir das peculiaridades de cada família, indicou que as dificuldades previstas, a insegurança quanto ao prognóstico e as condições afetivo-emocionais dos acompanhantes mediavam a baixa adesão. Entretanto, essas variáveis deixavam de ser significativas e algumas desapareciam após o treinamento, quando o acompanhante desempenhava ou descrevia a resposta aprendida.

A amostra muito pequena não permitiu a análise do possível impacto de variáveis demográficas e familiares que provavelmente são mediadoras da adesão.

[1] Ao todo eram quatro acompanhantes com interação inadequada com a criança. Dois deles, para quem o comportamento-alvo principal era a negligência com a criança, não permaneceram na enfermaria.

TABELA 1

Entendimento das mães, como verbalizado, sobre as explicações dos médicos

S	A / D			Intenção de seguir orientação	Dificuldades previstas	Expectativas	Dúvidas e receios
	MI	DI	O				
1	A	A	A	Quero seguir porque não quero perder minha filha como perdi o meu filho.	A resistência da minha filha em não aceitar comida sem sal.	Que ela fique logo boa.	Medo de perder a filha.
2	P	A	D	Estou seguindo pra ir logo para casa; estou muito cansada.	A criança está sempre desse jeito (molinha) e não sobra tempo para eu alimentá-la.	Quero que ela melhore rápido.	Acha que as crises convulsivas não vão terminar mais.
3	D	D	A	Vou seguir tudo direitinho para o meu filho melhorar rápido.	Falta de recurso financeiro para comprar os remédios quando a gente for embora.	Que o tratamento seja bom para o meu filho melhorar logo.	Não quer perder o filho, está preocupada porque ele não se senta.
4	P	P	P				
5	P	P	A	Quero seguir para minha filha não ficar mais doente.	A resistência da mãe (avó) em deixar de fumar em casa.	Que minha filha não tenha mais pneumonia porque ela sofre muito.	Temor de que a filha não fique curada rápido.
6	D	A	A	Eu quero a saúde dela e vou fazer tudo que os médicos mandarem.	Dificuldade financeira, marido ganha pouco, as passagens são caras e os remédios também.	Acho que ela não vai se curar.	Temor de a doença ser grave e a criança falecer
7	A	A	?	Não falaram nada, quem faz as coisas para ela são os médicos e as enfermeiras.	Quero seguir pra ela melhorar logo e voltar pra casa.	Se o médico passar muito remédio, o dinheiro é pouco, não dá para fazer tudo.	Nenhuma, pois não sabe o que a filha tem.
8	D	P	A	Vou seguir para ele melhorar e não precisar mais ficar no hospital.	Nenhuma.	Que ele fique bom para ir embora; não gosto de hospital, minha mulher morreu por falta de cuidado deles (médicos).	Criança chegou com "pouca coisa", agora médicos dizem "um monte d doenças". Acha que pego no hospital.

Legenda: A: Acordo; P: Acordo parcial; D: Desacordo; ?: Sem informação S: Acompanhante.
MI: Motivo da internação DI: Diagnóstico O: Orientação

TABELA 2
Quadro resumo de acordo entre mães e profissionais, e situação das variáveis investigadas

S	Compreensão e condições afetivo-emocionais do acompanhante	Situação conjugal	Facilitadores Renda R$	Suporte recebido
1	Perdeu um filho há um ano.	C	400	1 cesta básica
2	Estressada por não perceber evolução.	S (parceiro fixo)	170	-
3	Compreendeu orientação mas ainda está insegura	C	480	-
4		C	não sabe	-
5	Teme magoar a mãe que impede as condições de adesão.	C	não sabe	-
6	Compreendeu diagnóstico mas não crê na cura.	C	não sabe	-
7	Ansioso, não faz contato visual, rói unhas.	S	não sabe	-
8	Parece não compreender a gravidade da criança	S	360	cunhado: apoio financeiro; mãe: ajuda com bebê

Legenda: C: casada ou parceiro fixo; S: solteira; S: acompanhante.

Discussão

Este estudo mostrou que o período de internação hospitalar é um momento precioso para identificar e trabalhar as variáveis mediadoras do processo de adesão dos pais ao tratamento médico-psicológico de seus filhos enfermos. O protocolo padrão de registro desenvolvido para este estudo e as entrevistas semi-estruturadas foram adequados e suficientes para antecipar as variáveis mediadoras e viabilizar o controle delas e dos comportamentos-alvos.

As variáveis encontradas, mediadoras da baixa adesão, foram consistentes com aquelas já apontadas pela literatura. Os resultados sugerem que, com procedimento adequado, é possível controlar de forma satisfatória esses mediadores e aumentar a adesão de mães ao tratamento médico-psicológico de seus filhos pequenos. O treinamento individual, realizado conforme as necessidades de cada acompanhante, parece a maneira mais adequada de sanar pequenos problemas e desenvolver habilidades simples que aos pais parecem barreiras intransponíveis. Outra vantagem da atenção personalizada é a redução da ansiedade e da expectativa negativa dos acompanhantes. Sentindo-se apoiados e confiantes na equipe, eles se tornam mais otimistas e dispostos a colaborar.

A pequena amostra utilizada na fase de treinamento dos acompanhantes não permitiu comparações e avaliação do impacto de algumas variáveis demográficas e pessoais incluídas no protocolo. No prosseguimento deste projeto, serão comparados grupos de acompanhantes cujos filhos têm diagnósticos e prognósticos diferentes com grupos de intervenção apenas médica, apenas psicológica e intervenção associada médico-psicológica. O treinamento utilizará filmagem dos comportamentos-alvo e grupos de discussão, com o objetivo de aumentar a probabilidade de melhor adesão mesmo depois da alta e do retorno ao lar. A seqüência deverá permitir, ainda, como previsto no protocolo de acompanhamento, o cálculo da reincidência de internação hospitalar e de sua relação com o procedimento e os comportamentos de adesão.

São necessários novos estudos utilizando o mesmo protocolo e procedimentos junto a uma amostra maior e mais diversificada, para que se possam reconhecer possíveis falhas no instrumento e peculiaridades de algumas das variáveis mediadoras. Visitas domiciliares e observações diretas dos comportamentos treinados devem oferecer novas possibilidades de análise e conclusões sobre o assunto.

Trabalhos junto à equipe médica também são importantes para realizar treinamento na comunicação da equipe com os familiares, principalmente aqueles de nível cultural desfavorecido.

Esse procedimento pode ser adaptado para uso em enfermaria de adultos (ex.: pré e pós-cirúrgicos em cardiologia) e para treinar crianças mais velhas a assumir o controle de sua própria prescrição médica (ex.: controle alimentar e aplicação de insulina na diabetes), por ser de aplicação direta e de benefício imediato.

Outros estudos realizados no contexto da assistência, como este, devem ser sugeridos mais vezes em Psicologia da Saúde e Hospitalar, na qual a assistência acontece geralmente desvinculada da pesquisa e sem o suporte da literatura nacional, escassa em propostas de intervenção sustentadas por dados.

Referências bibliográficas

BLACK, M. M.; HUTCHESON, J. J.; DUBOWITZ, H. e BERENSON-HOWARD, J. (1994). "Parenting style and developmental status among children with nonorganic failure to thrive". *Journal of Pediatric Psychology*, *19* (6): 689-707.

BLACK, M. M., NAIR, P. e HARRINGTON, D. (1994). "Maternal HIV infection: Parenting and early child development". *Journal of Pediatric Psychology*, *19* (5): 595-616.

BRANNON, L. e FEIST, J. (1992). "Health Psychology: An Introduction to Behavior and Health". Belmont, CA: Wadsworth.

DUNBAR-JACOB, J.; BURKE, L. E. e PUCZYNSKI, S. (1996). "Clinical assessment and management of adherence to medical regimens". Em P. M. Nicassio e T. W. Smith (eds.). *Managing Crhornic Illness*. Washington, DC: APA.

FINNEY, J. W. (1995). Editorial: "Pediatric injury control: Adding pieces to the puzzle". *Journal of Pediatric Psychology*, *20* (1): 1-3.

GUIMARÃES, S. S. (1988). "A hospitalização na infância". *Psicologia: Teoria e Pesquisa*, *2* (4): 102-112.

KOOCHER, G. P.; MCGRATH, M. L. e GUDAS, L. J. (1990). "Typologies of nonadhrence in cystic fibrosis". *Journal of Developmental and Behavioral Pediatrics*, 11, pp. 353-358.

LEMANEK, K. (1990). "Adherence issues in the medical management of asthma". *Journal of Pediatric Psychology*, 15, pp. 437-458.

MASON, E. A. (1978). "Hospital and family cooperating to reduce psychological trauma". *Community Mental Health Journal*, *14* (2): 153-159.

MATTAR, M. E.; MARKELLO, J. e YAFFE, S. J. (1975). "Inadequacies in the pharmacologic management of ambulatory children". *Journal of Pediatrics*, 87, pp. 137-141.

McGregor, S. G.; Schofield, W. e Powell, C. (1987). "Development of severely malnourished children who received psychosocial stimulation: six-year follow-up". *Pediatrics, 79* (2): 247-254.

Melnyk, B. M. (1995). "Coping with unplanned childhood hospitalization: The mediating functions of parental beliefs". *Journal of Pediatric Psychology, 20* (3): 299-312.

Okay, Y. (1986). "Atenção global à criança e modelo biomédico". *Pediatria, 8* (3): 172-175.

Sacket, D. e Haynes, R. B. (1979). *Compliance in health care.* Baltimore, MD: John Hopkins University Press.

Sameroff, A. J. (1986). "Environment context of child development". *The Journal of Pediatrics, 109* (1): 192-200.

Taylor, S. E. (1995). *Health Psychology.* Nova York: McGraw-Hill.

Thompson, S. M.; Dahlquist, L. M.; Koenning, G. M. e Bartholomew, L. K. (1995). "Brief report: adherence-facilitating behaviors of a multidisciplinary pediatric rheumatology staff". *Journal of Pediatric Psychology, 20* (3): 291-297.

Sueli Sales Guimarães é doutora em Psicologia pela University of Kansas, professora de pós-graduação e coordenadora do Laboratório de Estudos do Desenvolvimento em Condições Adversas do Instituto de Psicologia da Universidade de Brasília, sendo também autora de diferentes projetos de assistência à criança hospitalizada e sua família.

Reuniões multifamiliares: uma proposta de intervenção em Psicologia Clínica na comunidade

Liana Fortunato Costa

Apresentação

Uma psicóloga, diante de algumas dificuldades envolvendo a equipe de uma instituição e as famílias, para organizar e acompanhar grupos de recreação com crianças e adolescentes carentes, procurou os professores de Psicologia do Laboratório de Família, Grupo e Comunidade.

Foi então que surgiu a proposta de criar um espaço de modo a estar junto com as famílias, onde elas pudessem expressar sua competência nos acontecimentos do cotidiano, na solução dos problemas, na educação de seus filhos. Criar um espaço para, por meio do lúdico, falar de suas competências, num programa de vivência mais do que num programa de aprendizagem. Criar um modelo relacional que proporcionasse mudanças, envolvendo troca de experiências, quebrando o velho modelo de "sala de aula", onde o técnico sabe e ensina e a família que não sabe, aprende.

Este trabalho surgiu, portanto, da solicitação da instituição, tendo em vista a necessidade de solução de um problema na comunidade, qual seja, foi a ausência de um universo comunicativo e de um espaço de possibilidades comunicativas entre as pessoas, as famílias e a equipe. Para atender a essa solicitação, procuramos chegar a um modelo de criação de um espaço relacional que proporcionasse mudanças no universo comunicativo de interação entre as famílias e entre as famílias e a equipe multidisciplinar, e empreendemos o projeto envolvendo a avaliação da intervenção denominada Reuniões Multifamiliares.

Introdução

O papel do psicólogo clínico na comunidade vem sendo enfocado e discutido na atualidade, e cada vez mais adentrando o ambiente acadêmico. Esses profissionais da Psicologia vêm tentando responder adequadamente à construção de uma atuação do psicólogo clínico na comunidade, para poder inserir, no mercado de trabalho, uma ação profissional mais voltada para o grupo, para a prevenção, com abordagens sociais e/ou institucionais (Vasconselos, 1985; Mejias, 1995).

Aponte (em Iscoe, Bloom e Spilberger, 1977) focaliza a Psicologia Comunitária como um programa que pretende atingir o bem-estar, a valorização e a melhora das condições de vida das pessoas e não somente um enfoque sobre a saúde mental. Deve ter um espectro de atuação maior do que o programa em si, alcançando a estrutura social, a organização e os processos da Psicologia Comunitária mesma. Deve ainda reconhecer a importância das experiências intra e interpessoais e ser vista como um *continuum* da Psicologia Clínica, com conceituações próprias. Seus níveis de operação são os indivíduos, os grupos e as famílias; as comunidades, as entidades sociais, as instituições e os sistemas sociais.

É nesse enfoque de valorização da família, como um dos níveis de intervenção, que buscamos agora situar a conjuntura social e econômica mais ampla que engloba o grupo familiar.

No Brasil, tivemos, nas duas últimas décadas, processos inflacionários contínuos e sucessivos planos econômicos que provocaram o achatamento salarial e o empobrecimento cada vez mais acentuado da população de baixa renda, aumentando suas carências. Como mostram Ugarte e Tobón (1986), esses processos envolvem todos os membros da família na tarefa de manutenção financeira, com dupla ou tripla jornada de trabalho, com conseqüências graves no desvirtuamento das funções da família e na proteção de menores.

Com relação à família, situamos este trabalho sob o ponto de vista da teoria sistêmica, que busca enfocar a interação entre pessoas como o objeto de estudo, e o foco de análise passa a ser o espaço de interação.

A família nuclear segundo Miermont (1987) designa a célula familiar composta pelos pais e pelos filhos. Por família extensa entendem-se os membros (avós, tios, sobrinhos, etc.) que se ligam à família nuclear por um sentimento de pertencimento, ou por aproximação afetiva, ou por um evento que os aproxime da família nuclear.

Uma definição de sistema familiar enfoca a família como um grupo de pessoas com características comuns e ligadas por interações específicas, em que se podem distinguir estratificações grupais que se superpõem mais ou menos e se influenciam de maneira dinâmica.

Aponte (1976, 1991), terapeuta familiar americano que trabalha com minorias num enfoque sistêmico, ao comentar a organização de famílias de baixa renda, diz que a pobreza pode ser um impedimento para a família pedir ajuda para tratamento de ordem emocional, porque a pobreza não é só falta de renda, mas inclui outros aspectos, como condições de moradia, subemprego ou desemprego, etc. Essas características podem constituir-se em demandas mais imediatas, e assim o aspecto emocional poderia ser relegado a ter menor importância. Em suas observações, diz que a estrutura dessas famílias se caracteriza por um padrão de alinhamento, força e fronteiras. Este padrão está relacionado à forma de se unirem e trabalharem para a sobrevivência. O alinhamento diz respeito a como se aliam ou não para dividirem os trabalhos. A força define a influência de um membro sobre o outro, e a fronteira diz quem é incluído ou excluído das tarefas de sobrevivência. Esses aspectos, na família de baixa renda, tendem a ser oscilatórios, mostrando-se de forma muito presente ou muito ausente. Isto é, ou a família consegue unir-se para garantir a sobrevivência, ou seus membros tendem a afastar-se definitivamente. De forma geral, as manifestações dos conflitos sociais, presentes no meio social, encontram-se reproduzidas vivamente, dentro da família. Com isso, essas famílias encontram-se constantemente estressadas, além de não possuírem apoio institucional ou comunitário e ficarem excluídas das operações vitais da sociedade. Ao comentar o treinamento de terapeutas que vão atuar com essas minorias, este autor acrescenta que as diferenças de experiências existentes entre a clientela e o terapeuta podem representar uma barreira para o profissional de classe média que não pertença às minorias.

Dentro do quadro das ciências que têm contribuído para o estudo da família, a Antropologia tem-se distinguido, e nenhum trabalho pode, na atualidade, ignorar seus achados. Brühl (1988) realizou uma pesquisa sobre a migração da família nordestina pobre, do campo para a cidade. Note-se que é uma região que apresenta as características típicas da pobreza deste país: fome crônica, analfabetismo, falta de proteção à saúde, enfim, injustiça social. Este autor considera a pobreza dos países do Terceiro Mundo um fato relacionado ao superdesenvolvimento de outros países, sendo de seu interesse econômico. A pobreza potencializa-se no meio urbano, pelo empobrecimento da raiz social e pela perda de identidade cultural e social, aspectos encontrados nos fluxos migratórios.

Alguns aspectos do trabalho de Brühl (1988) ampliam nossa compreensão sobre o desemprego e a delinqüência na população urbana, uma vez que a luta pela sobrevivência é personalizada, imprimindo condutas egoístas e o estabelecimento de estratégias de sobrevivência individualizadas. Tudo isso se junta a uma pobreza já estrutural, que é característica do Nordeste e do Brasil. Alguns resultados da pobreza seriam o decréscimo do grau de companheirismo entre o casal, a adaptação da mulher à chefia da família, a decadência das condições materiais, a diminuição da rede social de apoio e a contribuição financeira, de forma mais individualizada, para a família. Esses aspectos estão ainda intimamente ligados às crises de identidade e ao alcoolismo.

Partindo das relações intrafamiliares e abordando as relações de família e de trabalho, verificamos em Woortmann (1984) que o grupo doméstico se reorganiza como unidade produtiva doméstica, e assim reproduz a família como unidade ideológica. Este autor estudou a atividade econômica familiar não como um setor informal, mas como unidade de reprodução social e de força de trabalho e como mecanismo de acumulação e de ascensão social. Ser chefe de família é diferente de ser pai de família. Ser pai de família significa sustentar a casa, sem a ajuda da mãe. A produção da mulher ameaça o chefe de família, pelo aumento da ascendência moral, porque a mulher produz bens e pressiona o pai para ser *pai* e *chefe de família*. A mulher duplica sua produção, em geral com a extensão de seus dotes domésticos como crecheira, costureira, e na comunidade pesquisada, como veremos, como diarista, que é uma atividade não esgotada no mercado de trabalho. Esta atividade está mais disponível do que o trabalho do homem em construção, por exemplo, que está muito ligado à crise financeira geral, como também a habilidades técnicas.

Woortmann (1984) analisa bem claramente a ascendência da mulher dentro da família, ao ingressar no mercado de trabalho, e a mobilização ocorrida na família extensa, quando um parente vem morar na casa para permitir que a mulher saia de casa e trabalhe. O pai sente-se ameaçado quando não consegue desenvolver atividades de subsistência, dobrando sua inserção no mercado formal de trabalho, e corre o risco de ter um papel de ajuda na casa, e não mais de provedor.

Qualquer compreensão que envolva a família não pode estar dissociada de seu contexto econômico, porque esta não pode ser vista isoladamente dos vários contextos nos quais está inserida. A família de baixa renda sofre as conseqüências, imediata e profundamente, das orientações econômicas do país, que na última década passou por sucessivas tentativas de estabilização da economia por meio de diferentes planos econômicos, medidas provisórias, de curta duração.

A penalização das populações pobres pela alta concentração de renda ressalta a importância de enfoques educativos nas intervenções com essas populações. Seria por meio da educação que se faria o resgate do exercício da cidadania e melhor compreensão do direito do voto, assim como escolha consciente de políticos que possam intervir no desenvolvimento econômico do país.

Ao discutir sobre assistência social e cidadania, Demo (1991) diz que a pobreza não pode ser enfrentada com assistência social, mas com trabalho, desconcentração de renda, educação, emprego e cidadania. Assistência social é um direito, mas em caráter especial, e não de forma constante, como ocorre no Brasil, quando gerações de famílias dependem do serviço social. A verdadeira assistência social é aquela que se torna *dispensável* com a solução de problemas, porém o que temos é uma pobreza estrutural, e então a ação tem de ser na estrutura. O autor enfatiza que, na visão econômica e sociológica, a criança precisa é de *oportunidade*. Podemos acrescentar que a família também. Demo (1991, p. 3) aponta que a conquista da cidadania está "na formação do sujeito social, consciente e organizado, capaz de conceber e efetivar projeto próprio de desenvolvimento".

Dois conceitos são fundamentais para a compreensão da proposta de Reunião Multifamiliar. O termo inicialmente usado foi *terapia de rede*, porém atualmente há uma preferência pela expressão *intervenção de rede* (Speck, em Elkaim, 1989), que é mais abrangente e desfoca o contexto clínico. A rede é a tribo à qual o indivíduo pertence (Speck, em Elkaim, 1989). A sociedade ocidental, em sua industrialização, tornou as pessoas individualizadas a tal ponto que os grupos naturais perderam sua importância e a rede social à qual pertencem tornou-se quase invisível. Esse conceito visa a resgatar os rituais tribais acontecidos em comunidades, relativos a um acontecimento específico, onde se forma uma rede em torno da família (Attneave, em Guerin, 1976). O princípio que rege a formação da rede é a mobilização do relacionamento natural das famílias como sistema de suporte para as mesmas. Este sistema natural em volta da família é um suporte mais potente do que a responsabilidade profissional. A rede social é um conceito utilizado na prática da prevenção em saúde mental, podendo ser usado em relação a uma ansiedade decorrente do ciclo de vida individual ou familiar, como é o caso da adolescência ou da aposentadoria.

O conceito de rede já vem sendo utilizado há algum tempo por outros autores de diferentes abordagens, como Moreno (1993) que, na década de 40, trabalhava com a sociometria, que ele definiu como a ciência da medida do relacionamento humano. O método de estudo da sociometria é o teste sociométrico, que visa a medir a organização de grupos sociais e a conhecer as atrações e as rejeições que existem entre os membros de um grupo. A partir dessa medida e desse conhecimento, as associações, os trabalhos e a convivência realizam-se com maior qualidade, quando as pessoas podem se escolher para interagir e, desse modo, restabelecer o seu poder de agrupamento. A formação da rede sociométrica é importante com relação a este trabalho, porque o objetivo inicial era oferecer uma oportunidade de reunião na qual a família comparecesse com todos os seus membros, dentro da abordagem sistêmica, em que a família é o cliente, isto é, a família é um sistema em que todos os seus membros influenciam e são simultaneamente influenciados pelos outros membros (Calil, 1987). Esse critério foi enfocado enfaticamente neste trabalho porque pensamos que a rede social intrafamiliar também devesse ser alvo de intervenção. Os membros dessas famílias têm tendência a afastarem-se na busca financeira para a sobrevivência.

O outro conceito foi conhecido inicialmente por *terapia familiar múltipla*. Esta abordagem é uma adaptação da técnica de grupo ao tratamento de famílias, adotada no início na década de 1950 com famílias de pacientes psicóticos (Laquer, em Guerin, 1976 e Laquer, em Bloch, 1983). Segundo descrição mais pormenorizada de Laquer (em Guerin, 1976 e em Bloch, 1983), os grupos são abertos e as famílias vão ingressando ou deixando o grupo conforme necessário. As famílias reúnem-se por cerca de uma hora e meia em sessões semanais, diante de uma equipe terapêutica, que inclui terapeuta, co-terapeuta e observadores. A seleção das famílias busca reuni-las com condições semelhantes de intensidade de problemas (Bowen, em Guerin, 1976) ou é feita tão aleatoriamente quanto possível (Laquer, em Bloch, 1983) para evitar reforço de situações e enriquecer a discussão. O principal ganho dessa forma de intervenção é quanto à aprendizagem de novas formas de comportamento pela pressão ou aprovação do grupo. Essas mudanças dão-se por *semelhança* e *identificação*. Por semelhança, quando as famílias presenciam, em outras, seus conflitos; e por identificação, quando pais aprendem com outros pais, mães com outras mães, as soluções já encontradas. As famílias assumem um papel de co-terapeutas, na medida em que já alcançaram mudanças, e desse modo funcionam como modelos, criando um foco permanente de excitação, já que sempre existem famílias em estágios diferentes.

Nos Estados Unidos, Bumagin e Smith (1985) descrevem uma experiência ocorrida junto a um projeto de habitações de baixa renda, com grupos de mulheres, a partir da constatação de que elas tinham características de baixa auto-estima e dificuldade de cuidarem de si mesmas. Os objetivos do grupo foram as pessoas examinarem-se, perceberem-se e associarem comportamentos a sentimentos, e assim poderem mudar o autoconceito e buscar realizações pessoais. A adesão ao grupo foi espontânea, o grupo foi aberto, a coordenação do grupo foi feita em dupla terapêutica e sua realização ocorreu em local o mais próximo possível da comunidade. O tempo de duração do grupo foi de uma hora a uma hora e meia, e o tempo de permanência dos participantes no grupo foi de seis meses a um ano. Esses autores observaram ainda que aquelas mães que participaram de mais ou menos vinte encontros foram consideradas com boa permanência. Os temas discutidos foram: relacionamento conjugal, conflitos familiares, gravidez, privação emocional, situação econômica, sexualidade e dependência química. A experiência, no total, durou quase dois anos. Segundo os autores, as discussões no grupo foram educativas, informativas e psicodinâmicas e não terapêuticas propriamente ditas, embora muitos momentos possam ter proporcionado *insights*. Uma contribuição importante desse trabalho foi quanto aos requisitos dos coordenadores desses grupos, que devem ter bom humor, fazer boa aliança e serem ativos. Devem ser tolerantes e com capacidade de suportarem quebra de regras, como quanto à pontualidade e à assiduidade dos participantes. Nesses grupos, não há como manter um padrão ortodoxo de funcionamento e não é possível manter permanente o foco em assuntos psicológicos.

Em Brasília, Costa e Melo (1995) relatam uma experiência de reuniões multifamiliares, a partir da adaptação da metodologia descrita por Neumann (em Formigoni, 1992), que discute o aconselhamento como um método a ser usado por pessoas não gravemente dependentes do uso de álcool. Esse trabalho trata da abordagem indireta da problemática do alcoolismo, com ênfase no contexto familiar, na expectativa de que o grupo familiar tenha uma nova possibilidade de padrão relacional e desenvolva estratégias para intervenções. O trabalho de Neumann (em Formigoni, 1992) pretende que o usuário ou o abusador do álcool tenha condições de identificar e avaliar seu padrão de consumo da substância e, assim, poder manter uma intervenção. No trabalho de Costa e Melo (1995), o que as autoras buscaram foi produzir condições, em reuniões multifamiliares, para a família apreender o padrão de ingestão de álcool de um membro ou mais e, assim, poder refletir sobre a relação desse padrão e as condutas dos demais membros da família.

Desse modo, portanto, pretendemos estar contribuindo para o conhecimento na área da *Psicologia Clínica na Comunidade* mediante a avaliação das mudanças ocorridas na compreensão das famílias sobre os temas discutidos, mediante a análise da conversação das famílias ao expressarem seus conflitos, vista, também, como uma expressão de suas competências, de seus "saberes", no exercício da educação de seus filhos, proporcionando, assim, uma visão reconhecida do saber comunitário e uma mudança de enfoque, passando do estudo das condições ambientais de risco para o estudo das condições potenciais de saúde.

Este trabalho constitui proposta de criação de um modelo de Reunião Multifamiliar como instrumento capaz de criar um contexto que favoreça mudanças nas interações intrafamiliares e das famílias com a equipe institucional.

O contexto de realização do trabalho

As condições ambientais foram as seguintes: o Distrito Federal é uma região peculiar porque, ficando no centro do país e sendo a sede do poder, constitui região de grande fluxo migratório. Nestes últimos cinco anos, acresceram-se a isso o fato de que – pressionadas pela crise econômica de uma década e pela divulgação das famílias já residentes no DF da distribuição de lotes para famílias de baixa renda, pelo governo – muitas famílias vieram para esta região. Com isso, agravou-se um quadro social de pobreza, desemprego e criminalidade. Seus índices de desemprego são elevados e preocupantes. Um outro fato, merecedor de destaque, é que no ano da coleta de dados deste trabalho foi realizada a implantação do Plano Real, que trouxe muitas expectativas e ansiedades para todos de modo geral. Para esta população, a ansiedade está muito ligada às dificuldades de acompanhar e entender as questões teóricas e práticas de um plano econômico, o que a torna submissa e à parte de participação política.

Sobradinho constitui a V Região Administrativa do Distrito Federal. Dista 25 km do centro rodoviário de Brasília, possui uma população geral (urbana e rural) de 83.552 habitantes (Codeplan, 1993), sendo que 18.062 são de jovens de dez a dezenove anos e 11 mil são oriundos de famílias de baixa renda (Centro de Desenvolvimento Social, Relatório, 1993).

O local da realização das reuniões multifamiliares

As reuniões foram realizadas em dois ambientes: no Centro de Desenvolvimento Social (CDS) de Sobradinho I e no Centro de Atendimento Integral à Criança (CAIC) de Sobradinho II, de forma alternada. No CDS, o ambiente escolhido foi um salão grande, denominado Salão Verde, que podia conter umas duzentas pessoas, onde se encontravam cadeiras, mesas, quadros de avisos, bebedouros e banheiros. No CAIC, contamos com duas ou três salas de aula. Estas salas de aula tinham capacidade para umas quarenta pessoas e continham bebedouro, quadro-negro, cadeiras, mesas, pia e torneira. O horário das reuniões foi das 15h às 17h.

Os participantes

Os participantes foram as 241 famílias inscritas na instituição e procedem, em sua maioria, dos estados do Piauí, Ceará e Bahia. A *situação ocupacional* atual dos pais é: o responsável está empregado e a mãe é diarista – 22% cada. Seguem-se: o responsável está desempregado por mais de seis meses, com 15%; o pai é biscateiro, com 8%, e o responsável está desempregado recentemente, com 7%. O local de moradia, em quase 80%, é em Sobradinho II (atual zona oeste de Sobradinho) e mais de 20% em Sobradinho I. O grau de instrução do entrevistado é: em mais de 75%, o 1º grau incompleto; 8% são analfabetos; menos de 5% têm o 1º grau completo/ 2º grau incompleto; e 2% têm o 2º grau completo. O estado civil do entrevistado: 40% são casados, 32% solteiros, 6% viúvos e menos de 5% são separados. A renda familiar é: 40% recebem entre um e dois salários-mínimos; 30% recebem um salário-mínimo; 10% não têm renda; e menos de 5% recebem entre dois e três salários-mínimos ou entre três e quatro salários-mínimos.

À pergunta: "Deseja reunião entre famílias para discutir relacionamento familiar?", mais de 80% responderam "sim". A disponibilidade para discutir sobre alcoolismo também foi respondida com um sim por quase 70% dos entrevistados. Sobre o interesse das famílias em: "Aceita reunião entre adolescentes para discutir sobre sexualidade e abuso de drogas?", quase 70% responderam "sim".

As condições de moradia enfocam uma situação peculiar: quase 80% têm casa própria, quase 20% moram em casa cedida, menos de 5% em casa alugada. O material usado na casa é, em 58% dos casos, de alvenaria, e o número de famílias que moram no lote é: quase 60% de uma só família, 25% moram com mais uma família, menos de 5% moram no lote com mais de três famílias. As instalações sanitárias mostram que 82% das famílias têm banheiro para uma só família, 18% têm um banheiro para várias famílias e apenas 1% não tem banheiro. O tipo de esgoto é, em 67% dos casos, a fossa sanitária, e o restante possui instalação da Companhia de Águas e Esgoto.

Uma pergunta de caráter geral: "Você tem alguma preocupação com relação à sua família?" obteve a resposta "sim" em quase 100%. A natureza mais específica dessa preocupação é situação financeira em mais de 70%. Outro resultado relevante é que 41% responderam ter preocupação pela falta de ocupação/emprego para os filhos.

Os demais aspectos que seriam preocupantes não foram apontados como tal, por exemplo: falta de moradia: 85% responderam não ter preocupação; para falta de escola, 91% responderam "não".

As entrevistas iniciais

Estas entrevistas domiciliares com as famílias foram programadas com o objetivo de conhecermos melhor a realidade intrafamiliar, de podermos convidar as famílias a participarem das reuniões multifamiliares e de sabermos acerca de suas expectativas. Estas expectativas seriam sobre a possibilidade de receberem ajuda, nas reuniões, por meio do "alívio para um sofrimento", de poderem "aprender algo novo" e de "entenderem melhor o que é ser um cidadão na sociedade". As dimensões contidas nessas expectativas pretenderam abranger os possíveis aspectos educativo, terapêutico e socializante das reuniões multifamiliares.

As famílias desta amostra foram visitadas antes do início das reuniões multifamiliares, para as quais foram então convidadas a participar.

Este é um ponto importante do trabalho, pois identifica quais as expectativas que as famílias possuíam diante de um trabalho dessa natureza. As perguntas específicas foram sobre suas expectativas em obter proveito ou alívio para um sofrimento psicológico; sobre a possibilidade de aprender algo novo para sua vida; ou ainda de vir a compreender melhor o que significa ser um cidadão na sociedade, seus direitos e deveres.

Sobre a expectativa em ir a uma reunião multifamiliar, a maioria refere que sim: "é bom conversar", "pode aprender e falar", "bom conversar, tira dúvida, me soltei, era tímida", "bom, fiz amizade, se abrir no meio da turma e contar problemas", "ótimo, aprendi muito". Porém, algumas observações são relevantes quanto a ressalvas: "é bom, mas falta algo, dar curso, dar alimento", "gostava da reunião que dava alimentação", "sim, só faltou dar emprego pros filhos". Parece que o oferecimento de atividades de cunho psicológico ou de "conversar e aprender" não é o suficiente para alguns. Para essas pessoas, a ajuda parece necessitar de ser concretizada em doações. Um outro aspecto é a expectativa de vir a ter acesso a emprego pela assistência social.

Das 36 famílias entrevistadas sobre o conhecimento anterior de reuniões oferecidas pela instituição, 22 responderam que é "bom" ou "que deve ser bom". Aquelas outras que disseram não conhecer o trabalho ainda assim pensam que a reunião é boa porque: "é bom ir conversar, tá bom, a gente sai informada", "deve tratar da harmonia familiar". Um pai que não conhecia também disse que é bom porque "ocupa os filhos, eles não vão para a rua". Uma outra mãe disse que não vai porque "só quero emprego para meu filho". Parece que a possibilidade de ter contato pessoal, comunicar, aprender é a maior motivação. Há ainda a dimensão da prevenção, que é um aspecto surpreendente. O interesse também se desloca para os filhos, quando acham que as reuniões familiares podem oferecer, conjuntamente, oficinas para os filhos, presumivelmente oficinas profissionalizantes. Um exemplo de dúvida que ainda permanece: a reunião "pode nascer mas não criar". Por outro lado, aquelas pessoas que responderam negativamente têm suas ressalvas (como no item anterior) baseadas em aspectos como: "é repetitivo", "não gosto porque não dá emprego" ou "acho difícil ir", ou, ainda, "é importante conversar, mas devia dar emprego pros filhos e pras famílias", evidenciando desejo por algo mais substancial do ponto de vista do ganho financeiro.

A maioria concordou que o ouvir, o falar sobre seus problemas, o desabafar aliviam o sofrimento. "Ouvir os outros conversando toca a gente", "fala o que sente, se abre", "falar é alívio, falar o que sente preso é bom", "preocupa e vai lá e abre o coração e sai leve", evidenciando a compreensão da possível dimensão terapêutica da reunião. Outros pensam que o alívio vem ao se identificarem no sofrimento: "vê outro com problema igual", "tem alívio quando vê gente pior, vê que está melhor", "esquece um pouco o problema, compara o problema com outro e se alivia", "um alivia o problema do outro, conversando, juntar para resolver um problema", mas "se não resolve o problema, falar alivia, vê que o outro tem mais problema que você".

O alívio para o sofrimento virá se o assunto for do interesse das famílias, "que se não houver emprego não vai adiantar nada", "depende da união de todos", "depende se for falar coisa boa", "do assunto, tem que falar assunto do interesse da família", "depende do sofrimento, se for pinga pode ensinar como evitar". Essa condição "depende" tem motivos que são da responsabilidade dos organizadores da reunião, na escolha do assunto e no manejo da reunião, mas também passa pela responsabilidade da comunidade, pela possibilidade de eles poderem organizar-se em um grupo coeso, unido.

Os motivos para aprenderem algo novo indo à reunião estão muito próximos aos do item anterior: a aprendizagem se dá pela conversa, "ouvindo, participando, são várias cabeças, várias idéias juntas, cada um pensando diferente, sai coisa boa", "pessoas falando, ativa, recebe força, aprende coisa", "cada um tem maneira diferente de pensar, conversando se aprende", "conversando se aprende algo novo". Algumas respostas refletem uma auto-estima baixa e a expectativa de aprender num modelo de sala de aula, ou seja, numa relação professor/aluno: "a gente nem sabe o que precisa, e na reunião a gente recebe o que vocês sabem", "dá orientação", "através da opinião das pessoas, através de orientação", "através de palestra, folhetos", "quem dá palestra, orienta, explica, a gente entende e aprende". Os motivos alegados são também os aspectos presentes na mudança terapêutica que opera por aprendizagem (abordagens cognitivas). Na verdade, mudanças provêm de novas aprendizagens.

Ainda dentro desse grupo, há um outro que concordou com ressalva. Essas ressalvas, pensamos, estão ligadas à relação entre aprendizagem e atitude, ou seja, a pessoa "aprende se prestar atenção", "pode aprender e ensinar coisa nova se for lá para trocar idéia" ou "depende da boa vontade de ir e aproveitar". A dúvida está ligada à motivação da comunidade para aprender. É interessante notar que não apontam dúvidas sobre a organização da reunião. E há também uma descrença em si mesmos – "eu não aprendo nada, sou rude", e um pedido prático e concreto – "queria aprender a ler, curso para fazer em casa". Embora se possa detectar uma possível desvalorização ao oferecimento da reunião, esses pedidos práticos são indicadores de demanda e revelam com clareza as necessidades que têm no momento. Parecem revelar ainda a importância atribuída ao poder social da alfabetização e da profissionalização.

O interessante das respostas sobre entenderem melhor o que é ser cidadão é que houve o mesmo número de respostas afirmativas e de comentários sobre ser um cidadão. Os que concordaram admitem "eu não sei o que é cidadão" e que poderiam entender melhor "através de exemplos do que aconteceu com outras pessoas", ou "tem que ouvir para ver como seria melhor ser cidadão neste país". Em outras afirmações, o entendimento da cidadania relaciona-se a direitos: "a gente sabe dos deveres e não dos direitos", "eu não sei direitos da mulher fico nessas quatro paredes e vou lá e aprendo" ou "gostaria de saber os direitos do cidadão, os direitos da mulher". Os comentários são importantes, pois evidenciam que as pessoas sabem que a cidadania é a dimensão social da existência e do contato e convivência no grupo social. Muitos acham que poderiam entender melhor pelo diálogo e porque não têm conhecimento sobre o assunto. Ou, então, porque se conhece o que é ser um cidadão pela convivência social. Fica clara a importância dada, por essas famílias, a conhecer outras pessoas e a se fazer conhecer.

Ainda quanto às respostas sobre cidadania, as respostas sobre "depende" incluem três aspectos: se prestar atenção, se tiver respeito, se houver interesse, com uma resposta para cada aspecto. Esses aspectos expressam as dúvidas que as pessoas têm e, também, como no item anterior, relacionam aprendizagem a postura: "a equipe sabe mais que a gente, pode aprender mais, se tiver respeito, conversando cai uma idéia" ou "se der atenção, porque muitos aprendem e deixam ali mesmo". Como no item anterior, essa categoria "depende" também está mais ligada à conduta da comunidade.

O planejamento da reunião multifamiliar

As reuniões foram planejadas para ocorrer quinzenalmente e em número de dez reuniões durante o ano, com possibilidade de oferecimento de mais duas, no máximo, se necessário.

Cada reunião foi planejada numa perspectiva voltada para a prevenção, a intervenção dirigida a grupos e a ênfase nas relações sociais. A organização da reunião seguiu orientação da sessão psicodramática (Gonçalves, Wolff e Almeida, 1988) que indica três etapas: aquecimento, dramatização e compartilhamento. Essa escolha deveu-se ao fato de que a professora pesquisadora é psicodramatista e também porque entendemos que, para atuar nesse contexto, teríamos de preferir intervenções com ações e não só verbais, buscando criar um contexto lúdico. A organização da sessão psicodramática, com início, meio e fim, em etapas bem definidas, pareceu-nos bastante organizadora, como modelo para uma reunião que seria aberta, ou seja, sem muitas possibilidades de controle e previsão de quantas famílias viriam. Demo (1984) indica, ao comentar a atuação acadêmica em meio comunitário, que as reuniões nesse contexto comunitário podem beneficiar-se enormemente com a presença de organização, de disciplina e de conclusões palpáveis (parâmetros do meio acadêmico).

A seguir, foi feita uma adaptação dessa organização, que resultou nas seguintes etapas: *aquecimento, discussão e conclusão.*

A etapa do *aquecimento* teve por objetivo integrar o grupo e estimular a tarefa. A etapa da *discussão* teve por objetivo aprofundar a discussão sobre o tema, desenvolver a capacidade mental de refletir sobre o assunto, acolher o sofrimento psicológico advindo das identificações com o tema e encaminhar para soluções práticas as queixas de ordem social. A etapa da *conclusão* teve por objetivo sintetizar as opiniões sobre o tema discutido, avaliar a aprendizagem do tema e formular sugestões práticas para as famílias. Um outro aspecto presente no planejamento da reunião foi o de proporcionar condições para as pessoas se conhecerem visando a estabelecer uma rede social de contatos que pudesse resgatar afetividade, sociabilidade, bem como a ampliação da rede sociométrica, um conceito moreniano (Moreno, 1993) já apontado.

Um exemplo: a 4ª reunião multifamiliar

A seguir, trazemos alguns trechos de uma reunião para exemplificar como os temas foram desenvolvidos e como proporcionaram aprofundamento do conhecimento sobre o que as pessoas pensam, como pensam e suas reflexões a partir dos recursos que possuem.

Tema: "Como ajudar o filho a se profissionalizar?"

O ambiente

A reunião teve a duração de duas horas e vinte minutos e contou com a presença de dezessete adultos, três crianças e cinco adolescentes (nenhum pai). A equipe técnica contou com: duas psicólogas, duas estagiárias, uma assistente social, uma auxiliar social e a pesquisadora. A reunião ocorreu na instituição (CDS).

O tema dessa reunião foi intensamente discutido e proporcionou informações valiosas sobre o que os pais esperam dos filhos, como podem ajudá-los e também foi ocasião para refletirem sobre suas próprias oportunidades para escolarização e profissionalização. Já na fase inicial do aquecimento, quando as mães revelaram suas expectativas sobre qual profissão gostariam que os filhos tivessem, ficamos surpresos porque foram escolhas ou de nível superior, ou relativas a famílias com poder aquisitivo, ou ainda profissões que exigem uma boa escolarização para concorrer ao vestibular.

Mãe – Ah! Manequim!

Mãe – Digitador.

Mãe – O meu é computador. Que mais, gente?

Técnico – Primeiro de tudo, porque vocês escolheram essas profissões (pros seus filhos)?

Mãe – Eu porque... o menino lá em casa só fala de fazer esse curso. Computador, né?

Mãe – Eu porque acho que minha filha é bonita e acho também é o jeitinho dela. Mas ela é que escolhe, né?, não sou eu. E a outra é, dentista. Já a outra eu queria que ela fosse arquiteta, parou de estudar na 6ª série, disse que quer ser... E os outros dois, é pequeninho.

As informações são muito interessantes porque, em princípio, poderíamos pensar que, por terem tanta noção das dificuldades que as cercam, poderiam imaginar para seus filhos profissões do meio em que estão. Porém não é isso que acontece. Suas aspirações dirigem-se para profissões de prestígio, de bom ganho financeiro, como manequim, arquiteto, etc. Querem mais para seus filhos, o que revela um desejo de ascendência social e econômica. O que nos preocupa é como conciliar essas aspirações por profissões que envolvem boa escolarização com seu desejo de obter auxílio financeiro, de forma imediata, a partir do trabalho do adolescente.

É importante o reconhecimento da valorização do saber de quem não estudou, que vive e aprende da mesma forma. Em seguida, recordam suas próprias aspirações e dificuldades.

Mãe – Ah, o meu sonho era estudar, sabe?, estudar, estudar. Ter um bom emprego, mas eu não consegui, não cheguei lá!

Mãe – Eu queria ser professora!

Mãe – Você não sabe o que professora passa.

Mãe – Mesmo assim. Às vezes eu penso ...

Mãe – Quando eu podia estudar, tinha que trabalhar, aí tinha que trabalhar para ajudar os meus pais. Eu trabalhava de dia, trabalhava o dia todo, aí estudava à noite. Aí, às seis horas da manhã, tinha que levantar para ir trabalhar. Aí eu não agüentei, aí eu parei de estudar, aí depois passei um tempo, aí voltei a estudar, aí foi quando me casei, aí pronto, já tem onze anos e parei, nunca mais voltei a estudar.

O mais interessante é que as recordações revelam a repetição do conflito: se estuda não trabalha, se trabalha não estuda. Porém, o que elas querem hoje, para os filhos, é estudar e trabalhar. Até que ponto essa experiência sofrida de ter tido de optar por não estudar pode ajudá-las a entender o que se passa com os adolescentes? É importante também ressaltar a reciprocidade. Filhos ajudam os pais, pais ajudam os filhos.

Mãe – É, exemplo é a coisa que a gente pega muito, sabia? Acho que criança, a gente pega muito o exemplo do pai e mãe, né?, isso é uma coisa muito forte, da infância da gente, a gente vendo, vai convivendo, né?, que muitas vezes os pais é o modelo dos filhos. Então eu acho que já vem nas raízes e assim então, hoje a gente vê o mundo assim, todo mundo na família tem que trabalhar, senão você passa necessidade.

Se lá atrás puderam enxergar a experiência de vida como valor, assim como o estudo, é fundamental que possam agora resgatar seus esforços para educar, formar pessoas, dar exemplos com seus comportamentos, como contribuições inegáveis para o futuro dos filhos. A seguir, começam a se dar conta das dificuldades para sustentar os filhos estudando. Percebemos, algumas vezes, uma posição um tanto rígida, especialmente no que diz respeito ao lazer.

Mãe – A minha opinião, sei lá, eu acho que, eu queria mais que eles estudassem pra depois de estudar... tem que ter um jeito de sobreviver, mas o meu filho não gosta muito de ter uma profissão, ele só quer saber de jogar bola, ele gosta.

Mãe – Mas jogador é uma profissão!

Mãe – É uma profissão, mas pra ele chegar lá, né? É muito difícil, né não?

A bola pode ser uma profissão, mas, no momento, é uma necessidade de lazer. Porém, a perspectiva é que possa ser transformada em profissão.

A seguir, mostram suas apreensões com o tempo livre dos jovens. Trabalhar na adolescência é também prevenção.

Mãe – Eu quero o melhor pra eles, eu achava que num sempre... que a criança trabalhasse meio expediente e estudasse o outro meio expediente porque aí evitava da criança roubar, fumar maconha, fazer coisa, não é não? Porque digamos que a criança tem meio período de aula, né?, fica lá à toa sem fazer nada. Atende aos pais e trabalha, que tem que cuidar deles. O tempo da gente é pouco. O que eles vão fazer... tem quadra ali que é só mato...

Também são capazes de partilhar com os professores suas dificuldades de não terem apoio dos pais.

Mãe – O meu pai ia na escola todo mês, porque todo mês tinha prova e meu pai ia na escola... muitas vezes eles mandam, a vizinha vai: "Pega lá a nota". Nem pergunta como é que tá o filho. Uma minoria é que cobra. O professor não se sente na obrigação de fazer o que a minoria quer, porque a maioria não tá nem aí.

Mãe – Outra coisa na escola, lá nesse colégio tem muitos alunos pela manhã, matutino, olha, na reunião tinha cem pessoas, cem pais, tem mil e um alunos, vai cem pais, e aí, e o pai dos outros? Agora imagina como a gente pode resolver os problemas da escola, sem os outros pais não dá pra cobrar. A professora da minha filha falou pra mim, todo mês eu vou na escola pra saber o que que a minha filha tá fazendo na sala de aula. Porque o meu pai e minha mãe não fizeram isso comigo, não me deram oportunidade, mas para minha filha eu digo: "Se você não aprender é porque você não quer, porque o que eu puder fazer pra pegar no seu pé, eu vou pegar e você vai aprender, que você não vai ficar igual eu". Eu não sei nem conversar com as pessoas, fico naquele mundinho ali, não sei de nada.

Na fase final da reunião, onde as sínteses das discussões dos subgrupos são compartilhadas, as informações, vindas das crianças, foram surpreendentes. Na verdade, eles não aspiram às profissões que seus pais imaginam e, para expor seus desejos, contam com ajuda do técnico. As profissões que escolheram foram motorista, bombeiro.

Criança – ... bom motorista quando quiser... para ajudar, ajudar a pagar as aulas de motorista pra mim tirar carteira, pra ter um bom emprego.

Técnico – Onde está o R., que vai ser bombeiro?

Criança – Eu aprendi muitas coisas. O esforço dos meus pais e irmãos, eu sei que vou conseguir.

Expressam também seus sentimentos, quando são pressionados a estudar muito, e reagem ao conflito precoce entre estudar e trabalhar, entre o estudo e a ansiedade por independência. Refletem muito bem a preocupação dos pais quanto à marginalidade quando falam em nunca "perder a cabeça". Pedem ajuda ao técnico para ler suas conclusões:

"Quando eu estou cheia, eu fico com vontade de... eu fico com vontade de ir embora de casa, e saio correndo e deixo eles preocupados. Aí eu volto, mas às vezes eu fico com raiva e fico na cama, né?"

"Eu tenho vontade de ser mais estudioso, mas às vezes eu tenho vontade de sair de casa pra arrumar um emprego e às vezes fico com raiva de mim mesmo".

"Eu tenho vontade de estudar mais e ainda poder ter o meu próprio trabalho e não depender mais do dinheiro deles, e mostrar pra mim mesmo que eu também sou capaz de ser alguém um dia. Porque eu sei que, às vezes, há várias saídas, mas a única que a gente pode ver, dar bem, é estudando e batalhando e nunca perder a cabeça".

Os filhos percebem perfeitamente a aspiração dos pais quanto a estudar. Mas o mais interessante é seu desejo de corresponder, não decepcionando ou não destruindo e até mesmo compreendendo suas atitudes. A compreensão das crianças é bastante realista e muito ciente dos esforços que os pais fazem para elas estudarem.

Porém, um técnico caminha no sentido de mostrar a incongruência entre a escolha de profissões de filhos e mães.

Técnico – Tem uma coisa que eu achei interessante, né? ... os pais têm... economista, professor, médico, manequim, bailarino... agora vocês viram os sonhos dos filhos?

Mãe – Uma coisa que a gente falou é o que a gente gostaria, mas quase nenhuma de nós coincidiu com o que elas (as filhas) falaram.

As mães dão-se conta de que diante de uma realidade adversa os filhos tentam sobreviver adaptando-se entre frustrações e aspirações. Se não é possível ser manequim, então a menina pensa em datilografia.

Apreciação geral

A escolha desse tema deveu-se à sugestão das mães e toca num dos aspectos mais delicados do tema "desemprego". A diferença entre o desejo de profissionalizar o filho e a possibilidade contida na realidade remete-nos à linha divisória tênue entre o que devemos enfocar: incentivar ou tolher as fantasias por profissões que necessitem de grande investimento financeiro, como é o caso de engenharia. A nosso ver, Goffman (1988), ao estudar o estigma, ajuda-nos a visualizar melhor o nosso papel. Este autor enfoca o tema de maneira circular, mostrando que na relação do estigmatizado com o meio social há sempre a figura do estigmatizante, que reforça o papel do primeiro. Nossa opção é por não funcionar desse modo. No entanto, não podemos negar as dificuldades do meio. Preferimos, então, colocar-nos mediando e respeitando o desejo surgido e abrindo espaço para o sonho. Essas famílias já têm noção suficiente do prejuízo que possuem, de forma constante, e necessitam de doses de valorização de seu esforço, porque assim pensamos estar contribuindo para criarem outras formas de ajuda aos filhos.

A discussão deixou claro o valor maior que dão à escolarização dos filhos, ao desejo de ascendência intelectual e social que têm. Outro ponto que nos parece interessante, nessa relação mãe/filho, é a inversão de papéis, ou seja, mães esperando ajuda dos filhos, e estes, de fato, cumprindo este papel, antecipando uma vivência da fase adulta, quando os filhos têm de cuidar dos pais envelhecidos. Esse tema da profissionalização ajuda-nos a entender melhor por que observamos, nessa comunidade, uma postura rígida dos pais contrária a que joguem futebol na rua ou se reúnam em turmas. O lazer é confundido com comportamento de risco.

A descrição dos comportamentos adequados ao ato de educar é coerente: conversar, incentivar o filho. Sabemos também que nem sempre o clima dentro de casa é harmônico. Apesar das boas intenções, supomos que o estresse das pressões sociais está presente nos conflitos intrafamiliares. Outra habilidade demonstrada é quando conseguem colocar-se no lugar do professor na escola e sentem-se como eles, desprestigiados pela falta de acompanhamento dos pais com relação aos alunos.

Consideramos que, além de cumprirmos nosso objetivo nesse dia, avançamos um pouco mais, quando os pais puderam sair da queixa do desemprego para conversar a respeito da influência de suas frustrações sobre a aspiração para com os filhos e conscientizar seu próprio papel de pressão sobre o filho, reproduzindo uma relação contida no social, que é a menos-valia da expressão individual.

Conclusões

As famílias apontaram o ganho obtido de forma clara: "A gente aprende mais coisa, tem mais amizade, tem conhecimento", "As pessoas que vão dão uma esperança na gente", "Quando a gente tava ali naquela reunião, é bom demais ficar ali escutando".

Houve uma fala que apontou o poder extenso da conversação: "... a gente entrou, bem sutis, assim, na casa de cada um, na vida de cada um...", ou seja, conheceram outros universos familiares.

Consideramos que a reunião multifamiliar, enfim, alcançou seus objetivos e foi até mesmo além. De fato, mostrou-se um contexto favorável ao alívio para o sofrimento, por proporcionar oportunidade para conversação, obtenção de conselho, desabafo, distração e diversão, alívio de preocupações "na cabeça", esquecimento de problemas. Esses resultados corroboram e respondem ao problema inicial, quando esse modelo fornece as condições para interação e conversação.

As respostas que tratam das avaliações familiares sobre a obtenção de alívio para o sofrimento, indo às reuniões, mostram que:

- Houve alívio dentro da reunião: "chegava lá chateada, vinha conversando, desabafava e esquecia do problema".
- Houve alívio que se expressou posterior à reunião: "lá não, mas conforme a gente vai conversando, vai desabafando".
- Houve alívio emocional e mental: "teve um dia que eu tava chateada, nervosa, aí chegava lá e a gente distrai"; "tinha vezes que ia com aquilo amarradinho... então eu aliviava. Se fica dentro de casa, fica só pensando".

Recorrendo às respostas que indicam as avaliações das famílias sobre a aprendizagem de algo novo, quando foram às reuniões, encontramos falas que confirmam essas dimensões:

- Houve aprendizagem pessoal: "eu aprendi tem que respeitá, tem que obedecer, mas às vezes a obediência não precisa ser tanta"; "comunicar com as pessoa"; " a gente aprende no modo de convivência".
- Houve aprendizagem nas relações familiares: "aprendi como tratar os filhos, naquele debate dos adolescentes, a ser adolescente"; "eu aprendi a não falar com o marido bêbado, porque ele não ia ligar"; "...dá orientação pras pessoas e pro casal".
- Sobre saúde: "como cuidar da saúde".
- Aprendizagem sobre pessoas: "eu aprendi a conversar com as pessoas".
- Aprenderam sobre conteúdos específicos (aprendizagem mais de cunho pedagógico): "eu aprendi sobre a bebida, sobre a violência..."; "sobre essa história de droga"; "minha filha aprendeu a cortar papel, a desenhar"; "aprende a fazer alguma coisa".

A reunião multifamiliar não conseguiu, porém, ser um contexto tão favorável ao aprofundamento da questão da cidadania quanto foi para os aspectos anteriores.

No entanto, resgatando as respostas sobre avaliação dos entrevistados sobre o entendimento do que é ser um cidadão na sociedade, verificamos que esse modelo desenvolvido favoreceu o surgimento de uma maior consciência sobre os "direitos dos cidadãos". Talvez porque houve, sem dúvida, mudanças na auto-estima do grupo. Os direitos apontados foram: "procurar um meio para se defender, como procurar o direito da gente"; "...a gente pensa que é só no trabalho, e a gente aprende o que é direito".

Uma resposta capaz de informar o poder de mudança da reunião multifamiliar surgiu nesse item: "eu mesmo aprendi porque tinha época que eu não dava valor na minha vida, eu achava que eu não era ninguém, era um zero à esquerda, então eu não dava nem importância pra aqueles problemas da infância, eu achava que a gente como uma pessoa atrasada, que não tem estudo, e com aquelas reuniões abriu mais que a gente é uma pessoa de valor".

Em síntese, os resultados mostram que os objetivos foram atingidos com relação ao surgimento de mudanças. Criou-se um espaço de conversação e conhecimento como uma nova forma de poderem estar juntos, em que os sofrimentos das famílias foram partilhados com o reconhecimento dos recursos e competências que as mesmas têm para a resolução de problemas. Manter o enfoque sistêmico sobre a intervenção, em comunidade, na prática não é fácil, porém é mais produtivo, pela criação desse espaço relacional onde todos os membros da família estejam presentes, debatendo o mesmo tema. Assim, de fato, apropriaram-se do tema pelo diálogo ao vivo ou no "como se" psicodramático.

Referências bibliográficas

APONTE, H. (1976). "Underorganization in the poor family. Em P. Guerin Jr. (ed.). *Family Therapy. Theory and Practice*. Nova York: Gardner Press.

_____________ (1991). "Training on the Person of the Therapist for Work with the Poor and Minorities". *The Journal of Independent Social Work*, *5* (3-4): 23-39.

APONTE, J. F. (1977). "Clinical Community and Community Mental Health Models". Em I. Iscoe; B. L. Bloom; e C. D. Spielberger. *Community Psychology in Transition*. Washington: Hemisphere Publishing.

ATTNEAVE, C. (1976). "Social Networks as the Unit of Intervention". Em P. Guerin Jr. (ed.). *Family Therapy. Theory and Practice*. Nova York: Gardner Press.

BOWEN, E. (1976). "Principles and Techniques of Multiple Family Therapy". Em P. Guerin Jr. (ed). *Family Therapy. Theory and Practice*. Nova York: Gardner Press.

BUMAGIN, S. e SMITH, J. M. (1985). "Beyond Support: Group Psychotherapy with Low – Income Mothers". *International Journal of Group Psychotherapy*, *35* (2): 279-294.

BRÜHL, D. (1988). "A família pobre na mudança do campo para a cidade: experiências nordestinas". *Ciência e Cultura, 40* (1): 29-40.

CALIL, V. L. L. (1987). *Terapia familiar e de casal.* São Paulo: Summus.

CENTRO DE DESENVOLVIMENTO SOCIAL (1993). *Relatório 1993.* Sobradinho, DF (mimeo.).

CODEPLAN (1993). *Anuário Estatístico.* Brasília-DF.

COSTA, L. F. e MELO, C. S. (1995). *Reuniões multifamiliares em comunidade de baixa renda: uma proposta para um trabalho de prevenção ao álcool.* Trabalho apresentado no XI Congresso Brasileiro de Alcoolismo e Outras Dependências. Belo Horizonte.

DEMO, P. (1984). "Avaliação participante: algumas idéias iniciais para discussão". *Cadernos de Pesquisa,* 48, pp. 67-73.

____________ (1991) . *Assistência social como direito da cidadania* (apostila). Brasília, DME/SAE.

GOFFMAN, E. (1998). *Estigma. Notas sobre a manipulação da identidade deteriorada.* 4ª ed. Rio de Janeiro: Guanabara.

GONÇALVES, C. S.; WOLFF, J. R. e ALMEIDA, W. C. (1988). *Lições de psicodrama.* São Paulo: Ágora.

LAQUER, H. P. (1976). "Multiple Family Therapy". Em P. Guerin Jr. (ed.). *Family Therapy. Theory and Practice.* Nova York: Gardner Press.

____________ (1983). "Terapia familiar múltipla: perguntas e respostas". Em D. Bloch. *Técnicas de psicoterapia familiar.* São Paulo: Atheneu.

MEJIAS, N. P. (1995). "A atuação do psicólogo: da clínica para a comunidade". *Cadernos de Psicologia,* 1, pp. 32-43.

MIERMONT, J. (org.) (1987). *Dictionnaire des Thérapies Familiales. Théories et Pratiques.* Paris: Payot.

MORENO, J. L. (1993). *Psicoterapia de grupo e psicodrama.* Campinas: Psy.

NEUMAN, B. (1992) . "Intervenção breve. Em M. L. O. S. Formigoni (coord.). *A intervenção breve na dependência de drogas.* São Paulo: Contexto.

SPECK, R. (1989). "La Intervención de Red Social". Em M. J. Elkaim, *et. al. La Practica de la Terapia de Red*. Barcelona: Gedisa.

UGARTE, D. e TOBÓN, M. C. (1986). "La familia y la comunidad". *Acción Critica*, 20, pp. 27-36.

VASCONSELOS, E. (1985). *O que é Psicologia Comunitária*. São Paulo: Brasiliense.

WOORTMANN, K. (1984). *A família trabalhadora*. Série Antropológica, nº 40. Universidade de Brasília.

LIANA FORTUNATO COSTA é doutora em Psicologia Clínica pela Universidade de São Paulo, professora-adjunto 4 do Departamento de Psicologia Clínica do Instituto de Psicologia, terapeuta familiar e psicodramatista.

Condição feminina – fator de risco para a saúde mental?*

Gláucia Diniz

A luta para ampliar a inserção feminina no espaço social tem sido uma das tônicas desta segunda metade de século. No bojo dessa luta, o movimento feminista e os questionamentos por ele levantados têm papel fundamental. É nesse contexto que se coloca a diferenciação entre os termos *sexo* e *gênero* e suas implicações para a compreensão de questões fundamentais relacionadas à mulher e sua inserção social. É também pensando a condição feminina com a lente de gênero que se pode ampliar a compreensão sobre fatores que afetam a saúde da mulher, em especial a saúde mental.

Gênero é mais do que uma variável *interessante,* politicamente correta ou um modismo imposto por um movimento de mulheres "radical". O termo tem sido usado para mostrar que as características, os traços, os comportamentos e os papéis de homens e mulheres não são produtos da biologia e muito menos naturais. Tudo isso é uma atribuição cultural feita a um e ao outro sexo (Golombock e Fivush, 1994). Se vista como variável, temos de admitir que ela é, de modo geral, ignorada na pesquisa psicológica. Muito freqüentemente, gênero é usado no lugar de sexo, para mostrar que foram entrevistados homens e mulheres. Torna-se assim apenas uma variável "retórica", já

---

* Este texto é um desdobramento das idéias contidas no trabalho *Condição feminina, sofrimento mental e direitos humanos* apresentado pela autora no I Seminário Nacional de Psicologia e Direitos Humanos, promovido pelo CFP – Conselho Federal de Psicologia – e pela Comissão de Direitos Humanos da Câmara dos Deputados, no período de 17 a 19 de setembro de 1998, em Brasília/DF.

que as análises dos dados e as discussões ignoram as especificidades dos resultados dos sujeitos masculinos e femininos (Paltiel, 1993).

White (1991) coloca que "gênero" é, na verdade, a lente através da qual o mundo é conceitualizado e entendido. Lorber (1994), socióloga americana que vem há mais de vinte anos estudando a situação do homen e da mulher na sociedade, pensa na mesma direção e propõe um "novo paradigma de gênero – *gênero como uma instituição social*" (p. 1). Visto dessa maneira, gênero é uma estrutura social que tem origem no desenvolvimento da cultura humana, ou seja, muito além da biologia ou das questões de procriação:

> Como qualquer instituição social, gênero exibe tanto traços universais quanto variações cronológicas e culturais que afetam as vidas individuais e a interação social de forma significativa. Assim como é verdade para outras instituições, a história do gênero pode ser traçada, sua estrutura examinada e seus efeitos pesquisados (p. 1).

Gênero passa a ser, então, para essa autora, uma instituição que estabelece padrões de expectativas para os indivíduos, que ordena os processos sociais cotidianos, ou seja, que é inerente às organizações e às estruturas fundamentais da sociedade, como a economia, a ideologia, a família e a política.

É considerando a amplitude do significado de gênero que o feminismo vem argumentar que o sujeito genérico "homem" não pode ser usado acriticamente, principalmente porque a realidade subentendida quando se usa essa forma genérica é predominantemente masculina.

Romper com o sujeito genérico é um dos maiores desafios que a Psicologia e demais ciências da saúde enfrentam para lidar seriamente com a sáude mental de homens e mulheres. A literatura aponta que o conhecimento científico na área ainda é inadequado para possibilitar uma compreensão da complexidade das diferenças de gênero nos padrões de doença mental e seu tratamento. Entretanto, uma análise dos principais periódicos na área médica, feita com o objetivo de detectar vieses, encontrou como predominante a androcentricidade, refletida na suposição de que a visão masculina do mundo é universal; na generalização excessiva, com inferências feitas para ambos os sexos quando apenas homens são estudados; na insensibilidade geral quanto ao gênero; e numa moral dupla que julga padrões de conduta, traços ou situações idênticos com critérios distintos (Paltiel, 1993). Esta autora chama a atenção, ainda, para o fato de que as mulheres estão sub-representadas na eleição de temas de pesquisa e nos níveis de formulação de políticas das organizações de pesquisa. Da mesma forma, Paludi (1992) aponta que o sexismo afetou a seleção de tópicos de pesquisa, o desenvolvimento de conceitos e teorias psicológicas, a aplicação desses conceitos e teorias na prática, ou seja, afetou a própria estrutura da Psicologia como profissão.

Uma vez que gênero é aprendido, transmitido ao longo das gerações e incorporado pelas diversas instituições sociais, esse aprendizado resulta em estilos, orientações e experiências distintas do mundo para homens e mulheres. A existência dessas duas posições impacta todos os aspectos da vida, tanto no nível individual – o funcionamento psicológico, o desenvolvimento físico, emocional, moral e as relações interpessoais – como no nível social, influenciando atitudes em relação às diversas esferas da vida cotidiana, às demandas que delas se originam e, conseqüentemente, às ações político-sociais que são implementadas para responder a essas demandas. Torna-se, portanto, fundamental a inclusão do gênero para se pensar a interação entre condição feminina, sofrimento e saúde mental.

Pesquisas americanas deixam claro que existem diferenças de gênero nas doenças mentais. A freqüência e o padrão de doenças têm uma variação ampla entre homens e mulheres. Diagnósticos de depressão maior, agorafobia, fobias simples, distimia, distúrbios obsessivo-compulsivos, esquizofrenia, distúrbio do pânico e somatização predominam entre as mulheres. Homens recebem com mais freqüência o diagnóstico de personalidade anti-social e de dependência química. Existem variações de diagnóstico que são afetadas por sexo, situação socioecômica, estado civil, entre outros fatores. Assim, enquanto homens solteiros, separados e divorciados são admitidos com mais freqüência nos serviços psiquiátricos do que mulheres nas mesmas condições, mulheres casadas são admitidas mais freqüentemente do que homens casados. Ademais, existem diferenças de gênero na utilização dos tipos de serviços: os homens são os principais usuários de instituições governamentais, enquanto as mulheres utilizam mais os hospitais gerais e outros tipos de instituição privada (Russo, 1990).

A diversidade da população, a escassez de informação sobre saúde mental, a falta de um sistema uniforme para a classificação dos transtornos e o estado rudimentar da análise de gênero neste campo são alguns dos fatores que dificultam a construção de um panorama sobre a saúde mental das mulheres no restante das Américas (Paltiel, 1993). Sabe-se, entretanto, que a depressão aparece como uma das causas mais graves de problemas de saúde mental das mulheres na região e que a ansiedade e as fobias são também quadros comuns. A Coordenação de Saúde Mental do México (1996) relata que estatísticas sobre psicopatologia naquele país ainda são deficitárias, mas destaca que entre as questões de maior preocupação estão a depressão, os transtornos afetivos e de conduta associados com as funções reprodutivas, a dependência química, o estresse e a disfunção familiar que afetam a população feminina. Dados para o Brasil (OEA, 1994) mostram tendências similares: ansiedade, depressões não-psicóticas e fobias são mais comuns entre as mulheres, enquanto a dependência química afeta mais os homens.

A realidade das mulheres na área da saúde mental é crítica. Ao longo da história, estereótipos como "frágil", "fraca" e "inferior" associados a idéias de um sistema reprodutivo delicado e de uma compleição física "defeituosa" tornaram as mulheres alvos fáceis do controle médico e do confinamento asilar. O trabalho de Foucault, filósofo e psicólogo, sobre a história da loucura deixa claro que o único critério necessário para confinar uma mulher a um asilo de loucos na Europa nos séculos XVIII e XIX era uma ordem legal de seu pai ou marido, com base em alguma conduta "desordeira" ou desobediência. Ao final do século XIX, a partir de lugares distintos dentro do meio sociocultural, médicos e escritores convergiam ao atribuírem predominantemente a mulheres o rótulo de loucas. A situação não mudou muito: a população feminina tende a ficar mais tempo em hospitais psiquiátricos e consome a maior parte das medicações psicotrópicas – drogas que provocam alteração no estado de humor, incluindo-se aqui os ansiolíticos, os sedantes, os hipnóticos, os antipsicóticos e os antidepressivos. Mulheres são mais freqüentemente diagnosticadas como deprimidas, frígidas, neuróticas, suicidas, ansiosas e paranóicas (Paltiel, 1993; Anderson e Holder, 1991; Hunter College Women's Study Collective, 1983).

As funções reprodutivas das mulheres continuam a colocá-las em uma situação de risco. Segundo Paltiel (1993), o ciclo reprodutivo, desde a menarca à menopausa, foi mistificado com rituais, tabus, mitos, estereótipos e medicalização. Ansiedade e outros transtornos emocionais são diagnosticados com mais freqüência em mulheres adolescentes. Esta fase seria especialmente estressante para as meninas, por associar as mudanças corporais e o despertar da sexualidade com um risco maior de sofrer agressão, abuso sexual ou engravidar. Ademais, meninas estão mais sujeitas às práticas discriminatórias de controle de comportamento arraigadas culturalmente e sofrem maiores pressões para a preservação da pureza e da castidade.

Mudanças hormonais somadas à falta de estrutura pessoal, relacional e social para exercer a maternidade, o estado mental prévio, a classe social e a situação empregatícia são fatores que podem precipitar depressão em momentos cruciais da vida da mulher, como, por exemplo, durante a gravidez e no puerpério. Três classes de síndromes freqüentemente citadas nesta época são a melancolia passageira, a depressão moderada e a psicose puerperal (Paltiel, 1993). A falta de uma visão global da situação da mulher pode levar a um prolongamento da situação de depressão, à dependência química e à dependência médica nesta fase de vida da mulher (Hunter College Women's Study Collective, 1983).

A menopausa é, além de uma experiência fisiológica, uma experiência cultural. A transição para funções diferentes daquelas associadas ao lugar tradicional da mulher – o de reprodutora – no contexto social acarreta condutas distintas em relação à saúde. Idéias associadas a castração, frigidez e perda de valor, embora questionadas, ainda predominam e geram estresse para a mulher. É nesta faixa etária que às mulheres são mais receitadas medicações psicotrópicas (Paltiel, 1993).

Ampliando os fatores de risco para além das funções reprodutivas, Russo (1990) chama atenção para três fenômenos contemporâneos que têm um impacto profundo sobre a saúde mental da mulher: a violência, o exercício de múltiplos papéis e a feminização da pobreza em todo o mundo. O Instituto Nacional de Saúde Mental americano – NIMH –, desde o início da década de 1990, já identificou essas áreas como prioridades de investimento tanto no nível de pesquisa como no de intervenção. A natureza psicossocial desses fenômenos não pode constituir impedimento para a compreensão de seu efeito complexo sobre as condições de vida e de saúde das mulheres. Paltiel (1993), ao analisar as questões de saúde mental nas Américas, menciona a importância de se examinar sistematicamente a relação entre a depressão feminina e fatores psicossociais e econômicos, como o estresse, os conflitos nas relações interpessoais, o abuso físico e sexual, a discriminação e a pobreza.

A violência é um fenômeno amplo e complexo. A ONU define violência como qualquer ação que resulta em danos psicológicos, físicos e sexuais, incluindo ameaças, coerção, privação arbitrária de liberdade, seja na vida pública ou privada. A violência pode ser de natureza invisível e visível. Esta subdivisão tem caráter meramente didático, uma vez que a violência dita invisível está disseminada no cotidiano das pessoas, é usada para aumentar o ibope de programas de televisão e de reportagens jornalísticas, etc. Ao mesmo tempo, a violência tida como visível é mantida como segredo guardado "a muitas chaves" por pessoas de todas as idades, pelos casais e pelas famílias. Cabe ressaltar que a violência, independentemente de tipo e forma, perpassa todas as classes sociais e níveis educacionais (Grossi, 1996; Saffioti, 1994; Gregori, 1992).

A violência invisível, impregnada nas relações sociais, está associada a fatores que afetam a qualidade de vida, tais como o analfabetismo, a miséria, a fome, o desemprego, as condições de moradia, a falta de segurança pública, etc. Embora esses fatores possam remeter a situações sociais de baixa renda, seria um erro, conforme mencionado anteriormente, pensar a violência invisível como circunscrita a esse meio. A violência visível pode ser física, sexual ou emocional. Este tipo de violência tem caráter interpessoal e pode ter origem criminosa ou íntima (Koss, 1990). Constituem fontes criminosas de violência as situações de roubo, assalto, homicídio, estupro, tráfico de mulheres de diferentes idades para prostituição, etc. O abuso infantil, o incesto, o abuso sexual e o estupro no namoro, noivado e casamento, o espancamento e o abuso de idosos são manifestações de violência íntima. Homens são comumente vítimas de violência criminosa, enquanto estatísticas apontam que 90% das vítimas de violência íntima são mulheres (Grossi, 1996; Saffioti, 1994; Gregori, 1992; Koss, 1990).

Qualquer forma de violência impacta a saúde física, emocional e relacional da mulher. A dimensão desse impacto é freqüentemente subestimada. O fato de que a maioria das mulheres é agredida e/ou violentada dentro de suas próprias casas por seus pais, maridos ou parentes próximos, pessoas às quais é culturalmente atribuído um papel de proteção e cuidado, constitui um agravante que dá à experiência de violência um caráter singular. Considerada sob este ângulo, a violência afeta o senso de identidade, de segurança e abala profundamente a capacidade de julgamento e de confiança nas pessoas.

No nível físico, 40% dos episódios de violência envolvem lesões corporais graves. Muitos acidentes levados ao pronto-socorro – queimadura de seio e genitália, quebradura de vértebras, danos neurológicos – são produtos de violência não identificada. Num artigo sobre violência como questão de saúde, a médica Simone Grillo Diniz (1997) apresenta essa estatística e chama atenção para o fato de que índices de prevalência de violência tendem a ser maiores na gravidez e no puerpério. O trauma físico dirigido ao abdômen implica maior incidência de aborto espontâneo, morte neonatal, descolamento de placenta, rotura de útero, fígado ou baço, fraturas de pélvis, partos prematuros e até mesmo infecções fatais ou geradoras de infertilidade.

A maioria das mulheres vítimas de violência experiencia sintomas consistentes com o diagnóstico de estresse pós-traumático: medo, ansiedade generalizada, dependência, constrição afetiva, distúrbio de autoconceito, dúvidas em relação à eficácia pessoal, sentimento de evitação e dificuldades de contato social (Koss, 1990). Independentemente da idade, e mesmo quando avaliadas muitos anos após o evento traumático, mulheres apresentam maior propensão de receber diagnósticos psiquiátricos. Estes diagnósticos estão freqüentemente associados à depressão, a distúrbios obsessivo-compulsivos, a distúrbios de caráter borderline (ligados à automutilação), além de distúrbio de personalidade múltipla. Distúrbios alimentares – obesidade, bulimia, anorexia e disfunções sexuais – são comuns. Pesquisas apontam para uma maior incidência de abuso de álcool e drogas e uma maior tendência ao suicídio entre mulheres vítimas de violência (Anderson e Holder, 1991; Koss,1990).

A gravidade desse quadro coloca como imperativo que a violência não seja vista como um ato ou fenômeno isolado, e nem tampouco que seja reduzida a um processo policial ou judicial focado no agente da violência. A violência ocorre num contexto social onde a mulher ainda é vista como inferior, ou seja, ela não tem o mesmo *status*, poder e direitos. É fundamental que passemos a olhar o efeito desse processo sobre o agente, mas sobretudo sobre as vítimas. A natureza da violência e o estigma associado a ela são alguns dos fatores que dificultam e muitas vezes impedem que as mulheres procurem ajuda. Esta dificuldade em procurar ajuda exige do/da profissional de saúde cuidado e atenção para com seu comportamento e forma de conceber a violência. Os serviços de saúde e os/as profissionais que neles atuam precisam estar atentos para não ignorar, mas, principalmente, para não reproduzir situações de violência contra a mulher, contribuindo para o agravamento da saúde mental de mulheres vítimas mediante o apelo a modelos tradicionais de casamento e de relações familiares; por meio de atitudes de reforço de papéis e de estereótipos danosos; da coisificação do corpo; da manutenção de relações pautadas no autoritarismo, na agressividade, na dependência; e da desconsideração das necessidades das mulheres e do direito que elas têm de fazer opções (Grossi, 1996; Saffioti, 1994; Gregori, 1992; Koss, 1990).

A feminização da pobreza é outra questão fundamental e atual. Publicação da Associação Nacional das Mulheres Trabalhadoras (1998) destaca que dos 1,3 bilhão de pessoas que vivem nos limites da pobreza absoluta 70% são mulheres (dados da ONU) e que, à medida que o desemprego aumenta, as mulheres são as mais prejudicadas, pois a taxa de desemprego entre elas é duas vezes maior que entre os homens. O Relatório Geral Sobre a Mulher na Sociedade Brasileira (1995) chama atenção, ainda, para a existência de práticas discriminatórias de gênero e raça no mercado de trabalho que prejudicam a condição socioeconômica das mulheres: os processos de admissão, promoção, qualificação e remuneração limitam as mulheres às ocupações desqualificadas e subalternas; estereótipos e preconceitos disseminados em todos os níveis da cultura mantêm as mulheres em setores de trabalho "femininos"que fortalecem a segregação ocupacional; as mulheres são minoria no exercício de funções de gerência, chefia e supervisão; mesmo quando inserida no mercado de trabalho, a renda média da mulher não alcança 60% do rendimento médio dos homens.

Belle (1990) aponta que a existência de uma correlação positiva entre pobreza e doença mental é um dos dados mais consistentes na epidemiologia psiquiátrica. As mulheres tornam-se novamente a população de risco, uma vez que é crescente o número de famílias monoparentais chefiadas por mulheres. A situação de carência financeira, a falta de suporte social para o cuidado dos filhos, a longa jornada laboral associada ao estresse de dormir pouco e passar um número grande de horas deslocando-se da periferia para o local de trabalho, a exposição a situações de risco no próprio trabalho são alguns dos fatores que levam mulheres chefes de família a estarem mais expostas à depressão e a outros distúrbios mentais.

Paltiel (1993) alerta para a necessidade de se prestar mais atenção à discriminação como fator de tensão e de risco na vida das mulheres, principalmente nas mulheres pobres, desamparadas e pertencentes a minorias culturais. A autora ressalta que as mulheres incapacitadas, imigrantes, refugiadas e, sobretudo, as mulheres indígenas recebem pouca atenção em todo o continente e que as barreiras psicológicas, sociais e institucionais podem trazer prejuízos sérios à qualidade de vida dessas mulheres. A mulher indígena, em especial, tem um papel importante na preservação da família e na manutenção da identidade cultural do seu povo, e suas necessidades de saúde precisam ser priorizadas, principalmente porque esta população é vítima da destruição das estruturas sociais, culturais e ecológicas que garantem sua sobrevivência e bem-estar. A relação entre condições de vida, apoio social e saúde já está bem estabelecida, de forma que o aumento do número de mulheres e crianças em situação de pobreza deve servir de alerta para o desenvolvimento de políticas que estejam atentas às necessidades sociais dessa população.

O aumento da participação da mulher de várias classes sociais no mercado de trabalho vem provocando mudanças fundamentais no casamento, na família e na sociedade, principalmente a partir da segunda metade deste século. Este fenômeno leva as mulheres a limitarem seu envolvimento com papéis familiares e os homens a se envolverem com outras áreas (como o cuidado dos filhos), além do trabalho. Nesse contexto, famílias nas quais homens e mulheres trabalham fora em tempo integral deixaram de ser a exceção para se tornarem a norma. Isto provocou um afastamento da divisão tradicional de responsabilidades baseada em percepções estritas dos papéis de gênero. O estilo de vida de "duplo-trabalho" pode gerar conflitos e dilemas que dificultam a troca e a complementariedade na relação matrimonial, resultando em sobrecarga de papéis para as mulheres (Diniz, 1996).

A complexidade desse novo estilo de vida coloca os fatores sociais e ambientais como indicadores importantes da condição de saúde da população. Debert-Ribeiro (1993) chama atenção para o fato de que as conseqüências para a saúde da mulher, desse maior envolvimento com o mercado produtivo, ainda precisam ser mais bem investigadas. McBride (1990) aponta que, se por um lado a realização profissional traz benefícios para a auto-estima da mulher, de outro, o acúmulo de papéis pode ter efeitos deletérios sobre a saúde. De acordo com essa autora, o estresse decorrente das pressões para coordenar demandas diferentes pode resultar em somatização, depressão, ansiedade, desconforto, hostilidade, agressividade, distúrbios obsessivo-compulsivos e insatisfação generalizada. Vale ressaltar que o acúmulo de papéis não é em si necessariamente prejudicial. Aos fatores individuais, como estrutura de personalidade, auto-estima, capacidade de resolução de conflitos, somam-se variáveis de cunho relacional e social. Dentre estas destacam-se o apoio recebido por parte de cônjuges e familiares para o exercício de funções extrafamiliares; a qualidade do apoio inter-relacional, familiar e social para o cuidado das crianças; o *status* socioeconômico, etc. Todos esses aspectos interagem de forma complexa, podendo ter um papel tanto enriquecedor como deletério para a saúde da mulher.

Este texto propôs-se a analisar a saúde mental das mulheres de forma a ampliar a compreensão da questão para incluir um exame da relação entre gênero e outros fenômenos – função reprodutiva da mulher, violência, empobrecimento e multiplicidade de papéis – e seu impacto sobre a condição de saúde feminina. Lenore Walker (1989) chama atenção para o fato de que a disciplina da Psicologia, principalmente nas últimas décadas, tem contribuído de forma significativa para a compreensão do impacto de problemas sociais sobre a saúde da mulher. Embora a autora enfatize os estudos para o entendimento de um dos fenômenos aqui trabalhados – o da violência –, consideramos sua análise relevante para servir de ponto de partida para uma reflexão séria sobre duas questões: 1) a importância da inclusão desse e de outros tópicos como objeto de pesquisa; 2) a relevância da contribuição da perspectiva feminista para a construção do conhecimento e para a formação dos profissionais na área. Passemos às palavras de Walker:

> As contribuições da Psicologia para o entendimento da violência contra a mulher ocorreram em paralelo com o impacto da influência feminista sobre a Psicologia. A perspectiva feminista forneceu as ferramentas metodológicas para a aplicação de uma análise política de gênero para a compreensão da psicologia da mulher. Até o aparecimento dessa nova forma de escrutínio metodológico, o conhecimento psicológico tinha um viés androcêntrico que impedia uma análise apropriada. Sem os dados científicos apropriados, aplicações clínicas e forenses (desses conhecimentos) eram menos confiáveis e válidas. A maioria dos pesquisadores não definia a violência contra a mulher como um tópico importante no qual focar sua atenção, quer científica, quer profissional... Assim, é apenas muito recentemente que alunos de pós-graduação em Psicologia se tornaram interessados em estudar este tópico... Meu próprio trabalho, usando métodos de pesquisa psicológicos para entender a violência contra a mulher, contribuiu para o desenvolvimento de programas de ajuda às vítimas, para mudar o comportamento dos agressores, para desafiar velhas leis e para criar novas políticas públicas. Entretanto, meu trabalho tem dependido fortemente do trabalho de outras acadêmicas feministas... A necessidade de uma análise feminista na Psicologia ficou evidente no final da década de 1960, quando as pessoas envolvidas no movimento feminista começaram a examinar atentamente a contribuição da socialização de gênero para o desenvolvimento de comportamentos antes considerados inatos ou induzidos pela Biologia... *Os resultados das primeiras pesquisas confirmaram que a discriminação baseada no gênero e a opressão que dela resultava produziam um padrão de respostas nas mulheres que as tornava mais vulneráveis a certos tipos de problemas mentais* (pp. 695-696).

Walker, uma das psicólogas e pesquisadoras americanas mais respeitadas na área de violência contra a mulher, chama atenção ainda para os desafios de incluir gênero como tópico relevante da formação, de maneira a tornar o treinamento de psicólogos mais adequado para atender às necessidades de saúde mental da mulher. Um desses desafios é integrar na grade curricular disciplinas que tratem da psicologia da mulher, de questões como a violência, a marginalização, a pobreza, as mudanças dos papéis dos homens e das mulheres na sociedade contemporânea e que tenham como eixo central uma análise de gênero. Essa análise tem, inegavelmente, uma preocupação com os aspectos políticos das relações sociais, cabendo ressaltar a importância de se compreender os mecanismos de poder, as formas e o impacto da dominação de um grupo social sobre outro, a força dos padrões de socialização de gênero e suas manifestações na construção da identidade, das relações interpessoais e na organização da vida social como um todo (Walker, 1989; Lorber, 1994).

O treinamento prático de psicólogos, seja na área clínica, educacional, de sáude, social ou do trabalho, precisa ser ampliado para incorporar o conhecimento que as pesquisas sobre gênero e violência, pobreza, trabalho, etc. têm produzido. Torna-se necessário questionar a adequação de qualquer programa de treinamento que se mantenha apegado a modelos tradicionais e que não inclua uma reflexão sobre como as questões de gênero impactam os valores do/da profissional, o lugar que ele/ela ocupa na clínica, na escola, no posto de saúde, na organização, na comunidade, a relação profissional–cliente, a compreensão do problema e a estratégia escolhida para atuar sobre ele.

Outro desafio é ensinar, rotineiramente, nos cursos de Psicologia metodologias associadas a uma pesquisa em contexto, que inclua como tópico questões relevantes para a saúde da mulher. Russo (1990), ao defender a priorização de pesquisas que favoreçam a compreensão e a implementação de projetos que atendam às necessidades de saúde mental das mulheres, chama atenção para a importância de se incentivar trabalhos que atentem para as diferenças de gênero nos padrões de doença mental e que procurem identificar as fontes de vieses na pesquisa na área de saúde mental. A autora enfatiza a necessidade de pesquisadores estarem motivados para buscar uma compreensão da interação complexa entre gênero, papéis sexuais e saúde mental, pois só assim programas e políticas efetivas na área poderão ser desenvolvidos.

Russo (1990) usa como exemplo a atuação do grupo tarefa sobre depressão criado pela APA – Associação Psicológica Americana – e destaca a importância do trabalho de pesquisa dessa equipe sobre a relação entre depressão e fatores como características psicológicas, questões relacionadas com a função reprodutiva, papéis sociais e circunstâncias de vida das mulheres. Esse exemplo é trazido pela autora com o objetivo de enfatizar, sobretudo, a seguinte questão: *Abordagens psicológicas, sociais e culturais têm um papel crítico na construção de conhecimento abrangente sobre a etiologia, o diagnóstico, o tratamento e a prevenção da doença mental nas mulheres* (p. 369).

Finalmente, a Psicologia precisa rever seu papel na construção de políticas sociais (Walker, 1989) que preservem a qualidade de vida, a cidadania e os direitos humanos de homens e mulheres. O importante é ficar claro que o desenvolvimento de políticas efetivas de saúde mental para as mulheres requer, nos dias de hoje, um exame detalhado da interação entre gênero, raça, nível socioeconômico, situação conjugal, situação empregatícia, nível de acesso a recursos sociais.

Vivemos num contexto de mudança da identidade e dos papéis de homens e mulheres. Precisamos ampliar as considerações etiológicas para incluir as diferenças de condição de vida de homens e mulheres e a complexidade de variáveis e fenômenos socioeconômico-culturais que contribuam para o desencadeamento de "doenças mentais" tanto para homens como para mulheres. Temos um papel importante também na luta pela ampliação de recursos para o investimento em pesquisas e projetos de intervenção que levem em consideração a complexidade da realidade atual e sejam sensíveis à inclusão de gênero, violência, qualidade das relações interpessoais, emprego, desemprego, multiplicidade de papéis, etc. como fatores fundamentais para a compreensão da condição de vida e saúde da população.

Cabe a todas as pessoas comprometidas com a construção de conhecimento e com a prática profissional cuidarem para que nem uma nem outra sejam silenciadoras e/ou reprodutoras de processos que causem mais danos que benefícios à saúde de homens e, principalmente, de mulheres, por ignorarem as especificidades da demanda e das situações de risco de cada um desses grupos.

Resta-nos retomar a questão título desse texto: a condição feminina seria um fator de risco para a saúde mental? Dentre as áreas exploradas neste artigo, a função reprodutiva da mulher é a que tem sido alvo prioritário de programas e políticas de saúde. Em 1983, o governo

DINIZ, G. (1996). "Dilemas de trabalho, papel de gênero e matrimônio em casais que trabalham fora em tempo integral". Em Terezinha Feres-Carneiro (org.). *Coletâneas da ANPEPP: relação amorosa, casamento, separação e terapia de casal*, pp. 101-111. Coletânea publicada com o apoio do CNPq, Finep, Faperj, PUC-Rio.

DINIZ, S. G. (1997). "A violência de gênero como questão de saúde". *Jornal da Rede de Saúde*, nº 14.

GOLOMBOCK, S. e FIVUSH, R. (1994). *Gender Development*. Cambridge: Cambridge University Press.

GREGORI, M. F. (1992). *Cenas e queixas: um estudo sobre mulheres, relações violentas e a prática feminista*. Rio de Janeiro/São Paulo: Paz e Terra/Anpocs.

GROSSI, P. K. (1996). "Violência contra a mulher: implicações para os profissionais de saúde". Em M. J. M. Lopes; D. E. Meyer e V. R. Waldow (orgs.). *Gênero e saúde*. Porto Alegre: Artes Médicas, pp. 133-149.

HUNTER COLLEGE WOMEN'S STUDY COLLECTIVE (1983). *Women's Realities, Women's Choices*. Nova York: Oxford University Press.

KOSS, M. P. (1990). "The Women's Mental Health Research Agenda: Violence Against Women". *American Psychologist*, vol. 45, nº 3, pp. 374-380.

LORBER, J. (1994). *Paradoxes of Gender*. New Haven e Londres: Yale University Press.

MCBRIDE, A. B. (1990). "The Women's Mental Health Research Agenda: Mental Health Effects of Women's Multiple Roles". *American Psychologist*, vol. 45, nº 3, pp. 381-384.

MINISTÉRIO DAS RELAÇÕES EXTERIORES (1995). *Relatório geral sobre a mulher na sociedade brasileira*. IV Conferência Mundial sobre a Mulher: Ação para Igualdade, Desenvolvimento e Paz/Pequim. Publicação do Governo da República Federativa do Brasil.

ORGANIZAÇÃO PAN-AMERICANA DE SAÚDE (1994). "Brasil: Situación General De Salud y Sus Tendencias". Publicación Científica nº 549, *Las Condiciones de Salud en Las Américas*, vol. II, pp. 87-100. Publicação da Organização Pan-americana de Saúde/OMS.

PALTIEL, F. L. (1993). "La Salud Mental De La Mujer De Las America". Publicación Científica nº 541, *Genero, Mujer y Salud en Las Americas*, pp. 143-162. Publicação da Organização Pan-americana de Saúde/OMS.

PALUDI, M. A. (1992). *The Psychology of Women*. Nova York: WCB Brown & Benchmark.

RUSSO, N. F. (1990). "Overview: Forging Research Priorities For Women's Mental Health". *American Psychologist*, vol. 45, nº 3, pp. 368-373.

SAFFIOTI, H. I. B. (1994). "Violência de gênero no Brasil contemporâneo". Em H. I. Saffioti e V. Munhoz. *A mulher brasileira é assim*. Rio de Janeiro: Rosa dos Ventos, pp. 151-185.

WALKER, L. E. A. (1989). "Psychology and Violence Against Women". *American Psychologist*, vol. 44, nº 4, pp. 695-702.

WHITE, B. B. (1989). "Gender Differences in Marital Communication Patterns". *Family Process*, 28, pp. 89-106.

GLÁUCIA RIBEIRO STARLING DINIZ é Ph.D. pela United States International University, San Diego, Estados Unidos, 1993, e professora-adjunto do Departamento de Psicologia Clínica – PCL/IP/UnB. Desenvolve projetos associados a três linhas de pesquisa: 1) questões de gênero na Psicologia Clínica; 2) prevenção e promoção de saúde; 3) sistema conjugal e familiar: processos interacionais e terapêuticos. As mudanças que estão ocorrendo nos papéis de gênero na sociedade contemporânea, os conflitos resultantes e as repercussões dessas mudanças sobre os processos interacionais de casais e famílias constituem o eixo central de interesse. Nesse contexto, destaca-se como questão fundamental o estudo da interação entre gênero e violência e, especificamente, a compreensão do impacto da violência na saúde mental das mulheres, no relacionamento conjugal e na dinâmica familiar.

inúmeros estudos sobre o "eterno feminino". Dizer eterno é dizer de relações que não se modificam no espaço e no tempo. Se o feminino é o que sempre foi, dispensável problematizar sobre sua transformação. Por outro lado, se se concorda que o feminino se estrutura em função do masculino e essa estruturação se define como subordinação, produz-se a aura de eternidade da polaridade sexual, este ar invariável e monótono da oposição homens/mulheres. O desafio, em termos teóricos, é superar perspectivas que se centram no "eterno feminino", incorporar como pressuposto o *semper mutabile femina*, sem que o *mutabile* também seja apreendido como uma categoria abstrata, descontextualizada historicamente.

Como contraponto, pesquisas têm sido dirigidas buscando apreender a especificidade da subjetividade contemporânea, muitas vezes pressupondo dimensões de gênero, entendendo-a como ponto de chegada, resultado de um processo histórico e não como definidora e/ou paradigma de compreensão de processos de subjetivação passados. Tais trabalhos mantêm como traço comum uma abordagem multidisciplinar a partir do uso das formas teórico-literárias como documentos privilegiados que promoveriam novas formas de apreender o sentir e o imaginário modernos.[1] Essas mudanças de ênfases são consubstanciadas nas inquietações teóricas contemporâneas das ciências humanas. Assiste-se ao deslocamento dos paradigmas científicos para os paradigmas literários, da ênfase às causas à ênfase aos significados, do debate entre os que sustentam a transparência dos fatos e os que insistem em que a realidade é construída. Nesse contexto, insere-se a discussão sobre o constructo teórico *relações sociais de gênero*, que tem como uma de suas implicações epistemológicas mais relevantes a exigência de transcender a conotação naturalizante da categoria sexo e de buscar entender a conformação do feminino/masculino num enfoque relacional.

Pode-se dizer que essa não é uma discussão acabada, e nesse sentido esta contribuição. Confere-se importância a se retomar uma perspectiva histórica e a buscar ampliar o entendimento da inter-

---

[1] Ver a respeito, entre outros: Béjar, 1988; Duby e Perrot, 1991; Elias, 1939/1990; Gay, 1988, 1990; Camargo-Viana, 1999; Figueiredo, 1992; Sledziewski, 1989; Chédin, 1997; Bouveresse, 1990.

relação subjetividade e relações de gênero no âmbito da cultura. Acompanham-se algumas manifestações de sociabilidade e subjetividade que se engendraram numa conjuntura decisiva na conformação das modernas relações sociais – a sociedade francesa no século passado. Incorporam-se elementos do discurso do século XIX (centrando na análise de alguns textos de Honoré de Balzac e de outros autores) como espaço de convivência de formulações libertárias e normalizadoras quanto às relações de gênero.

O cenário histórico

A primeira metade do século XIX na França constitui um período de intensas transformações na vida pública e privada, momento em que se explicitam e se agudizam as contradições que marcaram a transição do Antigo Regime para a consolidação da moderna sociedade burguesa. É consabido que a mutação de relações pelas quais passa a França assume um caráter de universalidade, impulsionando mudanças sociais não só na Europa mas, sobretudo, na América. É um momento de efervescência política e intelectual. A França vivencia diferentes formas de governo, e sua vida política é marcada por golpes, revoluções, movimentos populares, etc. Os autores do Século das Luzes vinham sendo ininterruptamente reeditados. O movimento editorial e a imprensa assumem um papel de primeiro plano no cenário social. Questões novas em torno do feminino se colocam. Gestam-se teorias/movimentos que ainda são paradigmas ao feminismo do século XX: as teorias libertárias elaboradas pelos socialistas utópicos, a emergência de uma literatura feminina e feminista; intensificam-se a luta pelos direitos de cidadania e a participação em movimentos políticos.

É propondo-se delinear essa mutante sociedade que Balzac (1799-1851) se confirma como historiador de costumes. A riqueza com que lança mão do "exame de detalhes e de pequenos fatos que, interpretados e escolhidos com sagacidade, agrupados com esta arte e esta paciência admiráveis dos velhos fazedores de mosaicos" (Balzac, 1834/1993, p.1154) para pintar a complexidade de "uma sociedade em movimento" permite um diálogo inicial com

se poderia lhe trazer riqueza e prazer, não lhe conferia, contudo, nobreza, pois sua amante "ficara numa situação de fortuna satisfatória para uma mulher adorada e que amava, mas que a Restauração, à qual devia um novo brilho, tornava pouco conveniente em relação a seu nome" (*idem*, p. 517). Entre a marginalização e a possibilidade do domínio social, sua opção traça-se naquele momento. Sob esse prisma, ambos são conseqüentes, ambos políticos, ambos iguais.

Aristocracia e feminilidade

"Está tocando o dobre de finados da alta sociedade, não ouvem? (...) e a primeira badalada é essa vossa expressão moderna de *femme comme il faut*" (*idem*, p. 511).

A partir da Revolução de 1789, intensifica-se o processo de esfacelamento do que se constituía o cerne das relações sob o Antigo Regime, e as mudanças atingem principalmente a vida aristocrática. A antiga aristocracia diferenciava-se das outras classes, entre outras coisas, por sua cultura, costumes, sensibilidade, modo de viver, etiqueta, formas determinadas de acesso à riqueza e de fruição da mesma, formas determinadas de manutenção e exercício do poder, enfim, seus privilégios. Quando o que lhe dava sentido como classe é questionado, suprimido, e o que a distinguia das outras classes deixa de existir, é ela mesma que tende a dissolver-se.

Pode-se perceber a distância que medeia os dois períodos, a partir de um pequeno exemplo. Em *Sobre Catarina de Médicis* (Balzac, 1841/1993), há uma discussão sobre os costumes feudais no início da época moderna; ao falar dos vestuários dos reis, indica-se a existência de uma corporação e de um conjunto de regras para a produção da indumentária real. O manto de arminho era um privilégio dos reis; não é só que o arminho fosse escasso, raro, caro, etc., para que outros nobres não pudessem usá-lo, mas ser rei significava a manutenção de *distinções* e *privilégios*. É toda uma sociedade estruturada sob uma forma hierarquizada: a indissociabilidade das heranças, o direito de primogenitura, a corvéia, o dízimo, as corporações de ofício, os códigos de honra, etc. Às vésperas da Revolução de 1789, essas distinções não se apresentavam de forma tão marcada, a indicar um processo em curso de mutação da forma anterior de vida. Os Goncourt, na obra *La femme aux XVIII siècle,* assinalam uma mudança de costumes que envolve todas as classes e que se torna evidente nas mais prosaicas situações do cotidiano, podendo ser observada até mesmo em pequenos detalhes. Quando falam das mulheres da alta burguesia, dizem que se torna difícil diferenciá-las, pela aparência, das aristocratas:

> Ao final do século, com dificuldade distingue-se a burguesa da *grande dame.* A burguesa tem o mesmo cabeleireiro, o mesmo costureiro, o mesmo parteiro. E o que resta ainda da simplicidade da vida burguesa, do tumulto das núpcias, da jovialidade das festas, da própria intimidade dos lares? (Goncourt, 1863/1896, p. 206).

No início do século XIX, novas necessidades acentuam esse nivelamento e igualização de condições; as relações entre as classes transmudam-se, afetando particularmente a aristocracia. Durante o Império (1800-1815), a aristocracia ganha uma certa proeminência, e Napoleão chega mesmo a se engajar num projeto que parece reconstituí-la; nesse sentido, não só admite como cria mecanismos para a restituição da riqueza a determinadas famílias que tinham perdido seus bens durante a Revolução e, ao mesmo tempo, institui uma nova aristocracia, outorgando títulos de nobreza às personalidades que se destacaram nos meios políticos, militares e financeiros. Da mesma forma, ganha a adesão de toda a sociedade para um projeto de instituição de uma nova ordem social:

> Estava-se no alvorecer do Império. Aqueles que hoje lêem histórias da Revolução Francesa jamais saberão que imensos intervalos o pensamento público punha entre os acontecimentos tão aproximados uns dos outros, naquele tempo. A necessidade geral de paz e de tranqüilidade, que todos sentiam depois das violentas comoções, engendrava um completo esquecimento dos mais graves fatos anteriores. *A história envelhecia rapidamente, constantemente amadurecida por interesses novos e ardentes* (Balzac, 1830/1991, p. 49).

A criação dessa nova aristocracia não corresponde, como à primeira vista pode parecer, a um fortalecimento da aristocracia, mas à necessidade de consolidação de uma nova forma político-social que acelere a dissolução da antiga forma. E o faz por meio de múltiplos mecanismos, dentre esses um aparato jurídico:

> Dentro em pouco, fará cinqüenta anos que assistimos à ruína contínua de todas as distinções sociais; *deveríamos ter salvado as mulheres desse grande naufrágio, mas o Código Civil passou-lhes por sobre as cabeças os seus artigos niveladores* (...) Uma mulher elegante será mais ou menos condessa, condessa do Império ou de ontem, condessa de velha estirpe ou, como dizem os italianos, condessa de polidez. *Mas quanto à grande dama, essa morreu com a sociedade grandiosa do século passado.* (...) Ainda estou por compreender como é que o soberano, que queria fazer varrer sua corte pelo cetim ou pelo veludo dos vestidos ducais, não estabeleceu, para certas famílias, o direito de primogenitura por leis indestrutíveis. Napoleão não percebeu os efeitos desse código de que tanto se orgulhava. Esse homem, ao criar suas duquesas, engendrava as nossas *femmes comme il faut* de hoje, produto mediato de sua legislação (Balzac, 1842/1989, pp. 527-528).

Convém não se apressar, vendo nessa manifestação uma crítica superficial a Napoleão e o intuito, de certa forma piedoso, de proteger as mulheres. O que a Balzac inquieta são a irreversibilidade e a radicalidade das mudanças. A burguesia firma-se como poder desfazendo as barreiras que davam sustentáculo ao Antigo Regime. Quanto mais vê questionados seus privilégios, mais a aristocracia se aferra a eles, sem, contudo, alcançar reproduzi-los; ao buscar manter e/ou reconstruir a antiga glória, ela abre mão da formulação de um projeto político próprio e se divide: uns se engajam, tal como quase toda a sociedade nesse momento, em projetos de enriquecimento, isto é, aderem a nova ordem, se "aburguesam"; outros abdicam da luta.[3] Necessidades contrapostas são colocadas às classes: para a burguesia, um novo aparato jurídico é vital para regulamentar e garantir as transformações nas for-

[3] Balzac, em *A Duquesa de Langeais*, discute detalhadamente essas questões, numa passagem que ele chama de "relato semipolítico" (Balzac, 1834/1990, pp. 146-155).

mas de propriedade; para a aristocracia, o essencial seria manter a sua forma de propriedade. A grande propriedade – uma das mais importantes formas de riqueza sob o Antigo Regime e em torno da qual se estruturava o poder feudal – era transmitida de gerações a gerações, regulada por formas jurídicas específicas, sendo o direito de primogenitura uma delas. A revogação do direito de primogenitura, inscrita no Código Civil (promulgado em 1804 e conhecido como Código Napoleônico), é um dos tantos golpes desferidos no que constituíam as relações sociais sob o Antigo Regime, e afeta tanto a condição da aristocracia como a da mulher:

> Um duque qualquer (ainda havia, no tempo de Luís XVIII e de Carlos X, os que possuíam duzentas mil libras de renda, um palácio magnífico e uma criadagem suntuosa), esse duque podia viver como um grão-senhor. O último desses grão-senhores franceses é o Príncipe de Talleyrand. Ele deixa quatro filhos, entre os quais duas mulheres. Admitindo-se muita sorte no modo por que os casou a todos, cada um desses herdeiros não dispõe senão de sessenta ou oitenta mil libras de renda. Hoje, cada um deles é pai ou mãe de vários filhos e, por conseqüência, obrigado a viver num apartamento, no rés-do-chão ou no primeiro andar de uma casa, com a máxima economia; quem sabe mesmo se não anda em busca de uma fortuna? Acontece, portanto, que a mulher do primogênito, que só é duquesa no nome, não tem nem carruagem, nem criadagem, nem seu camarote, nem tempo disponível; não tem seus aposentos em seu palácio, nem sua fortuna, nem suas bugigangas; ela está enterrada no casamento como uma mulher da rua São Diniz no seu comércio; ela própria compra as meias dos seus queridos filhinhos, amamenta-os e cuida das filhas, que não põe mais no convento. *As mais nobres das vossas mulheres tornaram-se assim estimáveis chocadeiras* (*idem,* pp. 528-529).

A revogação do direito de primogenitura implica uma divisão dos bens paternos entre todos os filhos, o que reafirma um dos princípios fundamentais revolucionários – a igualdade. Uma nova família tão rica como a de seus pais que se estruturaria em torno do filho primogênito, o que garantiria a continuidade da "família" no sentido feudal, cede lugar a várias famílias com igual nível de riqueza – todas igualmente empobrecidas. Esse é um processo cuja tendência é suprimir as distâncias que separavam anteriormente as classes, a questionar valores e costumes, a ampliar a igualdade e a propiciar maior mobilidade social. Assim, um conjunto de relações, que não são estritamente pessoais, altera toda a forma de vida e leva a que as mulheres sejam gradativamente excluídas do âmbito público e confinadas ao espaço privado.

Delineia-se uma limitação das possibilidades do agir feminino não só para as aristocratas que se tornam "estimáveis chocadeiras", mas também às mulheres burguesas (ou pequeno-burguesas), "enterradas no seu comércio", o que parece confirmar algumas análises (Sledziewski, 1989; Fraisse e Perrot, 1991; Sarcey *et alii*, 1989) que indicam como, no século XIX, se acentua o processo de subordinação das mulheres a uma função conjugal-doméstico-maternal e sua exclusão do cenário público.

A política no século XIX e as mulheres – elementos da discussão

> Não há franceses que não sorriam vendo a grande importância política que M. Bulwer atribui galantemente às mulheres de nossos dias. Um exame mais aprofundado levaria-o a ver que esta influência, cuja marca pode agora reencontrar aqui e ali nas pequenas questões, não se reencontra mais nas grandes e diminui continuamente, à medida que os próprios homens são absorvidos de uma maneira prática pelas questões sérias da vida, e que mulheres, por essa causa e ainda por causa da mediocridade das fortunas, são forçadas a concentrar-se no seu lar (Tocqueville, 1861/1954, p. 322).

Essa crítica de Tocqueville, comentando um livro de um autor inglês (M. Bulwer) sobre a sociedade francesa na primeira metade do século XIX, enriquece e complementa outros estudos, que indicam como bandeiras que constituíram os pressupostos ideológicos da Revolução de 1789 foram sendo paulatinamente questionadas.[4] O difícil ao analisar esse processo, e esse é um dos problemas com

[4] Ver a respeito, entre outros: Furet e Ozouf,1989; Sledziewski, 1989; Perrot, 1987; Riot-Sarcey, 1988; Duhet, 1977; Fraisse e Perrot, 1991.

que se defrontam pesquisadores desse período, é entender como e por que, num determinado momento, a sociedade estabelece pressupostos que a impulsionam numa determinada direção e a levam a romper decisivamente com uma forma de vida, abandonando, num momento subseqüente, tais pressupostos, sem que esse abandono represente, contudo, uma volta à forma anterior de vida. A questão dos direitos políticos é elucidativa a esse respeito. As reivindicações de universalização do direito ao voto e de igualdade de direitos entre homens e mulheres, objeto de vivo debate no decorrer da Revolução, não se efetivaram. Em 1794, as mulheres foram consideradas subordinadas aos homens e, tal como os empregados domésticos, excluídas do direito de voto; gradativamente, outros extratos sociais foram igualmente excluídos. Assim, em 1830, a composição do colégio eleitoral francês era bastante complexa, existindo vários entraves a que o sufrágio tivesse um caráter universal.[5]

A reflexão de Tocqueville – assinalando a quase total adesão da sociedade a formas de governos das quais não se pode imediatamente dizer que tenham sido uma continuidade dos princípios revolucionários, um aparente contra-senso quando se tem em conta os sofrimentos e as energias despendidos em 1789 – é importante ao explicitar o móvel da ação transformadora:

> (...) Quando vemos com que facilidade os franceses concordaram, no curso desta grande Revolução, com um governo despótico, que não representasse nem o Antigo Regime nem a igualdade, fácil é perceber que *o objetivo real da Revolução fora menos uma forma de governo do que uma forma social, menos a conquista de direitos políticos do que a destruição de privilégios*" (Tocqueville, 1863/1980, p. 335).

Destruir privilégios é, ao mesmo tempo, constituir uma nova forma social que, ao desenvolver-se, tinge com seu colorido todas as relações; novos interesses e novos hábitos fazem submergir o que se constituiu o motor da ação revolucionária. O conjunto da obra de Balzac expressa as ambigüidades da conformação de uma

[5] Ver, sobretudo, Furet e Ozouf, 1989, cap. 4.

nova ordem, e, sob essa perspectiva, a condição das aristocratas é um signo e um símbolo:

> Tudo em França tornou-se cúmplice da *femme comme il faut* (...). A aristocracia consentiu nisso com sua retirada para os confins de suas propriedades rurais, onde foi esconder-se para morrer, emigrando para o interior diante das idéias, como antigamente para o estrangeiro diante das massas populares. As mulheres que podiam fundar salões europeus, dirigir a opinião, revirá-la como a uma luva, dominando o mundo pelo domínio dos homens de arte e de pensamento que deviam dominar aquele, cometeram o erro de abandonar a liça, envergonhadas por terem de lutar com uma burguesia embriagada de poder e surgindo na cena do mundo para, talvez, fazer-se picar em pedaços pelos bárbaros que lhe vão no encalço. Por isso, onde os burgueses querem ver princesas, nada mais vemos do que jovens *femmes comme il faut.* (...) os príncipes têm esposas *comme il faut* (...) *que se esgueiram sem brilho entre as águas da burguesia e as da nobreza, nem completamente nobres, nem completamente burguesas* – disse amargamente a Marquesa de Rochefide (Balzac, 1842/1990, p. 530).

Balzac relaciona o poder político da aristocracia ao poder político da mulher e busca resgatar o espaço que as mulheres efetivamente ocuparam no cenário do Antigo Regime – papel essencialmente intelectual, de condução ideológica, papel de formadoras e dirigentes de opinião. Entre a defesa de princípios e a realidade, ocorre um lapso. A condição da atual aristocracia feminina expressa um reordenamento das relações entre as classes, as quais se movem num terreno indiferenciado. Essa recomposição, para Balzac, é reveladora da perda da "magnificência do estado social", magnificência que se expressava também nos costumes: o luxo, a galanteria, a etiqueta, a estética, etc. são sinais do estilo de civilização alcançado pela sociedade francesa sob o Antigo Regime. Diante desse grau civilizatório, a situação das mulheres, no século XIX, parece de indigência aos seus contemporâneos:

> *Essa mulher*, saída das fileiras da nobreza, ou erguida da burguesia, vinda de qualquer parte, mesmo da província, *é a expressão do tempo atual, uma última imagem do bom gosto, do*

> *espírito, da graça e da distinção reunidas, mas diminuídas*. Não veremos mais grandes damas em França, mas durante muito tempo haverá *femme comme il faut*, mandadas pela opinião pública a uma alta câmara feminina, e que serão para o belo sexo o que é o *gentleman* na Inglaterra (*idem*, p. 530) (grifos nossos).[6]

A mobilidade social indica que as mulheres de outras classes, ao ascenderem, não ocupam o espaço antes ocupado pelas aristocratas. Também essa ascensão não tem necessariamente um caráter de evolução:

> *E chamam a isso progresso!* (...) Antigamente, uma mulher podia ter uma voz de peixeira, um caminhar de granadeiro, uma fronte de cortesã audaciosa, com os cabelos eriçados para trás, o pé grande, a mão grossa, e mesmo assim era uma grande dama; mas hoje, fosse tal mulher uma Montmorency (...) não seria uma *femme comme il faut* (*idem*, pp. 530-531).

La femme comme il faut – a cultura e o subjetivo

Quem é a *femme comme il faut*, essa nova aristocrata? Pertencer a essa categoria demanda preencher tantos e inefáveis requisitos que torna difícil sua identificação. Acompanhar a definição do que é a *femme comme il faut*, além de explicitar alguns costumes

[6] Um comentário de Tocqueville esclarece o sentido da ironia sobre a expressão *gentleman*: "Na Inglaterra, um nome ilustre é uma grande vantagem que dá um grande orgulho a quem o possui, mas em geral se pode dizer que a aristocracia se funda sobre a riqueza, coisa adquirível, e não sobre o nascimento que não o é. Disso resulta que se vê claramente onde a aristocracia começa, mas é impossível dizer onde ela acaba. (...) A diferença entre a França e a Inglaterra, sobre essa questão, ganha realce quando se examina uma única palavra. *Gentleman* e *gentilhomme* têm evidentemente a mesma origem. Mas *gentleman* aplica-se na Inglaterra a todo homem bem-educado, qualquer que seja a sua origem, enquanto na França *gentilhomme* refere-se apenas a um nobre de nascença. O significado dessas duas palavras, que têm uma origem comum, tornou-se tão diferente por causa da situação social de ambos os povos que hoje elas são absolutamente intraduzíveis, a menos que se empregue uma perífrase. Essa observação gramatical diz mais que longas considerações" (Tocqueville, 1845/1982, p. 108).

femininos e masculinos de uma época, permite começar a apreender o que para Balzac são *tipos* sociais, pois falar da *femme comme il faut* não é falar de uma mulher em particular ou da "mulher" em geral. Para Balzac, na sociedade moderna, o nivelamento das condições sociais produz individualidades tipificadas (*individualités typisées*). Os indivíduos, nas suas tentativas de se diferenciar num todo muito homogêneo, acabam tendo comportamentos, vivências subjetivas e costumes comuns, o que lhes confere características de *tipos*. Os *tipos*, ou *espécies sociais*, estruturam-se "segundo os meios em que se desenvolve a sua ação". Essa premissa orienta a composição dos personagens balzaquianos, pois serão considerados os influxos dos diferentes "meios" sobre os indivíduos: a vida privada, a vida na província, a vida em Paris, etc.[7] Depreende-se que se a sociedade "molda" o indivíduo, não o molda numa única "forma". As "formas" são complexos relacionais e têm por referência determinadas conjunturas socioculturais. Assim como não existe uma única *espécie social*, não existe, igualmente, um tipo único de mulher que explicite todo o conteúdo da feminilidade. Uma *femme comme il faut* é, como o próprio Balzac diz, a expressão de um dado momento histórico: "Cada revolução tem seu termo, termo em que ela se resume e que a retrata" (*idem*, p. 531). Dimensiona-se como é problemático o argumento da universalidade de Balzac, no sentido de que suas personagens refletem a essencialidade do humano. Se é que se pode falar de universalidade, é quanto ao sentido de luta que os personagens imprimem na busca da preservação da sua existência social.

Quem é a *femme comme il faut*? Um jornalista burguês, um "aristocrata de espírito"(!), encarrega-se de dizê-lo; toda a sua descrição é deliciosa; não só fala de suas roupas, maneiras, costumes, etc. como os contrapõe aos costumes e às maneiras das mulheres burguesas. Sem pretender furtar a ninguém o prazer dessa leitura, permite-se acompanhar algumas passagens dessa sua descrição:

---

[7] Essas reflexões de Balzac inscrevem-se numa perspectiva ampla de pensar o próprio trabalho, remetendo-nos à estrutura geral d'*A Comédia Humana* (obra composta de mais de noventa romances) e sua forma tripartite – *Estudos de costumes*, *Estudos analíticos*, *Estudos filosóficos*. Os *Estudos de costumes*, por sua vez, subdividem-se em *Cenas da vida privada, da vida parisiense, da vida política, da vida militar, da vida de província, da vida rural*.

> Por uma bela manhã, o senhor flana pelas ruas de Paris. Já passa das duas, mas ainda não são cinco horas. Vê uma mulher encaminhar-se para o seu lado; o primeiro olhar que o senhor lhe dirige é como o prefácio de um belo livro, faz-lhe pressentir um mundo de coisas elegantes e finas. Como um botânico que vai para montes e vales herborizando, por entre as vulgaridades parisienses, o senhor acaba encontrando uma *rara flor* (*idem*, p. 531).

A forma como é delineada essa mulher tem um caráter de exterioridade, de um certo distanciamento e um apelo visual. "Herborizando", "flanando", se entregando à "gastronomia dos olhos" é que se depara com uma *raridade* toda feita de *nuanças*:

> (...) seu vestido não tem cores berrantes, suas meias não são transparentes, nem a fivela de seu cinto tem demasiados lavores, tampouco traz calças de extremidades bordadas revoluteando à roda dos tornozelos. (...) *Uma fazenda bonita e de preço medíocre chama a sua atenção para o vestido,* cujo corte surpreende mais de uma burguesa; (...). *A desconhecida tem um modo todo seu de se envolver num xale ou numa manta*; sabe dispô-lo dos quadris ao pescoço, desenhando uma espécie de carapaça que transformaria uma burguesa em tartaruga, mas sob a qual ela deixa adivinhar as mais belas formas, embora velando-as. Por que meio? Esse segredo, ela o guarda sem ser protegida por nenhuma patente de invenção. (...) Verá em seus braços, no busto, à roda do pescoço, *uma ciência de pregas que dispõe com arte a mais rebelde fazenda*, de modo a lembrar-lhe a Mnemósine antiga. Ah! Como ela compreende, permita-me a expressão, o "corte do andar". Examine bem esse modo de avançar o pé, moldando o vestido com uma tão decente precisão, que excita nos passantes uma admiração mesclada de desejo, mas refreado com um profundo respeito. (...) *O chapéu, de uma simplicidade notável, tem fitas novas*. Talvez tenha flores, mas as mais hábeis de entre essas mulheres têm apenas laço. *A pluma exige carruagem, as flores chamam muito a atenção.* Sob essa prenda poderá ver o rosto fresco e repousado de uma mulher segura de si mesma, sem fatuidade, que para nada olha e tudo vê, cuja vaidade, embotada por uma contínua satisfação, espalha por sua fisionomia uma indiferença que provoca a curiosidade. *Ela sabe que a estudam, sabe que quase todos, mesmo as mulheres, se voltam para tornar a vê-la*. Por isso, ela atra-

> vessa Paris branca e pura como uma filandra. (...) Jamais encontrará essa linda variedade de mulher nas regiões hiperbóreas da rua São Diniz, jamais nas *Kamtchatkas* das ruas lamacentas pequenas ou comerciais (...) (*idem*, pp. 532-533).

Todos os detalhes mostram os sutis indícios de um empobrecimento camuflado, nuançado e, ao mesmo tempo, indícios de uma superioridade – a fazenda é medíocre, mas o corte é especial; o chapéu não tem plumas, pois essas exigem carruagens, mas tem fitas novas (um detalhe pouco custoso, mas de efeito), etc. Diz-se que quem foi rei nunca perde a majestade. O que pode haver de verdadeiro nessa frase aplica-se à *femme comme il faut*; o que Balzac induz a pensar como os personagens sociais não abandonam com facilidade sua forma anterior de vida; mesmo transformadas suas condições de existência, buscam manter o que ainda os caracterizava no passado. Se antes eram inerentes e facilmente reconhecíveis as diferenças sociais, agora tais diferenças têm de ser (e podem ser) produzidas; cria-se a necessidade de produzir as diferenças sociais e ao mesmo tempo dá-se a possibilidade de produzi-las. Esse um dado novo na cena social; se antes ser aristocrata era algo inerente ao "sangue", ao nascimento, algo considerado natural, nestas condições seria difícil, senão impossível, o acesso às suas fileiras de indivíduos de outras classes; à medida que a aristocracia, para continuar a sê-lo, tem de passar e pode passar por uma produção, ampliam-se as possibilidades de ascensão à "aristocracia" para mulheres e homens de outras classes. Uma outra questão: num processo de recomposição de relações sociais, os costumes, os valores, etc. de uma classe que foi dominante, mesmo em vias de dissolução, não desaparecem simplesmente; eles se modificam, se transformam, mas ainda se mantêm como paradigmáticos em certas esferas e se tornam objeto de "estudo" e imitação:

> *As mulheres que verá mais tarde*, tendo um pouco o ar daquelas, *tentando imitá-las*, são *femme comme il en faut*;[8] ao passo que a bela desconhecida (...) é a *femme comme il faut*. Para o estrangeiro (...) *não é fácil reconhecer as diferenças pelas quais*

[8] *Femmes comme il en faut*: "mulheres como deve haver", diferentes das *femmes comme il faut*, "mulheres como devem ser" (nota do tradutor).

> *os observadores eméritos as distinguem* (...), mas para os olhos de um parisiense são evidentes; ora são colchetes mal dissimulados, ora cordéis que deixam ver seu entrelaçamento de um branco ruço nas costas do vestido, por uma fenda entreaberta, ou sapatos arranhados, fitas de chapéu passadas a ferro, um vestido muito rodado, um porte muito rígido. *Notará uma espécie de esforço no modo premeditado de baixar as pálpebras.* Há afetação na atitude (*idem*, p. 533).

Os detalhes, as sutilezas são pistas e códigos para decifração de comportamentos e de *status*, acessíveis apenas aos iniciados. Uma "espécie de esforço", uma certa rigidez, diz da dificuldade de se "aprender" a ser o que não se é. Entre aristocratas, as suas maneiras são "naturais"; para os que não o são, há a estranheza, o indefinível; sabem que algo diferente lhes é colocado e buscam apreender sua essência, intuindo ser uma qualidade construída, artificial, produzida. O olhar, a observação, a experimentação são fundamentais, pois permitem o aprendizado de como se construir essa "naturalidade" e como reproduzi-la. Tão tênues são as diferenças que só mesmo o marcar outros gestos confere-lhes realce:

> *Quanto à burguesa, é impossível confundi-la com a femme comme il faut;* ela faz aquela sobressair admiravelmente, explica a sedução com que a desconhecida o envolveu. A burguesa está sempre apressada, sai, faça o tempo que fizer, trota, vai, vem, olha, não sabe se entrará ou se não entrará numa loja. Naquilo em que a *femme comme il faut* sabe exatamente o que quer e o que faz, a burguesa fica indecisa, arrepanha o vestido para atravessar um filete de água, arrasta com ela um filho que a obriga a observar os carros; *é a mãe em público* e conversa com a filha; *tem dinheiro na sua bolsa* e usa meias transparentes; no inverno, usa um boá por cima do casaco de peles, do xale, e um agasalho no verão; a burguesa é *mestra em pleonasmos de toilette* (*idem*, p. 534).

O acentuar essas características mostra que algo diferente ocorre com outras mulheres; se seus comportamentos e aparência não têm a mesma *finesse* das aristocratas, expressam contudo mais riqueza; até os "pleonasmos em matéria de *toilette*", ainda que passíveis de serem vistos como de mau gosto, revelam que se leva "dinheiro na sua bolsa". Mas as diferenças não ficam só nisso:

> Ninguém como a *femme comme il faut* para se achar à vontade na sua *toilette*; nada a constrange. Jamais será surpreendida, como a burguesa, a sungar uma ombreira recalcitrante, a fazer baixar uma barbatana insubordinada do espartilho, a olhar se o corpete está cumprindo seu ofício de guardião infiel dos dois tesouros deslumbrantes de alvura, a se olhar no espelho para ver se o penteado se mantém nas suas posições. Sua *toilette* está sempre em harmonia com o seu caráter; *ela teve tempo para estudar-se, de escolher o que lhe senta, porque conhece de há muito o que não lhe senta* (*idem*, p. 534).

O "tempo para estudar-se" não é só o tempo histórico da tradição de uma classe, mas, também, o tempo que lhe dá a liberação do trabalho. A aristocrata não trabalha, o que não ocorre em geral com a burguesa. Uma passagem de *César Birotteau* em que Balzac apresenta uma cena de um baile, no qual participam mulheres de diferentes esferas sociais, elucida algumas diferenças entre esses dois mundos:

> *É mais difícil explicar a diferença que separa a alta sociedade da burguesia do que a burguesia conseguir desfazê-la.* Essas mulheres, que se sentiam constrangidas dentro dos vestuários, sabiam que estavam endomingadas e exibiam ingenuamente uma alegria que demonstrava que os bailes eram uma raridade na sua *existência atarefada*, ao passo que as três mulheres que representavam, cada uma, uma esfera social mostravam-se da mesma forma como estariam no dia seguinte, não pareciam terse vestido expressamente para aquilo, não se admiravam nas insólitas maravilhas dos seus enfeites nem se preocupavam com a impressão que causavam; tudo ficara terminado no momento em que, diante do espelho, haviam dado o último retoque na arrumação para o baile; seus rostos não revelavam nada de forçado, dançavam com a graça e a despreocupação que gênios ignorados deram a algumas estátuas antigas. *As outras, pelo contrário assinaladas pelo estigma do trabalho, conservavam suas atitudes triviais e divertiam-se em excesso*; seus olhares eram inconsideravelmente curiosos, sua voz não conservava esse leve murmúrio que dá às palestras dos bailes um inimitável

> tom excitante; faltavam-lhes, principalmente, essa impertinente seriedade que mantém em germe o epigrama e essa tranqüila atitude pela qual se reconhecem as pessoas habituadas a manter um grande domínio sobre si mesmas (Balzac, 1837/1990, p. 441).

A liberdade com relação ao "estigma do trabalho", característica do *savoir-vivre* aristocrático, não só permite à aristocrata "estudar-se" como também estudar. A aristocrata, ainda que uma *femme comme il faut*, tem essa oportunidade, seja pela vivência social que lhe dá possibilidades de acesso à informação, seja por uma formação intelectual relativamente cuidada. Várias análises indicam como a vida intelectual francesa à época estava estritamente ligada à vida em sociedade. Madame de Staël, na obra *De L'Allemagne*, comparando o ambiente intelectual francês e o alemão, acentua ironicamente como o famoso "espírito" francês se desenvolve, se difunde, principalmente, nos *salons*. Dessa maneira, tanto homens como mulheres, mesmo que de forma superficial, têm mais informações, mais originalidade nas idéias do que muitos (no caso os alemães) que se dedicam a longos e penosos estudos e que não têm uma vida social intensa. A educação aristocrática vincula-se a esse estilo de sociabilidade; quando crianças e adolescentes, as aristocratas eram educadas em colégios, pensionatos particulares, algumas vezes em conventos ou por preceptores. Essa educação em que se privilegiava o ensino de história, literatura clássica, enfim, o "ensino das humanidades", era complementada por estudos de línguas estrangeiras, artes plásticas, canto, dança, etc. Em fins do século XVIII, torna-se comum, entre a alta burguesia, encaminhar as filhas para uma educação nos moldes aristocráticos (o que é um dos elementos a explicar a possibilidade de as burguesas poderem se tornar *femme comme il faut*). Por esses motivos, a *femme comme il faut* tem requinte, "espírito" e bom gosto ("em França, ter bom gosto é ter mais do que espírito") e sabe, sobretudo, conversar. É interessante indicar que o saber conversar, a célebre *causerie française,* que caminha lado a lado com a *coquetterie*, desde a constituição das primeiras cortes no início da modernidade foi-se constituindo um valor cultural e, como tal, cultivado, chegando mesmo a ser considerado uma arte; nesse processo, são particularmente as aristocratas que se "especializam".[9] Essas possibilidades de autodesenvolvimento não são dadas à burguesa que não pertença às altas rodas. A sua vida se passa entre a casa e o trabalho (e o local de trabalho é quase sempre na própria casa), num ambiente restrito. A sua educação vincula-se, também, a esse cotidiano:

> Educadas para o comércio, habituadas a só ouvir raciocínios e cálculos tristemente mercantis, não tendo estudado mais do que gramática, escrituração, um pouco de história judaica, a história da França em Le Ragois, e lendo somente os autores cuja leitura lhes era permitida pela mãe, suas idéias não tinham adquirido grande descortino; conheciam perfeitamente os arranjos domésticos, sabiam o preço das coisas, avaliavam as dificuldades que há em juntar dinheiro, eram econômicas e tinham grande respeito às qualidades do negociante. Apesar da fortuna do pai, eram tão hábeis em cerzir como em remendar; seguidamente, a mãe falava em ensinar-lhes a cozinhar, a fim de que soubessem determinar um jantar e repreender a cozinheira com conhecimento de causa. Ignorando os prazeres sociais e vendo como se escoava a vida exemplar dos pais, bem raramente deixavam ir o olhar além do recinto da velha casa patrimonial, que para a mãe delas era todo o universo (Balzac, 1830/1989 a, p. 92).

São essas condições de vida e de educação que levam a mulher burguesa a ter pouco traquejo social, a ostentar em público a sua condição de neófita, demonstrando uma certa espontaneidade nos gestos. É assim que a sua conversa é pautada pelo cotidiano, ela é "mãe em público", ela não domina as diferenças, as nuanças entre o espaço público e o espaço privado:

> O senhor não conversa uma meia hora com uma burguesa sem que ela ponha o marido em cena, sob um pretexto qualquer (...) mas se o senhor sabe que a *femme comme il faut* com quem está

[9] Sob a Monarquia de julho de 1830, aparecem vários artigos na imprensa, em geral escritos por mulheres (Madame de Girardim, Sophie Gay) e mesmo obras (dentre essas, um *Dictionnaire de la Conversation,* em 52 volumes(!), visando a resgatar essa cultura, que se percebe ameaçada. Ver a respeito, entre outros: Staël,1810/1968; Goncourt,1862/1887; Sombart,1911/1979; Fortassier,1974; Camargo Viana, 1999.

> conversando é casada, ela terá tido a delicadeza de dissimular tão bem o marido que o amigo terá um trabalho de Cristóvão Colombo para descobri-lo (Balzac, 1842/1990, p. 536).

A *femme comme il faut* tem demarcados os códigos que estabelecem o que é público e o que é privado. Gradativamente, Balzac convida a espreitar esse espaço íntimo:

> Uma *femme comme il faut* em sua casa nunca é visível antes das quatro horas, quando recebe. (...) Em casa dela, tudo parecerá ao senhor de bom gosto; o luxo é contínuo e se renova oportunamente (...) As valiosas bagatelas de moda são expostas, mas sem pretensões a museu nem a loja de curiosidades. (...) Sua palestra não será mais a do baile. Lá ela era nossa credora, em sua casa seu espírito deve-nos prazeres. Essas nuanças, a *femme comme il faut* possui-as de modo maravilhoso. Ela aprecia no senhor um homem que vai engrossar sua roda (...) Por isso, para fixá-lo em seu salão, ela será de um coquetismo encantador. *Por aí sentirá sobretudo quanto as mulheres, hoje, estão isoladas*, razão pela qual querem ter um pequeno círculo a que servem de constelação (*idem*, p. 536) (grifos nossos).

Se em público a aparência da *femme comme il faut* demonstra sinais ambíguos de "esplendores e misérias", da mesma forma, no seu espaço privado, essa ambigüidade se mantém; o ambiente é de luxo, mas numa escala reduzida; seu aparente domínio social encobre o seu real isolamento. A fragilidade de sua situação, ela o expressa, também, nas idéias:

> (...) o espírito da *femme comme il faut* (...) consiste em duvidar de tudo, como o da burguesa lhe serve para afirmar tudo. É nisso que está a grande diferença entre essas duas mulheres: a burguesa, indiscutivelmente, é virtuosa; a *femme comme il faut* não sabe se ainda o é, ou se o será sempre; ela hesita e resiste nas situações em que a outra recusa peremptoriamente para cair de chofre. Essa hesitação em tudo é uma das últimas graças que nossa terrível época lhe deixa. Raramente vai à igreja, mas falará sobre religião e procurará convertê-lo se o senhor tiver o bom gosto de se fazer de espírito forte, porquanto, assim, abrirá uma saída para as frases estereotipadas (...): "– Ah! Que horror!

> A sociedade se esboroa e o senhor quer tirar-lhe seu sustentáculo. (...) Ah! Não sejamos egoístas. O individualismo é a doença de nossa época e a religião é o seu único remédio, ela une as famílias que as vossas leis desunem, etc." Inicia então um discurso neocristão polvilhado de idéias políticas, que não é nem católico nem protestante, mas moral, oh! diabolicamente moral, no qual *o senhor reconhecerá um pedaço de cada pano tecido pelas doutrinas modernas que se digladiam.* Tudo isso (...) lhe *demonstrará que a femme comme il faut não representa menos a mixórdia intelectual do que a mixórdia política* (*idem*, p. 537) (grifos nossos).

Essa situação de indefinições em que convivem no mesmo cenário múltiplas e contraditórias relações sem que nenhuma delas se mostre hegemônica permite a comparação com outro momento histórico, indicando as modificações nos conteúdos das vivências íntimas e subjetivas:

> (...) antigamente, a grande dama amava com cartazes, jornal na mão e anúncios; hoje, a *femme comme il faut* tem sua pequena paixão pautada como papel de música, com suas colcheias, mínimas, semínimas, suas pausas, suas suspensões, seus sustenidos. Fraca, ela não quer comprometer nem seu amor, nem seu marido, nem o futuro dos seus filhos. Hoje, o nome, a posição e a fortuna não são mais pavilhões suficientemente respeitados para garantir a bordo todas as mercadorias (...). Essa não tem, pois, como antigamente, decisão para lutas bravias, *nada pode quebrar sob seu pé; ela sim, é que seria quebrada.* Por isso é ela a mulher dos jesuíticos *mezzo termine*, dos mais equívocos compromissos para defesa das aparências, das paixões anônimas guiadas por entre duas margens rochosas (...). *Essa mulher, tão livre no baile, tão linda no passeio, é escrava em casa*; só tem independência a portas fechadas ou nas idéias. *Quer conservar-se femme comme il faut. Eis o seu problema* (*idem*, p. 537) (grifos nossos).

Manter-se, ou não, como aristocrata. Ser ou não ser, eis novamente a questão. Entre um termo e outro existem mediações? Estrutura-se uma situação coartadora para as mulheres; para se manter como *femme comme il faut,* há de se abrir mão da liberdade, há de se submeter à autoridade marital e a injunções sociais. Isso explica, dentre outros motivos, por que aquela mulher, aparentemente tão livre, tão segura em público, se mostra tão indecisa e hesitante no espaço privado: "Ora, hoje, a mulher separada do marido, reduzida a uma magra pensão, sem carruagens nem luxo nem camarote, sem os divinos acessórios da *toilette*, não é mais nem mulher, nem cortesã, nem burguesa; *dissolve-se e torna-se coisa*" (*idem*, p. 537).

Com muita radicalidade, Balzac explicita o que a manutenção de determinados papéis sociais representa na conformação dos sujeitos – estes só o são em sociedade, só o são enquanto personificação de determinadas relações sociais. Não existe, não se conta, não se sente *ser*, a não ser buscando assegurar-se quanto à reprodução dessas relações; pensar numa outra existência que não a existência social é fazer *tabula rasa* da própria vida, é se *dissolver* enquanto *ser*. A luta pela preservação de uma forma de *ser* traz consigo a exigência de aceitação de determinadas regras que tendem a manter a coesão social. Para as aristocratas, continuar a sê-lo não é mais simplesmente uma questão de titulação nobiliárquica ou de nascimento; há de constantemente buscar reproduzir um estilo de vida, reprodução essa que implica uma submissão:

> Por esse motivo (...) a *femme comme il faut* vive entre a hipocrisia inglesa e a graciosa franqueza do século XVIII; sistema bastardo que revela uma época em que nada do que acontece assemelha-se ao que se vai, em que as transições não conduzem a nada, onde não há senão nuanças em que as grandes figuras se apagam, em que as distinções são puramente pessoais (*idem*, p. 538).

Falar em regras – algo sempre antipático, quando o parâmetro é liberdade e autonomia – não implica dizer que este não seja um processo sem ambivalências, que não se faça sem sofrimentos pessoais, nem que tais regras tenham um caráter imutável. Os desencantos, os paroxismos, as ilusões perdidas, *les souffrances unconnues*, sentimentos característicos da vivência dos grandes personagens balzaquianos, expressam os desafios e as vicissitudes de se inserir num contexto mutante. A riqueza de sua análise reside na busca de dar conta das diferentes conotações que associam dimensões subjetivas com o estruturar de um processo civilizatório. Com o cuidado de não proceder a generalizações fáceis e mesmo falaciosas, pode-se dizer que o pensamento de Balzac parece representar o momento de inflexão de um projeto de subjetividade tributário da modernidade, no sentido que lhe dá Chédin (1997). Um olhar apaixonado, mas desiludido com os descaminhos que minam um projeto de uma subjetividade autônoma, soberana, descaminhos que se refletem no desenraizamento do sujeito contemporâneo e, nesse sentido, contextualizam culturalmente seu adoecer psíquico. A condição da aristocrata, nessa perspectiva, transcende os limites de um quadro estreito e ganha um sentido metafórico. A sua época acaba por isolá-la, por submetê-la, por restringi-la a mover-se num terreno ambíguo, estreito, enfim, jogada à própria sorte. Sorte essa que não deixa de ser questionada:

> "Estaremos nós realmente tão diminuídas como o julgam esses senhores?" – disse a princesa de Cadignam, dirigindo às mulheres um sorriso em que havia ao mesmo tempo dúvida e zombaria. "Pelo fato de hoje, sob um regime que tudo empequenece, gostarem de pratinhos, de apartamentozinhos, de quadrinhos, de artiguinhos, de jornaizinhos, de livrinhos, deve-se concluir que as mulheres são, também, menos grandes? Por que mudaria o coração humano por mudarem os senhores as vestes?" (...) "Quero crer" – disse a Sra. de Vandenesse – "que poderemos ser grandes de outra forma..."

Referências bibliográficas

ARIÈS, P. e DUBY, G. (orgs.) (1992). *História da vida privada*. São Paulo: Cia. das Letras.

BALZAC, H. (1830/1989 a). *Ao "Chat-Qui-pelotte". A Comédia Humana*, vol. I. São Paulo: Globo.

__________(1830/1989 b). *A paz conjugal. A Comédia Humana*, vol. II. São Paulo: Globo.

__________(1842/1989). *Outro estudo de mulher. A Comédia Humana*, vol. IV. São Paulo: Globo.

___________(1834/1990). *A Duquesa de Langeais. A Comédia Humana*, vol. VIII. São Paulo: Globo.

___________(1837/1990). *César Birotteau. A Comédia Humana*, vol. VIII. São Paulo: Globo.

___________(1830/1991). *Um caso tenebroso. A Comédia Humana*, vol. XII. São Paulo: Globo.

___________(1841/1993). *Sobre Catarina de Médicis. A Comédia Humana*, vol. XVI. São Paulo: Globo.

BÉJAR, H. (1988). *El ambito intimo, privacidad, individualismo y modernidad*. Barcelona: Alianza Universidad.

BOUVERESSE, J. (1990). *Le mythe de l'intériorité*. Paris: Ed. de Minuit.

CAMARGO-VIANA, T. (1999). *A Comédia Humana, cultura e feminilidade*. Brasília: Editora Universidade de Brasília.

CHÉDIN, J. L. (1997). *La condition subjective: le sujet entre crise et renouveau*. Paris: Livrairie Philosophique J.Vrin.

DAVIN, J. e BALZAC, H.(1834/1993). *Études de Moeurs au XIX Siècle*. Em H. Balzac (1993). *La Comédie Humaine*. Paris: Pléiade/Gallimard.

DENBY, D. (1998). *Grandes livros*. Rio de Janeiro: Record.

DUBY, G. e PERROT, M. (orgs.) (1991). *Histoire des Femmes en Occident*. Paris: Plon.

DUHET, P. (1977). *Les femmes et la Révolution*. 1789-1794. Paris: Collection Archives.

ELIAS, N. (1939/1990). *O processo civilizador*. Rio de Janeiro: Jorge Zahar Editor.

FIGUEIREDO, L. C. M. (1992). *A invenção do psicológico: quatro séculos de subjetivação*. São Paulo: Escuta/Educ.

FORTASSIER, R. (1974). *Les mondains de la Comédie Humaine. Étude historique et psychologique*. Paris: Klincksieck.

FRAISSE, G. e PERROT, M. (orgs.) (1991). *Histoire des femmes en Occident – Le XIX Siècle*. Paris: Seuil.

FURET, F. e OZOUF, M. (1989). *Dicionário crítico da Revolução Francesa*. Rio de Janeiro: Nova Fronteira.

FURET, F. (1985). *Penser la Révolution Française*. Paris: Gallimard.

GAY, P. (1988). *A educação dos sentidos*. São Paulo: Companhia das Letras.

___________(1990). *A paixão terna*. São Paulo: Companhia das Letras.

GONCOURT, E. e J. (1862/1887). *La femme aux dix-huitième siècle*. Paris: Librairie de Firmin-Didot et Cie.

PERROT, M. (org.) (1987). *Histoire de la Vie Privée*. Tomo 4. De la Révolution à la Grande Guerre. Paris: Seuil.

RIOT-SARCEY, M. (org.) (1988). *Le genre de l'histoire. Les Cahiers du Grif*, 37/38. Paris: Éditions Tierce.

SLEDZIEWSKI, E. G. (1989). *Révolutions du Sujet*. Paris: Meridiens Klincksieck.

SOMBART, W. (1911/1988). *Lujo y Capitalismo*. Barcelona: Alianza.

STAËL, Madame de (1810/1968). *De L'Allemagne*. Paris: Garnier Flammarion.

TOCQUEVILLE, A. de (1856/1967). *L'Ancien Régime et la Révolution*. Paris: Gallimard.

___________(1845/1982). *Voyages en Angleterre et en Irlande*. Paris: Gallimard.

___________(1861/1954). *Oeuvres Complètes*. Tomo 6. Correspondance Anglaise. Paris: Gallimard.

___________(1863/1980). *Oeuvres Complètes*. Tomo 2. *L'Ancien Régime et la Révolution. Fragments et notes inédites sur la Révolution*. Paris: Gallimard.

TEREZINHA DE CAMARGO VIANA é psicóloga formada pela PUC/São Paulo, especialista em Psicologia Clínica, doutora em Sociologia pela USP. Atualmente, é professora do Programa de Pós-Graduação em Psicologia, professora e chefe do Departamento de Psicologia Clínica da UnB, desenvolvendo pesquisas junto ao Laboratório de Laboratório de Psico-análises dos Processos de Subjetivação. Realizou estudos e pesquisas em instituições científicas européias e mantém contatos com a Maison de Balzac e com o Groupe d'Études Balzaciennes, em Paris.

O mundo do trabalho

Teoria e prática ergonômica: seus limites e possibilidades

Júlia Abrahão
Diana Lúcia Moura Pinho

Atualmente, a Ergonomia é solicitada, cotidianamente, a intervir em situações cujas problemáticas variam desde a concepção de salas de controle, extremamente automatizadas, passando por questões referentes ao trabalho manual ou, ainda, por queixas relacionadas ao ambiente físico de trabalho, sem deixar de lado os problemas de saúde, em particular, os decorrentes das lesões por esforços repetitivos.

Como responder a essas demandas apoiando-se em um conjunto de teorias e modelos científicos? Quando fazemos uma intervenção, estamos produzindo conhecimentos? Como se caracteriza a prática científica da Ergonomia em seu "modo de fazer"? Essas questões constituem o fio condutor deste artigo.

A construção teórica em Ergonomia

É difícil falar dos limites da teoria e da prática em Ergonomia, na medida em que existe um processo de retroalimentação nessa relação.

A Ergonomia é uma jovem disciplina em evolução e que vem reivindicando o *status* de ciência. Essa disciplina, segundo Montmollin (1990), poderia ser definida como uma "ciência do trabalho". Entretanto, não existe unanimidade no meio científico quanto a uma definição para a Ergonomia, pois, se houvesse, em muito contribuiria para estabelecer os limites do seu campo de investigação.

Historicamente, duas correntes filosóficas distintas compõem o cenário da Ergonomia. Uma tem sua origem em 1947, na Inglaterra, com características das ciências aplicadas. A outra surgiu na França, em meados dos anos 1950, com uma preocupação mais analítica. Essas duas correntes da Ergonomia, segundo Montmollin (1990, p. 12), podem ser assim caracterizadas: a primeira, a mais antiga e hoje predominante nos países anglo-saxônicos, considera a Ergonomia como "a utilização das ciências para melhorar as condições de trabalho humano (...)"; a segunda, mais recente e usualmente adotada nos países de língua francesa, considera a Ergonomia como "o estudo específico do trabalho humano com a finalidade de melhorá-lo", buscando autonomia e métodos próprios.

Nesse enfoque, a primeira estaria mais centrada nas características psicofisiológicas do homem, denominada comumente *human factors* e orientada para a concepção de dispositivos técnicos. A segunda, centrada não somente nas características psicofisiológicas do homem, considera primordial a análise da atividade, entendendo o trabalhador como ator no processo de trabalho.

A linha adotada neste trabalho acompanha a segunda abordagem. A discussão desenvolve-se sob a ótica da corrente conhecida como da Ergonomia dos países de língua francofônica.

Lima (1997, p. 314) ressalta que

> uma das principais virtudes da Ergonomia dos países de língua francesa é que, ao se definir a partir de um objeto próprio, abandonou o viés prescritivo que impregna toda a ciência aplicada, conseqüência inevitável de um saber que pretende constituir-se numa relação de exterioridade – intrínseca à idéia de "aplicação" – com a realidade que busca conhecer e transformar.

Paradoxalmente, essas duas correntes às vezes se identificam, podendo até complementarem-se, quando o objetivo é compreender o trabalho para adaptá-lo ao homem.

Diferentes autores compartilham a idéia de que a Ergonomia é perpassada por duas intenções fundamentais: por um lado, produzir conhecimento científico sobre o trabalho, sobre as condições de sua realização e sobre a relação do homem com o trabalho. Por outro lado, formular recomendações, propor instrumentos e princípios capazes de orientar racionalmente a ação de transformação das condições de trabalho. Portanto, produção de conhecimento e racionalização da ação norteiam a pesquisa ergonômica.

Essa dualidade de intenções que perpassa a Ergonomia cria um "nó" epistemológico. Assim, é pertinente questionarmos se *os critérios de validade do conhecimento científico e de validade da ação são os mesmos*. Os critérios de validade científica e de validação da ação são diferentes. Segundo Hirsch (conforme citado por Dejours, 1996), os procedimentos de validação aproximam-se mais da lógica da probabilidade do que da lógica de verificação empírica, ou seja, sustentar que uma interpretação é mais provável do que a outra é diferente de demonstrar que uma conclusão é verdadeira.

Entendemos que a validade do conhecimento e a validade da ação se apóiam em parâmetros distintos. A validade da ação é, por vezes, volátil, considerando a variabilidade inter e intra-individual; as mutações tecnológicas e a evolução da organização do trabalho como conseqüências. Nessa perspectiva, a Ergonomia se apoiaria na epistemologia da ciências aplicadas?

Na prática, para produzir e formular conhecimentos a serem utilizados para a análise e a transformação das situações reais de trabalho (ou para melhorar a relação entre o homem e o trabalho), a Ergonomia incorpora, na base do seu arcabouço teórico, um conjunto de conhecimentos científicos pertencentes a diferentes áreas do conhecimento (Antropometria, Fisiologia, Psicologia, Sociologia, entre outras) e aplica-os com vistas a transformações do trabalho. Considera como critérios de avaliação do trabalho três eixos:

- a segurança dos homens e dos equipamentos;
- a eficiência do processo produtivo;
- bem-estar dos trabalhadores nas situações de trabalho.

Nesse sentido, busca estabelecer uma articulação entre esses três eixos, visando a uma solução de compromisso na avaliação do trabalho.

Assim, é necessário indagar que modelos de trabalho, de homem e da relação homem–trabalho a Ergonomia adota para verificar se há coerência com o que a intervenção revela. A Ergonomia ainda não possui um corpo acabado de conhecimentos próprios.

A literatura aponta a necessidade da construção de um corpo de conhecimentos teóricos que contemple as noções de trabalho, de homem e da relação homem–trabalho, construído pelos ergonomistas a partir de sua prática e depois confrontado com outras disciplinas.

É consensual, na comunidade científica, que na relação com as outras ciências a Ergonomia faz empréstimos conceituais de áreas do conhecimento, tais como Fisiologia, Psicologia, Sociologia, dentre outras, e essa utilização não é simplesmente uma aplicação direta, e sim uma relação de confrontação entre conhecimentos novos e antigos, confrontação que leva à transformação dos conhecimentos oriundos dessas ciências. O homem estudado nas situações de trabalho difere da abordagem adotada nas outras disciplinas, pois trata-se de compreender quais são os mecanismos fisiológicos e psicológicos envolvidos em uma interação com o sistema produtivo ou, até mesmo, de um coletivo de pessoas mediado por um aparato tecnológico.

Enfim, existe o reconhecimento de que a Ergonomia atua como alavanca para essas ciências, despertando-as para a produção de conhecimentos em áreas onde a prática as revela lacunárias (Daniellou, 1992). O mesmo autor aponta que esse confronto da Ergonomia com essas ciências vizinhas pode levar a sua emancipação como ciência de campo, construindo os seus próprios modelos, conceitos e teorias. *Será que podemos falar de um modelo em Ergonomia*?

Quando discutimos teoria, em geral, associamos a idéia de um modelo. Muitas vezes, como é o caso da Ergonomia, o modelo resulta da integração de conhecimentos diversos: um conhecimento pode ser considerado original, inclusive, pela forma como ele articula conhecimentos antigos. A Ergonomia, ao utilizar conhecimentos de outras áreas, freqüentemente é confrontada com os limites desses conhecimentos e, nesse sentido, questiona-os.

Alguns autores atribuem a fragilidade e a ausência de um corpo teórico metodológico próprio à jovialidade da Ergonomia; outros, à falta de consenso, entre os ergonomistas, quanto à definição de trabalho, de modelo de homem e da relação homem–trabalho, bem como da complexidade dessas categorias e da multiplicidade de fatores que as compõem.

Nas categorias trabalho, saúde e modelo de homem, por exemplo, as abordagens são distintas. As diferentes disciplinas sobre as quais se fundamenta a Ergonomia, como área do conhecimento, revelam que as fronteiras entre as disciplinas que estudam o trabalho são cada vez mais tênues. O avanço científico e tecnológico da atualidade exige novas conexões, ainda inexistentes, entre as áreas do conhecimento, para que possamos construir um objeto de estudo mais complexo e mais abrangente do que aquele resultante da simples adição ou confrontação de pontos de vista (Abrahão, 1993).

Além das características gerais, os modelos em Ergonomia diferenciam-se pelo seu objeto e pela sua natureza. Amalberti, Montmollin, Theaureau (1991) explicam-se muito bem esse aspecto, ao distinguir de forma clara o objeto e a natureza dos modelos em Ergonomia. Os autores afirmam que o seu objeto é específico, pois trata-se da atividade do homem no trabalho; nesse caso, não se pensa em criar um modelo genérico do homem, mas, antes de tudo, em modelizar um operador engajado em uma situação precisa de trabalho, com suas imposições cognitivas específicas, situacionais e organizacionais. Aí reside um dos paradoxos de modelização em Ergonomia: o modelo pretende constituir-se como instrumento de generalização; contudo, sua natureza em Ergonomia leva-o a descrever particularidades mais situacionais. Além do que, vale ressaltar, o modelo continua vinculado à tarefa e aos comportamentos do operador. Essa dificuldade na generalização dos resultados ergonômicos explica por que, excetuando-se os conhecimentos oriundos do *human factors* sobre as limitações psicofisiológicas, o balanço dos conhecimentos teóricos em Ergonomia seja ainda limitado.

A natureza do modelo é profundamente heurística, voltada para a modelização do todo (o indivíduo engajado no trabalho) ao invés da modelização das partes (o papel da memória, etc.). As condutas dos operadores em situações reais raramente obedecem à predição de modelos elaborados em laboratório; o contexto é diferente, as variáveis a serem consideradas ultrapassam amplamente o número de variáveis que se pode controlar experimentalmente.

A Psicologia do Trabalho e a Ergonomia Cognitiva estão confrontadas a esse tipo de problema. Os modelos voltam-se, então, para uma visão mais global, centrada em conceitos (competências, automatização, fiabilidade) ao invés de em dados precisos e replicáveis. Esses modelos ergonômicos são heurísticos, constituindo um quadro de reflexão teórica sobre uma organização geral das condutas do operador.

Nesse sentido, a replicabilidade por si só não basta. Devemos, antes de tudo, buscar nas situações as variáveis para as quais o modelo não se mostra pertinente, discriminando, dessa maneira, o seu domínio de validade.

A prática ergonômica como elemento de construção teórica

Na prática ergonômica, um conjunto de conhecimentos deve ser estruturado para responder às diferentes demandas de intervenção; essas situações variam, pois cada uma é singular.

Esses conhecimentos, oriundos de vários campos, confrontados e articulados de forma integrada, contribuem com a tecnologia e com a organização do trabalho na descrição da melhoria dessa realidade. Assim, na prática, a utilização desse conjunto de conhecimentos visa a melhor adaptação das situações de trabalho aos trabalhadores. Para isso, a Ergonomia tem como objeto específico de estudo *a atividade real dos trabalhadores* com o objetivo de transformação. O interesse da Ergonomia é saber o que os trabalhadores realmente fazem, como fazem, por que fazem e, como afirma Montmollin (1990, p. 13), *se estes podem fazer melhor*.

Para estudar as situações reais do trabalho, a Ergonomia utiliza-se de várias técnicas que, por mais distintas que sejam, possuem um ponto de convergência entre si: a necessidade de observar o trabalho realizado, completar e corrigir essas informações com o que o trabalhador tem a dizer sobre o seu trabalho. Segundo Wisner (1987, p. 4), "o princípio da análise ergonômica do trabalho, e do trabalho de campo, é em si revolucionário, pois nos leva a pensar que os intelectuais e os cientistas têm algo a aprender a partir do comportamento e do discurso dos trabalhadores".

Assim, a exigência científica principal da Ergonomia está no conhecimento, pela observação, das situações reais de trabalho, objetivando desenvolver conhecimentos sobre a forma como o homem efetivamente se comporta ao desempenhar o seu trabalho e não como ele deveria comportar-se. Para apreender as situações de trabalho, em sua totalidade e dimensões, a Ergonomia utiliza uma metodologia própria de intervenção – a análise ergonômica do trabalho.

A análise ergonômica do trabalho é um modelo metodológico de intervenção que possibilita a compreensão dos determinantes das situações de trabalho. Para tanto, adota como pressuposto básico a distinção entre o trabalho prescrito, comumente denominado de tarefa, e o trabalho real, que é aquele efetivamente realizado pelo trabalhador inserido em um contexto específico para atingir os objetivos prescritos pela tarefa. Esse fazer, denominamo-lo atividade.

Essa análise é permeada por várias fases, seu fio condutor é a dialética entre análise da demanda e análise da atividade. Seu ponto de partida é uma *demanda inicial* que reflete um problema, buscando *esclarecer esta demanda,* com vistas a propor formas de intervenção. A partir desse esclarecimento, procura *aprofundar* alguns aspectos para uma melhor *compreensão do contexto* no qual se insere o trabalho, ou seja, a tecnologia e a organização (o cenário onde se desenvolvem as atividades). Com esses dados, chega-se, então, à fase operacional – *a análise ergonômica da atividade* –, que tem como objetivo a análise das exigências e condições reais da atividade e das funções efetivamente utilizadas pelos trabalhadores na realização das suas tarefas (Laville, 1977), permitindo a interrogação com substância da demanda inicial.

A intervenção ergonômica pressupõe que o processo seja iniciado a partir da identificação da demanda, que pode transformar-se no confronto com a realidade do trabalho. Esse processo é negociado até a formulação de uma primeira demanda consensual.

O ponto crítico da ação do ergonomista situa-se no momento da avaliação da intervenção, pois é ali que a justeza da demanda negociada mostra ou não o seu acerto.

A finalidade de uma análise ergonômica é sempre melhorar as condições de trabalho, dentro de limites considerados aceitáveis para a produção.

Nesse enfoque, colocamos como pano de fundo da definição da intervenção ergonômica a noção de melhoria. Por trás desta noção de melhoria da relação homem–trabalho, existe o agente da ação (o ergonomista), o sujeito da ação (o trabalhador) e a própria ação (o trabalho).

Assim, o trabalho seria o mediador da construção da saúde, de forma que a melhor relação homem–trabalho não é a exclusão do trabalho, mas uma relação harmônica entre os dois, trabalho–saúde. Encontramos, então, um limite. *Qual a concepção de saúde*? A OMS conceitua a saúde como "um perfeito estado de bem-estar físico e social" (conforme citado por Lemkow, 1990, p. 211), da qual emerge uma visão estática da saúde.

Ao considerarmos a variabilidade do homem e a multiplicidade de fatores que estão presentes nas situações reais de trabalho, *como podemos qualificar, identificar e medir essas dimensões*?

Os determinantes relativos ao processo sociotécnico são identificados, medidos e qualificados pela análise ergonômica do trabalho.

Contudo, é necessário manter articulados os critérios de avaliação relativos à eficácia e à saúde, embora estes às vezes sejam contraditórios. Porém, existem situações nas quais essas duas preocupações andam juntas, quando a melhoria da qualidade passa por uma melhoria da segurança e do respeito às regras do trabalho.

Essas contradições mostram que a intervenção ergonômica não pode ser avaliada apenas pelo ergonomista. Ela passa, necessariamente, pela mediação e apreciação dos sujeitos da ação. Vale ressaltar, ainda, a premissa ética da aceitação voluntária do trabalhador quanto à presença do ergonomista na situação de trabalho.

Nessa perspectiva, um dos critérios mais importantes a respeito do êxito do projeto ou da intervenção ergonômica deve ser dado pela avaliação dos próprios trabalhadores/usuários. *Como confrontar e trabalhar os diferentes pontos de vista*?

A construção do conhecimento em Ergonomia dá-se a partir da ação, integrando os conhecimentos de áreas distintas. Para isso, o ergonomista toma como base:

- a visão dos trabalhadores sobre seu próprio trabalho, condições de execução, dificuldades, queixas e problemas verbalizados;
- a observação da atividade nas situações reais de trabalho e as observações dos indicadores mais importantes na situação, sejam estes relativos à eficácia ou à saúde, definidos na análise da demanda;

- a confrontação e a análise desses dados com as questões levantadas pelo ergonomista e com os dados existentes na literatura.

A visão dos trabalhadores é uma fonte importante de informações para orientar as hipóteses iniciais, a coleta e a precisão dos dados. Isso não significa uma inversão da relação de pesquisa ou prática profissional, porém a constatação de que a construção do saber se faz, também, a partir dos sujeitos e da prática/pesquisa. Nesse processo, deve ser mantida a preocupação de estabelecer o valor de coerência do discurso com as manifestações identificadas por meio das relações estabelecidas, pela via das observações sistemáticas, da atividade nas situações reais de trabalho.

Entendemos, dessa forma, que uma das possibilidades de validação é quando ocorre a restituição desses conhecimentos retirados da prática para os trabalhadores, nesse momento o procedimento é denominado confrontação, que, analisado à luz dos conhecimentos científicos, pode, conseqüentemente, se constituir como um dos processos de validação dos dados.

Qual o limite de generalização das intervenções? Se consideramos a singularidade de cada situação estudada, a variabilidade do homem e, por vezes, a volatilidade da validade da ação, no limite deparamos com sérias dificuldades para generalizar.

Os conhecimentos produzidos são finalizados com relação ao objetivo de melhoria, decompostos nos seus aspectos materiais e de organização do trabalho. Então, a Ergonomia recompõe saberes em migalhas – ou seja, ela combina saberes disciplinares, e essa recomposição é finalizada, pois tem como objetivo explicar as práticas de trabalho, só retendo dessa recomposição aquilo que é pertinente à explicação destas.

O ergonomista na sua lida diária busca um corpo de conhecimentos que lhe forneça subsídios para a ação, sendo aqui a ação pontual entendida como um conjunto de proposições que permitirá transformar as condições de trabalho específicas.

Nesse sentido, é necessário analisar, de um lado, como os modelos existentes subsidiam a prática e, de outro, como, na sua ação cotidiana os ergonomistas são confrontados com problemas, para os quais, muitas vezes, os modelos são contraditórios, insuficientes.

Os modelos, em um sentido amplo, pretendem ser um instrumento de generalização. Em Ergonomia, estes se diferenciam das outras ciências, como já afirmamos, pela natureza e singularidade do seu objeto. Entretanto, por esta singularidade, os modelos buscam descrever particularidades situacionais. Surge, então, um paradoxo que desvela uma limitação – a dificuldade de generalização.

Os modelos são instrumentos necessários e privilegiados da comunicação entre os pesquisadores, na medida em que avançam no sentido de uma unificação mais ampla de conceitos, nessa perspectiva, necessária para o desenvolvimento das intervenções.

Assim, a eficácia da ação do ergonomista, como bem define Wisner (1996, p. 1), "é determinada pela aceitação e o bom uso dessas limitações". Atualmente, o ergonomista não dispõe de outros meios para trabalhar e não pode fazê-lo sem utilizar os resultados das pesquisas científicas, resultados, por natureza, pluridisciplinares e oriundos das diferentes disciplinas que contribuem com a Ergonomia.

Conclusão

A Ergonomia, para se afirmar como ciência, encontra basicamente duas limitações, uma delas decorrente da ausência de um corpo de conhecimentos teóricos próprios que permita maior sustentação à sua prática, e a outra relacionada ao aspecto metodológico, no qual coexistem abordagens baseadas em pressupostos diferenciados.

Assim, no futuro, ao conseguir ultrapassar essas dificuldades epistemológicas, a Ergonomia poderá contribuir cientificamente com o estudo da realidade do trabalho, não somente enriquecendo as outras ciências, mas também se firmando como um campo de conhecimento autônomo.

Podemos finalmente hipotetizar que os problemas identificados na prática cotidiana, ressentidos e tratados singularmente em um contexto específico, geram resultados e parâmetros que levam à transformação das situações de trabalho. A experiência resultante de diferentes intervenções em situações análogas permite ao pesquisador operar uma descontextualização e uma desindividualização dos resultados e dos métodos, possibilitando posteriormente uma certa generalização, no sentido de elaborar um trabalho coletivo de modelização e de proposições de ação.

Pesquisa e prática, por que confundi-las, discriminando essas duas práticas sociais? Em Ergonomia, elas podem enriquecer-se mutuamente.

Referências bibliográficas

ABRAHÃO, J. (1993). *Ergonomia: modelo, métodos e técnicas.* Trabalho apresentado no II Congresso Latino-Americano e no VI Seminário Brasileiro de Ergonomia. Florianópolis.

AMALBERTI, R.; MONTMOLLIN, M. e THEUREAU, J. (1991). *Modèles en analyse du travail.* Paris: Mardaga.

DANIELLOU, F. (1992). *Le statut de la pratique et des connaissances dans l'intervention ergonomique de conception.* Texte d'habilitation à diriger des recherches. Paris: Université Toulouse Le Mirail.

DEJOURS, C. (1996). "Épistémologie concrète et ergonomie". Em F. Daniellou (org.). *L'ergonomie en quête de ses principes – débats épistémologiques.* Paris: Octares Éditions, pp. 201-217.

LAVILLE, A. (1977). *Ergonomia.* São Paulo: EPU.

LEMKOW, A. F. (1990). *O princípio da totalidade.* São Paulo: Aquariana.

LIMA, F. P. A. (1997). "Ergonomia e prevenção da LER: possibilidades e limites". Em J. N. G. Araújo, F. P. A. Lima., M. E. A. Lima e cols. *LER – dimensões ergonômicas, psicossociais.* Belo Horizonte: Health, pp. 312-353.

MONTMOLLIN, M. (1990). *A Ergonomia.* Lisboa: Instituto Piaget.

WISNER, A. (1987). *Por dentro do trabalho: Ergonomia, método e técnica.* São Paulo: FTD/Oboré.

__________(1996). "Questions épistémologiques en ergonomie et analyse du travail". Em F. Daniellou (org.). *L'ergonomie en quête de ses principes – débats épistémologiques.* Paris: Octares Éditions, pp. 29-55.

JÚLIA ABRAHÃO é professora-adjunto da Universidade de Brasília, doutora em Ergonomia (Paris, 1986), coordenadora do Laboratório de Ergonomia da UnB e consultora para empresas públicas e privadas.

DIANA LÚCIA MOURA PINHO, doutoranda do Instituto de Psicologia, vem desenvolvendo estudos sobre o impacto das novas tecnologias nas condições de trabalho.

Valores e clima organizacional

Alvaro Tamayo

A visão da organização como um sistema aberto (Katz e Kahn, 1966) abriu as portas para que a organização passasse a ser considerada um contexto ambiental do comportamento individual e grupal. A descoberta da organização como um ambiente subjetivado, psicologicamente significativo, levou à introdução do conceito de clima organizacional e deu origem a inúmeras pesquisas nessa área. A importância desse conceito deve-se, em parte, a dois elementos díspares: 1) por meio da metáfora do clima, acompanhada de representações antropomórficas ("clima amistoso", "clima agressivo", etc.), expressa-se adequadamente a forma como os empregados processam a sua interação com o trabalho, com a organização e com os colegas de trabalho; 2) a leitura das características ambientais reais da organização, realizada pelos empregados, tem grande impacto sobre a vida organizacional. O conceito de clima certamente tem muito a ver com o que Merton (1957) chama de *Teorema de Tomas:* "Se as pessoas definem uma situação como sendo real, ela certamente é real nas suas conseqüências". De fato, a literatura contemporânea afirma com insistência que, quando os empregados percebem que existe no lugar de trabalho um potencial para a satisfação das suas necessidades psicológicas, envolvem-se com mais entusiasmo no trabalho e dedicam mais tempo e esforço ao mesmo (Pfeffer, 1994). A conseqüência desse processo para a empresa é o aumento na produtividade e na competitividade. A importância prática do construto de clima organizacional manifesta-se claramente pelo aumento constante da literatura nessa área (Brown e Leigh, 1996). A relevância do clima organizacional reside não somente nos logros já obtidos, mas, particularmente, na potencialidade heurística de um conceito que está presente na experiência coletiva. O conceito de clima está estruturado como vínculo e articulação mediadora entre as estruturas e os processos organizacionais e o comportamento dos indivíduos na organização (Silva Vásquez, 1992).

O estudo do clima organizacional é uma das manifestações nas organizações do debate e do enorme volume de pesquisa realizados pela Psicologia Social e pelas ciências sociais em geral para tentar compreender a realidade social. Atribuição de causalidade, percepção social, cognição social são exemplos do gigantesco esforço da Psicologia Social em torno dessa problemática e de suas implicações sobre o comportamento. A introdução dessa abordagem nas organizações provocou uma crise do paradigma clássico de tipo realista, que considerava as organizações sistemas racionais para a consecução dos objetivos. As organizações, progressivamente, estão passando a ser concebidas em termos sociocognitivos e interpretativos. O caráter realista da realidade organizacional está sendo substituído pela realidade construída por meio da percepção dos empregados. Esse pode ser um dos motivos que têm impulsionado o interesse pelo estudo do clima organizacional e do seu impacto sobre o comportamento e a produtividade organizacional.

Neste artigo, pretende-se estudar a relação dos valores da organização sobre a percepção do clima social. Uma característica deste estudo é que ele pretende abordar essa problemática desde o ângulo da percepção, por parte dos empregados, não somente do clima mas também dos valores organizacionais. Trata-se, portanto, de uma abordagem que se situa no nível dos processos mentais. Isso não implica, de forma nenhuma, negligenciar a "realidade" organizacional. Ao contrário, pretende-se, dessa forma, atingir a verdadeira realidade, que é aquela representada e experimentada pelos empregados. Como afirma Morgan (1991, p. 118), "as organizações são essencialmente estruturas de realidades sociais que descansam nas *mentes* de seus membros, que as concretizam em conjuntos de normas e relações". Todo ser humano forma e estrutura a sua realidade social, familiar, de trabalho, etc. como um processo de representação. A realidade na qual o indivíduo vive obviamente tem características objetivas. Estas, porém, são por ele conhecidas unicamente por sua representação dessa realidade.

O indivíduo é forçado a assumir um papel ativo na construção da sua realidade por meio de numerosos esquemas interpretativos. Nesse processo, cada indivíduo forma uma representação, uma visão mais ou menos pessoal da realidade organizacional ou social. Uma anedota ilustra bastante bem esse processo de representação da realidade. Conta-se que Charles Hampden-Turner encomendou a Picasso um retrato de sua esposa. O pintor, ao entregar seu produto ao seu cliente, perguntou-lhe: "O que acha?" Procurando ser cortês, o cliente respondeu: "Está muito bonito, mas tem pouca semelhança com minha esposa". "Ah, afirmou Picasso, mas como poderia ser semelhante a ela?" O cliente tirou da carteira uma fotografia de sua esposa, entregou-a ao pintor e afirmou: "Assim". Picasso estudou cuidadosamente a fotografia e afirmou: "Muito bem, mas sua esposa é assim tão pequena?"

Este artigo está estruturado da seguinte maneira: 1) conceito de clima; 2) componentes do clima; 3) mensuração do clima; 4) determinantes da percepção de clima organizacional; 5) valores organizacionais; 6) valores e clima organizacional.

Conceito

Basicamente, o clima organizacional refere-se à forma como o ambiente organizacional é percebido e interpretado pelos empregados (Brown e Leigh, 1996; James, James e Ashe, 1990). Obviamente, os membros de uma organização não percebem e interpretam o ambiente de trabalho de maneira uniforme. A variabilidade pode ser grande e cobrir tanto a identificação dos atributos como a intensidade da sua atribuição. Contudo, existem sempre elementos comuns na percepção e na interpretação do ambiente organizacional. O que define mais precisamente o clima organizacional são as percepções compartilhadas entre os membros da organização sobre o ambiente organizacional. Cada um dos empregados dá sentido ao contexto no qual trabalha. Os significados compartilhados constituem o essencial do clima organizacional.

A aparente simplicidade do conceito de clima organizacional esconde dificuldades teóricas, paradigmáticas e de mensuração que ainda não foram superadas. Considera-se, geralmente, que o conceito de clima foi introduzido por Halpin e Croft (1963) na sua pesquisa sobre o clima organizacional das escolas. Muita pesquisa tem sido realizada posteriormente sem que os problemas fundamentais tenham sido solucionados. Como foi mencionado anteriormente, a linguagem metafórica utilizada para descrever as percepções que os empregados têm do ambiente de trabalho tem se revelado adequada para expressar a forma como eles processam a sua interação com a organização. Contudo, a metáfora que está na base dos estudos de clima organizacional é responsável também pela imprecisão desse conceito, que tem levado alguns autores, como Peiró (1986), a afirmar que poucos conceitos em Psicologia Organizacional são tão confusos e tão mal compreendidos como o de clima. Basicamente, as metáforas são utilizadas como um recurso para embelezar o discurso. O processo metafórico consiste, essencialmente, numa comparação entre dois ou mais termos, de tal forma que um deles passa a substituir o outro. A metáfora, portanto, está baseada numa semelhança entre dois elementos. Semelhança que, obviamente, é sempre parcial. Aqui está uma das fontes da imprecisão da linguagem metafórica. O sentido literal da palavra "clima" refere-se às condições meteorológicas (temperatura, chuva, umidade, tornados, etc.) de um ponto da superfície terrestre. Ao utilizar esse termo no contexto organizacional, transferem-se, analogicamente, caraterísticas atmosféricas do clima para descrever o ambiente de trabalho na organização, composto fundamentalmente de práticas, processos organizacionais, rotinas de trabalho e relacionamento com colegas e gerentes.

Alguns autores têm salientado que o conceito de clima organizacional parece ser uma simples variante da satisfação no trabalho. Johannesson (1973), por exemplo, constata que vários instrumentos de medida do clima organizacional foram construídos a partir de questionários de satisfação. Nos casos observados por Johannesson, não se trata verdadeiramente de redundância dos dois conceitos, mas de deficiência dos instrumentos de medida utilizados para a mensuração do clima organizacional. Do ponto de vista conceitual, a diferença entre satisfação e clima organizacional é aparentemente nítida. A primeira é uma resposta de tipo afetivo, fundamentalmente avaliativa, das condições de trabalho. O clima organizacional é de natureza puramente descritiva. Além disso, no caso da satisfação, a unidade de análise é a vivência pessoal do empregado, enquanto no caso do clima são as vivências compartilhadas na organização. Obviamente, essa diferença teórica entre os dois construtos não é tão evidente no nível da vida real, já que o afeto certamente influencia a percepção do clima organizacional e a sua descrição. Nesse sentido, é preciso reconhecer que existe uma certa redundância entre os dois construtos. Sempre numa medida de clima organizacional estará incluído o aspecto de satisfação, porque as experiências, as atitudes e as emoções do empregado são elementos básicos da percepção e da interpretação que ele faz do seu ambiente de trabalho.

A diferenciação de clima e cultura organizacional é outra dificuldade conceitual que ronda a definição de clima organizacional. São diversas as opiniões dos autores quanto aos nexos e às diferenças entre clima e cultura. Para Katz e Kahn (1966), parece não existir diferença alguma, já que eles utilizam os termos clima e cultura de forma intercambiável. A organização, segundo eles, cria a sua própria cultura ou clima. Outros autores (Ashforth, 1985; Poole, 1985) estabelecem diferença nítida entre os dois construtos. De fato, a cultura refere-se a um conjunto de valores, artefatos, costumes, padrões de comportamento, rituais, símbolos, normas e, fundamentalmente, assunções básicas adotadas pela empresa. Segundo Schein (1985), a cultura é um conjunto de pressupostos básicos inventados, descobertos ou desenvolvidos por um dado grupo, ao ir aprendendo a enfrentar seus problemas de adaptação externa e integração interna. Os elementos da cultura estão distribuídos em níveis hierarquizados. No nível pré-consciente, estão os pressupostos básicos, relacionados geralmente com a natureza da realidade, do tempo, do espaço e das relações humanas. Em seguida, encontram-se os valores e, num nível mais visível, as produções, a tecnologia e os padrões de comportamento da organização. O clima faz parte deste terceiro nível como um dos produtos da organização. Como foi mencionado anteriormente, o clima consiste na percepção que o empregado tem do seu ambiente de trabalho e, portanto, da própria cultura da organização que, com suas normas, valores e tradições, determina o ambiente de trabalho. Assim, a cultura está constituída por assunções compartilhadas, enquanto o clima consiste em percepções compartilhadas. A cultura é um conceito mais abrangente e, do ponto de vista teórico, determinante do clima organizacional. A cultura da organização guia os empregados na definição e na identificação do que é importante para eles na vida da organização e influencia o clima organizacional pelo impacto direto que ela tem sobre o ambiente objetivo de trabalho. As percepções e as interpretações desse ambiente de trabalho constituem o clima organizacional. Obviamente, a influência não é unidirecional, mas bidirecional. Mediante as percepções do ambiente de trabalho, os empregados valorizam certos elementos da cultura da organização, questionam outros e invalidam alguns deles. Essa relação bidirecional entre cultura e clima permite utilizar os estudos de clima da organização como indicadores da adequação ou inadequação da cultura organizacional num momento determinado da história da organização. Finalmente, a cultura é mais estável que o clima. Este último pode ser mudado com relativa facilidade, ao passo que a cultura é mais sólida, mais resistente à mudança. Existem, porém, várias semelhanças entre clima e cultura organizacional: 1) tanto o clima como a cultura referem-se às formas como os membros de uma organização tentam dar significação ao seu ambiente de trabalho; 2) ambos são aprendidos por meio do processo de socialização organizacional; 3) os dois são construtos monolíticos e multifatoriais; 4) tanto a cultura como o clima constituem um esforço para identificar o ambiente que influencia o comportamento das pessoas nas organizações (Reichers e Schneider, 1990).

O clima organizacional pode, então, ser definido como um conjunto estruturado de percepções compartilhadas, relativamente duradouras, sobre o ambiente total de trabalho, que influencia o comportamento e o desempenho dos empregados da organização. O clima, portanto, está baseado nas características objetivas da realidade organizacional, mas tal como elas são percebidas e vivenciadas pelos empregados. É importante que esse aspecto fique suficientemente claro. Segundo Joyce e Slocum (1990), o clima é uma representação mental do estímulo externo. As características objetivas da realidade organizacional constituem o estímulo, aquilo que é percebido pelos membros da organização. Contudo, o clima não tem como objetivo a percepção das situações organizacionais tal como elas existem externamente, mas *como* elas são interpretadas pelos membros da organização no contexto concreto do trabalho. Assim, não é a burocracia em si ou o sistema de comunicação existentes na organização que são objeto da preocupação principal, mas o quanto as práticas burocráticas ou as deficiências na comunicação organizacional frustram o empregado e dificultam a execução do seu trabalho. As percepções do ambiente de trabalho, porém, não podem ser consideradas um simples aglomerado de crenças desarticuladas. O clima organizacional apresenta consistência interna, não é estático, é dinâmico e está em contínuo processo de estruturação e reestruturação pela interação inerente às práticas organizacionais e, particularmente, a partir das ideologias, das atitudes e dos símbolos. A relativa estabilidade do clima implica a possibilidade de mensuração e de mudança. Finalmente, outra característica do clima é que ele oferece a possibilidade de diferenciar as organizações e, também, os setores de uma mesma organização.

Componentes do clima

No estudo do clima organizacional, é básico determinar previamente quais são os seus componentes, isto é, qual é o seu conteúdo. Existe consenso na literatura que "o clima é uma percepção multidimensional". Quais são essas dimensões? Antes de iniciar essa discussão, é conveniente salientar que, apesar de encontrar na literatura convergência em torno do termo multidimensionalidade do clima organizacional, é mais apropriado falar de multiplicidade de componentes ou de fatores, já que o termo multidimensionalidade implica que ela teria sido verificada ou estabelecida por meio de análises multidimensionais, o que não é o caso. O que tem sido estabelecido é a multiplicidade de fatores ou componentes. O modo mais habitual de se proceder para identificar os componentes do clima tem sido estabelecer uma amostra ampla de características que passam a constituir os itens de instrumentos de medida. Dos resultados obtidos por meio destes instrumentos, tem-se buscado determinar, mediante análise fatorial, os componentes principais do clima. A revisão da literatura mostra a grande diversidade existente entre os fatores identificados pelos diversos autores. A título de exemplo, podem-se mencionar os seguintes: estrutura organizacional, responsabilidade, comprometimento, políticas e práticas organizacionais, confiança, reconhecimento e afeto, sistema de recompensas, entusiasmo e apoio, conflito, clareza da comunicação, liderança, ênfase na produtividade, etc.

É evidente que os componentes do clima não são universais ou transorganizacionais. Em princípio, os fatores identificados numa organização são específicos à mesma. Isso significa que, cada vez que se pretende avaliar o clima de uma organização, é apropriado fazer um levantamento prévio dentro da mesma organização para identificar seus componentes. O clima de uma organização é necessariamente específico, já que ele consiste na forma como certos empregados percebem um ambiente de trabalho determinado num dado momento da história da organização. Além disso, numa mesma organização, podem existir diversos climas, característicos de áreas ou setores organizacionais. A especificidade não exclui, porém, a possibilidade da existência de uma estrutura comum ao clima organizacional. Esta estrutura pode ser de tipo motivacional. Ela expressaria certas necessidades ou interesses do empregado, como indivíduo e como trabalhador, que devem ser satisfeitos no ambiente de trabalho. Da parte da organização, também existem exigências ou interesses que devem ser atendidos. É possivelmente na interação entre os interesses individuais e organizacionais que se encontram as raízes mais profundas do clima organizacional. Por exemplo, as necessidades de autodeterminação, de realização e de reconhecimento, afeto e apoio do empregado encontram, inevitavelmente, as normas de organização que inibem ou limitam a sua liberdade, a exigência de produtividade (que, às vezes, pode ser incompatível com as suas aspirações de realização) e a tendência à anonímia organizacional, incompatível com o seu desejo de reconhecimento. Assim, pode-se esperar que em todos os estudos de clima, independentemente da organização em que sejam realizados, se encontrem fatores relacionados, entre outros, com as motivações de autonomia, autodesenvolvimento, reconhecimento e valorização por parte dos outros. As três motivações aqui apresentadas não são as únicas que sustentam o clima organizacional, elas são um exemplo do que poderia ser a estrutura universal do clima organizacional. No clima concreto de cada organização, essas motivações podem-se expressar por meio de fatores diferentes. Dessa forma, o que seria universal não seriam os fatores ou os componentes do clima, mas a estrutura motivacional que está por trás deles. Postula-se, portanto, a existência de uma estrutura universal, isto é, válida para todas as organizações. Essa estrutura seria de tipo motivacional. O autor deste artigo está estudando essa problemática e tem como objetivo validar, por meio da literatura e da pesquisa empírica, a hipótese da estrutura universal do clima organizacional.

Mensuração do clima

O problema da medida do clima é fundamental. Sem uma medida válida e precisa, todo discurso sobre o clima é meramente intuitivo, e toda intervenção visando à sua mudança seria realizada às cegas. Por outra parte, a mensuração do clima confronta o pesquisador com as dificuldades encontradas na definição desse construto. Vários instrumentos são confusos e adoecem de graves problemas conceituais e de falta de uma operacionalização adequada. A construção de instrumentos para avaliação do clima implica a definição prévia da unidade de análise, isto é, daquilo que se pretende medir. Toda organização está composta por indivíduos, os quais se integram em grupos que constituem as diversas áreas da organização. Qual deve ser a unidade de análise, o indivíduo ou a organização? O clima é um atributo do indivíduo ou da organização? A polêmica tem sido grande em torno dessa problemática, e ainda está longe de uma solução definitiva. Sob a influência do clima atmosférico, considerou-se, particularmente, no início das pesquisas nessa área, que o clima é uma característica objetiva da organização. Nessa perspectiva, postula-se uma medida objetiva com indicadores do clima, tais como o tamanho da organização, a estrutura do relacionamento entre o pessoal técnico e o administrativo, o número de níveis hierárquicos existentes na organização, a quantidade e a natureza das normas organizacionais, etc. Na abordagem que considera o indivíduo como sendo a unidade básica para a avaliação, a medida é de tipo subjetivo, obtida mediante respostas dos empregados a uma série de estímulos constituídos por situações organizacionais. Essa perspectiva tem sido a mais freqüente nas pesquisas do clima organizacional. Nos instrumentos de medida desenvolvidos com essa abordagem, avaliam-se indiretamente as características físicas e estruturais da organização por meio da percepção das características objetivas da organização (Lincoln e Zeitz, 1980). A literatura contemporânea (Brown e Leigh, 1996) insiste na necessidade de avaliar o clima a partir das percepções dos empregados e não a partir da avaliação direta das características objetivas da organização. O fundamental é atingir o significado dado a essas características pelos empregados por meio de sua experiência cotidiana na organização. Tomando como ponto de partida que a organização existe essencialmente na mente dos empregados, na forma como eles processam e interpretam as características objetivas da organização, as suas normas, a sua vida cotidiana, etc., a discussão teórica relativa à unidade de análise passa a ser um pseudoproblema. Independentemente do debate teórico, no momento de pensar na mensuração do clima, é necessário que o pesquisador determine de forma clara e precisa o que quer avaliar – as características objetivas da organização ou a percepção dos empregados sobre as mesmas. Essa é a primeira decisão que deve ser tomada quando se pretende avaliar o clima de uma organização.

O clima é geralmente avaliado por instrumentos de medida que podem englobar questionários, entrevistas e observações sistemáticas. Contudo, o mais freqüente é o questionário. James e Sells (1981) salientam as vantagens de utilizar questionários para a avaliação do clima organizacional: 1) fornecem medidas diretas da percepção dos empregados sobre o ambiente de trabalho; 2) constituem uma forma prática e rápida de realizar a medida; 3) podem ser aplicados em grandes amostras ou mesmo em todos os empregados da organização; 4) permitem comparações a partir das diversas variáveis consideradas. Como escolher um questionário para avaliação do clima numa organização? A resposta geral e aparentemente lógica é de procurar um questionário que apresente parâmetros psicométricos satisfatórios. Em inglês, existe um número razoável. Alguns deles foram construídos especificamente para estudar o clima de certos tipos de organizações, como as escolares (Deer, 1980; Hoy e Clover, 1986), as hospitalares (Wallace, Ivancevich e Lyon, 1975), as organizações de negócios (Payne e Pheysey,

1971) em bancos (Prakasam, 1986) e organizações em geral (Moos, Insel e Humphrey, 1974). Existem também questionários específicos para avaliação do clima nas organizações em relação a certas variáveis, tais como segurança (Zohar, 1980), criatividade (Taylor, 1972) e relações industriais (Daltsmachian, Adamson e Blyton, 1986). Apesar da diversidade de instrumentos existentes, dificilmente um deles responderá adequadamente às necessidades da organização da qual se pretende avaliar o clima e a sua estrutura cultural. Portanto, o instrumento deve ser adaptado à realidade da organização. Isso é o mínimo que se pode exigir. É convicção do autor deste artigo que todo instrumento de medida do clima deve ser específico à organização, desenvolvido a partir da cultura e de sua problemática.

Quais os cuidados necessários quando se pretende construir um novo instrumento? Partindo do ponto de vista de que o elemento fundamental de qualquer instrumento de medida psicométrico está constituído pelos seus itens, é de capital importância que eles sejam desenvolvidos com maior cuidado e atenção. Os itens do instrumento devem constituir uma amostra significativa das características do clima que se pretende avaliar. Devido à idiossincrasia de cada organização, é conveniente que a fonte primária para a amostragem dos itens seja a própria organização. Obviamente, a literatura deve ser a fonte complementar. Dessa forma, o ponto de partida para a construção de um instrumento de clima organizacional é um duplo levantamento: 1) levantamento com uma amostra aleatória dos empregados da organização para identificar situações características do seu clima organizacional e 2) levantamento na literatura para identificar as dimensões básicas do clima já detectadas por meio de outros instrumentos de medida. A partir dessas duas fontes, constroem-se os itens. Os itens devem ser descritivos da situação e não avaliativos. Para a formulação dos itens, é conveniente refletir se apresentam as situações, tendo como referencial a área de atuação do empregado ou a organização como um todo. A natureza de certas situações – por exemplo, competência gerencial – exige que o referencial esteja no nível da área de atuação do empregado, já que este dificilmente tem conhecimento direto de todos os gerentes. Em organizações de grande porte, com sucursais ou agências em diversas localidades, é difícil que os empregados tenham conhecimento suficiente para avaliar adequadamente as condições de liderança, comunicação, relacionamento, etc. existentes nas diversas localidades.

Determinantes da percepção de clima organizacional

Os estudos dos determinantes do clima organizacional são raros e nem sempre atendem às exigências metodológicas necessárias da pesquisa empírica. Além disso, a literatura é ambígua em relação ao que é antecedente e ao que constitui o clima. Assim, o que pode ser postulado por alguns como antecedente do clima pode ser considerado por outros como um dos fatores do próprio clima. Como exemplo dessa situação, podem ser mencionados os processos de comunicação na organização e a liderança. Vários instrumentos de medida para avaliação do clima organizacional consideram a comunicação e a liderança como fatores do clima, ao passo que alguns autores colocam essas variáveis como antecedentes do clima. A ambigüidade relativa à comunicação poderia ser diminuída, por exemplo, pela distinção entre a rede objetiva de comunicação existente na organização e a percepção, por parte dos empregados, da comunicação organizacional no dia-a-dia.

Os determinantes da percepção de clima organizacional podem ser classificados em duas categorias: individuais e organizacionais. Entre os primeiros, podem-se mencionar as crenças, os valores pessoais e a personalidade. Os determinantes organizacionais mais importantes são a estrutura organizacional, os processos, os resultados e os valores da organização.

Um dos determinantes individuais do clima organizacional é constituído pelos valores pessoais que influenciam o julgamento e a avaliação que o empregado faz do seu ambiente de trabalho na organização. Segundo James, James e Ashe (1990), os valores pessoais produzem os esquemas (representações mentais estocadas na memória, constituídas por crenças) utilizados para avaliar cognitivamente os atributos do ambiente organizacional com base na significação que eles têm para os empregados. Os valores pessoais são indicadores latentes daqueles elementos que no ambiente organizacional são significativos para os empregados, já que o sentimento de bem-estar individual organizacional deriva da obtenção daquelas coisas que são desejadas, valorizadas e esperadas pelo indivíduo. Segundo Locke (1976), quatro fatores latentes suportam os mais importantes valores pessoais relacionados com o trabalho: 1) o desejo de clareza, harmonia e justiça; 2) o desejo de desafios, independência e responsabilidade; 3) o desejo de facilitação do trabalho, suporte e reconhecimento; 4) o desejo de relacionamento social, amical e caloroso. A abordagem mais recente dos valores pessoais tem verificado em numerosas culturas a existência de dez tipos motivacionais de valores que parecem ser universais: autodeterminação, realização, estimulação, prazer, poder social, segurança, universalismo, benevolência, conformidade e tradição. Esses tipos motivacionais expressam metas do indivíduo, revelam aquilo que ele considera bom e desejável para si e para a sociedade (Tamayo e Schwartz, 1993). Obviamente, esses princípios determinam as avaliações que o empregado faz do seu ambiente de trabalho. Infelizmente, ainda não existe pesquisa empírica para verificar o impacto dos diversos tipos motivacionais sobre o clima organizacional.

Em relação às características de personalidade sobre o clima organizacional, as investigações são escassas e nem sempre convergentes. Contudo, Silva Vasquez (1992), após análise detalhada das pesquisas, concluiu que existe relação significativa, mesmo se moderada, entre clima e traços de personalidade. Estes influenciam o processo perceptivo do indivíduo. O seu impacto, portanto, não é direto sobre o clima, mas somente na medida em que eles orientam a percepção das situações organizacionais.

Normalmente, são as variáveis organizacionais as que mais explicam a variância nas percepções do clima. A mais estudada tem sido a estrutura da organização. Revisões da literatura realizadas por vários autores têm revelado sete dimensões no conceito de estrutura organizacional: 1) hierarquias e linhas de *staff*; 2) número de níveis organizacionais; 3) tamanho da organização; 4) tamanho da subunidade; 5) abrangência do controle; 6) grau de centralização; 7) grau de hierarquização. Em geral, os estudos tentam determinar os efeitos das dimensões estruturais sobre o clima. Não existem, porém, estudos que considerem, simultaneamente, o efeito de várias dimensões da estrutura. Geralmente, ela é definida a partir de alguma das seguintes variáveis: divisão do trabalho, centralização, formação de equipes, hierarquia, sistemas de produção e tamanho da organização. A maioria das pesquisas tenta mostrar uma relação causal da estrutura com o clima. Hellriegel e Slocum (1974), numa revisão das investigações realizadas nessa área, concluem nitidamente que o clima é determinado pela estrutura da organização. O grau de burocracia percebido (alto ou baixo) determina climas abertos ou fechados, respectivamente. Outras pesquisas têm revelado que o tamanho da organização exerce influência importante sobre aspectos do clima organizacional, tais como inovação, sinceridade da comunicação e conflito interpessoal. Freqüentemente, as grandes organizações são mais burocráticas do que as pequenas e possuem normas mais rígidas e precisas, podendo gerar menos comprometimento e mais sentimentos de anonimato e alienação. Finalmente, Drexler (1977) considera que 42% da variância do clima é explicada pela integração dos empregados na equipe de trabalho, variável que implica a distribuição apropriada do trabalho e a alocação de cada empregado no lugar certo.

Lawler, Hall e Oldham (1974) consideram a comunicação na organização "um aspecto vital, mesmo se ainda insuficientemente estudado, do clima organizacional". É evidente que na vida cotidiana da organização a comunicação é um fenômeno dinâmico que está na base da estruturação e da coordenação dos empregado num sistema social complexo. Não é surpreendente, portanto, que ela seja considerada um antecedente importante do clima organizacional. Apesar da importância dada a essa variável na explicação do clima, a pesquisa relativa ao estudo do seu impacto sobre o clima é ainda insignificante. As pesquisas mostram que 47% das correlações entre as dimensões da comunicação e o clima são estatisticamente significativas. As poucas investigações existentes indicam haver uma relação sistemática dos processos de comunicação com a percepção do clima. O fluxo, a clareza e a precisão da comunicação são elementos fundamentais do clima organizacional.

Os valores organizacionais podem também ser considerados determinantes do clima. O objetivo principal deste artigo é tentar mostrar a relação entre essas duas variáveis. Qual a relação entre o clima e os valores da organização? Os valores influenciam o clima organizacional? De acordo com o que foi mencionado anteriormente, o clima organizacional situa-se no nível mais visível da cultura, ele faz parte dos produtos ou artefatos da organização, enquanto os valores ocupam um nível mais profundo e, teoricamente, determinam parcialmente o clima organizacional. Para compreender melhor a relação entre essas duas variáveis, convém discutir, brevemente, a natureza dos valores organizacionais e o modelo utilizado no estudo dessa relação.

Valores organizacionais

Entendem-se por valores organizacionais as crenças e os princípios básicos numa organização. Segundo Deal e Kennedy (1988), eles constituem o núcleo da cultura organizacional, definem o sucesso esperado ou desejado e estabelecem os padrões que devem ser alcançados na organização. "Como essência da filosofia da organização para a obtenção do sucesso, os valores fornecem um senso de direção comum para todos os empregados e um guia para o comportamento diário" (p. 21). Os valores organizacionais podem ser definidos como princípios ou crenças, organizados hierarquicamente, relativos a metas e a comportamentos organizacionais desejáveis que orientam a vida da empresa e estão a serviço de interesses individuais, coletivos ou mistos.

Tamayo e Gondim (1996) enfatizam, no conceito dos valores organizacionais, os componentes cognitivo e motivacional:

- O aspecto cognitivo dos valores organizacionais constitui um elemento básico, já que estes são crenças sobre o que é bom para a empresa, o que é desejável, o que garante o sucesso e a harmonia interna. Essas crenças podem ser relativas a diversas dimensões da vida organizacional, tais como a produção, a qualidade, as interações interpessoais, o respeito à autoridade gerencial, a obediência às normas, etc. Assim, os valores são crenças valorizadas, enfatizadas na vida organizacional. Nem toda crença constitui um valor, somente aquelas que são enfatizadas. Obviamente, as crenças que constituem os valores estão em interação entre si e com outras crenças, de forma a constituir um sistema de valores complexo e organizado hierarquicamente. Segundo Schein (1988), quando uma organização enfrenta problema, situação ou tarefa nova, a primeira solução adotada facilmente pode adquirir o *status* de valor pelo simples fato de não existir ainda um princípio comum, aceito por todos, que determine o que é desejável e prático naquela situação. Os valores expressam formas de conhecer a realidade organizacional, com respostas prontas e privilegiadas a problemas organizacionais. Os valores funcionam como padrões cognitivos para o julgamento e a justificação do comportamento de si e dos outros.

- Os valores organizacionais funcionam como necessidades que determinam o comportamento orientado a um fim (Feather, 1995). A importância que uma organização atribui a certos valores pode determinar a quantidade de esforço que seus membros investem na emissão de determinados comportamentos, bem como a sua persistência na execução deles. Os valores expressam interesses e desejos de alguém. Este alguém pode ser um indivíduo, o dono, o fundador, um gerente ou alguma pessoa influente na empresa; pode também ser um grupo, o conjunto dos membros da empresa. Assim, os valores podem expressar interesses tanto do indivíduo como da coletividade. Os valores podem ser deliberadamente introduzidos nas organizações pelo fundador ou por qualquer outra pessoa influente e registrados especificamente nos estatutos ou em outras regras formais da empresa. Portanto, os valores organizacionais representam metas mais ou menos conscientes da empresa. *They can motivate action, giving it direction and emotional intensity* (Schwartz, 1994 a, p. 21).

Da mesma forma que o indivíduo e os grupos em geral, as organizações encontram exigências universais que têm de ser satisfeitas para garantir a sua sobrevivência. Toda organização enfrenta três problemas fundamentais: 1) a relação entre o indivíduo e o grupo – relação que é sempre conflituosa, já que é difícil conciliar as metas e os interesses do indivíduo e da empresa; 2) para poder subsistir, a organização tem de elaborar uma estrutura definindo papéis, normas, subsistemas organizacionais, relações entre eles, estratégias de trabalho, etc; 3) a relação da organização com o meio ambiente natural e social, já que toda organização existe num ponto determinado do planeta e está inserida numa sociedade concreta. Para poder subsistir, tem de interagir continuamente com o ambiente físico (por exemplo, extração de matéria-prima), com a sociedade e com outras organizações (Schwartz e Ross, 1995). A organização e os seus membros, para poderem dar conta da realidade, têm de reconhecer essas necessidades e planejar, criar ou aprender respostas apropriadas para a sua satisfação. Dessa forma, tanto a organização como os seus membros passam a representar conscientemente essas necessidades como valores ou metas a serem atingidos.

A partir das três necessidades anteriormente mencionadas e com base na abordagem cultural dos valores, Tamayo (1996) postula três dimensões bipolares para representar as alternativas de resposta das organizações.

Autonomia versus *conservação*

O problema da relação entre o indivíduo e o grupo tem de ser solucionado, de uma forma ou de outra, pela organização. As soluções apresentadas até o presente situam-se num contínuo definido pela autonomia e pela conservação. Algumas organizações privilegiam o pólo da conservação. Nelas, os interesses do indivíduo não são vistos como sendo diferentes dos do grupo. Os valores característicos de conservação enfatizam a manutenção do *status quo* na organização e a interdição de comportamentos que possam perturbar as normas e as tradições da empresa. Os valores desse pólo da dimensão são sociocêntricos. No extremo oposto dessa dimensão, encontram-se valores que promovem a busca, por parte de cada um dos membros da organização, de novos caminhos, de novas soluções para os problemas organizacionais. Eles incentivam a percepção do empregado como uma entidade autônoma, habilitada para perseguir seus próprios interesses e fixar suas metas em harmonia com as metas e as normas da organização.

Em certas organizações, as pessoas são vistas como nascidas para desempenhar um papel determinado – o papel de chefe, o papel de subordinado – e, em outras, como indivíduos autônomos com direito a definir e conquistar, com base na competência pessoal, seu próprio espaço na organização. Nas organizações que dão preferência aos valores relativos à conservação, a iniciativa e a criatividade do empregado não são promovidas porque a ênfase é dada às tradições e à conservação do *status quo*, aos caminhos e às soluções já conhecidas e testadas pela organização no passado. Nas organizações nas quais predominam os valores de autonomia, a ênfase é na inovação, na criatividade do indivíduo, no teste de novas soluções, de novas formas de pensar, de agir, de executar o trabalho e de produzir.

Hierarquia versus *estrutura igualitária*

O segundo problema que enfrenta toda organização é o da estrutura. As organizações são sistemas estruturados. Dessa forma, o problema da estrutura é fundamental, e sem a sua solução a organização não pode funcionar e sequer existir. A estrutura define o sistema social da organização, as funções que devem ser executadas e as relações entre as diversas unidades e entre os membros da empresa. As soluções dadas a esse problema pelas diversas organizações situam-se num contínuo que vai da hierarquia à estrutura igualitária. O primeiro pólo enfatiza a hierarquia como forma de garantir o comprometimento dos membros da empresa com a missão desta. Certos valores culturais (autoridade, poder social, influência, fiscalização, supervisão, etc.) expressam uma preferência nítida pela hierarquia. Esses valores enfatizam a legitimidade da definição e da distribuição hierárquica de recursos e de papéis sociais na organização. No outro pólo dessa dimensão, encontra-se a opção pela estrutura igualitária, que expressa a preocupação com o bem-estar dos outros, da organização, em geral. Essa opção implica poucos níveis de autoridade e um gerenciamento por consenso. Os membros da organização são tratados como pessoas, como indivíduos autônomos. Cada um deles é reconhecido como qualificado e responsável no exercício de suas funções. Exemplos de valores culturais típicos da estrutura igualitária são a justiça social, a igualdade, a responsabilidade e a eqüidade.

Harmonia versus *domínio*

As organizações não podem evitar de relacionar-se com o mundo externo, físico e social. Elas são forçadas a definir seu tipo de relacionamento com o meio físico e social. Duas alternativas opostas, situadas num contínuo, definem as respostas da organização. Num dos pólos, pode ser representada a tentativa de afirmação assertiva da empresa por meio do domínio dos recursos materiais, do mercado, da tecnologia e do conhecimento na área específica de atuação. Os valores relativos a esse fator referem-se ao domínio do ambiente físico e social por meio da auto-afirmação da empresa. Os valores desse pólo promovem a realização de esforços diretos para obter o controle e a exploração do meio ambiente, para satisfazer aos interesses da organização e para dominar o mercado. No pólo oposto dessa dimensão, encontram-se valores (por exemplo, proteção da natureza, cooperação, integração interorganizacional) que enfatizam a harmonia com a natureza e com as outras organizações. Eles expressam a tentativa de um acomodamento harmonioso no seu meio ambiente.

As organizações nas quais predominam os valores de domínio apresentam uma marcada tendência ao sucesso, mesmo às custas de dimensões ecológicas do meio ambiente. Sua interação com a natureza pode ser violenta e desequilibrada. Além disso, suas relações com outras organizações serão definidas, principalmente, pelo desejo de sucesso e de domínio e pela vontade nítida de impor seus produtos e sua imagem. As organizações que dão prioridade aos valores de harmonia procuram o desenvolvimento e o sucesso pela interação harmoniosa com a natureza e com as outras organizações, promovendo valores ecológicos, a paz, a tolerância e a cooperação.

A multiplicidade de valores existentes nas diversas organizações estrutura-se, provavelmente, em torno de poucas motivações ou interesses básicos dos sistemas sociais. Pode-se postular que os valores organizacionais se organizam e se estruturam em torno de três dimensões bipolares, anteriormente mencionadas: conservação *versus* autonomia, hierarquia *versus* estrutura igualitária, harmonia *versus* competência. Dessa forma, os valores organizacionais poderiam ser classificados em seis tipos motivacionais definidos pelos pólos opostos dessas três dimensões (Figura 1). Postula-se que esses tipos motivacionais e as dimensões por eles constituídas são universais, isto é, que os valores de qualquer organização organizam-se em torno de três eixos que expressam as repostas aos problemas básicos das organizações.

FIGURA 1
Estrutura dos valores organizacionais

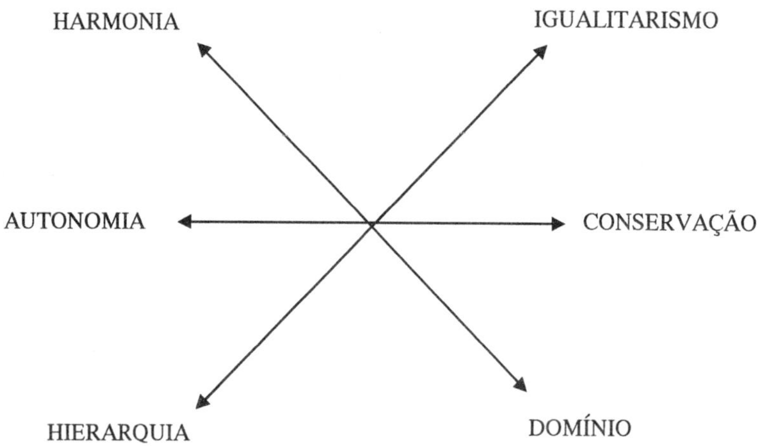

A relação entre os valores organizacionais e o clima pode ser estudada, portanto, sobre a base dessa estrutura motivacional dos valores organizacionais. Do ponto de vista teórico, espera-se que os valores influenciem o clima organizacional, já que eles constituem os princípios que orientam a vida da organização. Resta saber qual a importância do seu impacto real. Qual o impacto que cada um dos pólos anteriormente mencionados tem sobre o clima organizacional? Esse problema parece não ter sido estudado até o presente. O autor deste estudo não conhece nenhuma pesquisa científica nesta área. O objetivo principal deste artigo consiste em determinar qual a melhor combinação dos pólos motivacionais anteriormente mencionados para predizer o clima de uma organização.

Valores e clima organizacional

Como foi mencionado anteriormente, do ponto de vista teórico não há dúvida de que os valores organizacionais influenciam o clima organizacional. A própria noção de valores organizacionais já salienta a importância que eles têm sobre o comportamento e sobre a vida da organização. Além disso, autores como Shein (1985) colocam os valores como determinantes do clima organizacional e dos outros elementos que compõem os artefatos da organização. Será que, na prática, existe de fato essa relação entre os valores e o clima da organização? A forma geralmente utilizada para resolver esse tipo de problema é por meio da pesquisa científica. Infelizmente, o autor deste artigo não encontrou nenhuma investigação que estudasse o problema. Ele resolveu, então, realizar uma pesquisa com o objetivo de dar resposta a essa interrogação.

Para estudar a influência dos valores organizacionais sobre o clima organizacional, foi utilizada uma amostra de 1.906 empregados de uma empresa estatal com sede em Brasília e sucursais em vários estados da União. Foram administrados dois instrumentos de medida: a Escala de Clima Organizacional (ECO) e uma forma abreviada do Inventário de Valores Organizacionais (IVO). A ECO foi construída e validada especificamente para a empresa na qual foi realizada esta pesquisa. Várias etapas foram necessárias para essa finalidade. Primeiramente, foi realizado o estudo da literatura internacional sobre clima organizacional para identificar mais adequadamente os aspectos a serem avaliados. Posteriormente, foi feito um levantamento com um grupo de empregados da empresa selecionada para a pesquisa com a finalidade de obter uma amostra de componentes do clima desta. Na seguinte etapa, foram elaborados itens a partir das percepções dos empregados e a partir de aspectos sugeridos pela literatura internacional. Todos os itens elaborados, bem como as instruções preparadas para a aplicação do questionário, foram submetidos a uma análise semântica que tinha como objetivo validar a sua compreensão por parte dos empregados. O instrumento assim preparado constava de 141 itens. Ele foi respondido por 3.320 empregados, em diversos estados da União. A análise fatorial (*Principal factor solution*) com rotação oblíqua identificou sete fatores: liderança organizacional, comprometimento, segurança no trabalho, ambiente do trabalho, mudanças sem rumo certo, valorização do empregado e treinamento. O IVO foi constituído por 38 valores, sendo alguns deles característicos da empresa e os outros provenientes de um inventário anteriormente construído pelo autor. Os dois instrumentos, a ECO e o IVO, foram administrados coletivamente nas diversas repartições da empresa.

Para examinar a relação entre os valores organizacionais e o clima organizacional, foi utilizada a regressão múltipla, que é uma técnica estatística que permite verificar a relação entre uma variável dependente e várias variáveis independentes. Foram calculados sete modelos de regressão múltipla, tomando-se os seis pólos das três dimensões axiológicas como variáveis independentes e, como variáveis dependentes, os sete fatores da ECO.

Os resultados principais são sintetizados a seguir. Os valores organizacionais em conjunto explicaram 25,70% do clima organizacional. Além disso, cada um dos fatores do clima organizacional foi determinado, de forma específica, pelos diversos pólos axiológicos. O fator ambiente de trabalho pode ser explicado em 21% pelos valores de hierarquia, em 19% pelo igualitarismo e em 7% pelos valores relativos à conservação do *status quo*. Os fatores axiológicos harmonia, domínio e autonomia não foram retidos no modelo de regressão, o que indica a pouca participação como preditores diretos do ambiente de trabalho. No segundo modelo de regressão, constatou-se que os mesmos pólos axiológicos do modelo anterior foram retidos como preditores do comprometimento organizacional. Hierarquia explica 20%, igualitarismo 22% e conservação 20%. Mais uma vez, os fatores harmonia, domínio e autonomia foram excluídos como preditores do comprometimento. A liderança gerencial teve parte da sua variância explicada por quatro preditores: hierarquia contribuiu com 20%, igualitarismo com 22%, domínio e autonomia com 12% cada um. Conservação e harmonia não foram retidos pelo modelo. O fator mudanças sem rumo certo teve sua variância explicada pelos pólos axiológicos hierarquia (17%) e autonomia (14%). Três preditores entraram no modelo para o fator segurança no trabalho, hierarquia explica 7% da variância, igualitarismo 19% e conservação 12%. O fator treinamento teve sua variância explicada por cinco preditores, sendo que hierarquia explica 17%, igualitarismo 19%, domínio 12%, autonomia 10% e harmonia 8%. Finalmente, no modelo utilizado para o fator valorização do empregado, entraram somente dois preditores: hierarquia, que explica 17%, e domínio 14%.

Diante dos resultados obtidos, nota-se, em primeiro lugar, que parece ser modesta a força preditiva dos valores organizacionais para o clima da empresa, já que eles explicaram em conjunto somente 25,70% da variância. Dada a estreita relação teórica entre valores e clima organizacional, poder-se-ia esperar uma maior contribuição preditiva dos valores. Não se deve esquecer, porém, que o clima é o resultante de determinantes individuais e de numerosas variáveis organizacionais. Ora, os valores representam somente uma parte dos determinantes organizacionais. O resultado encontrado, por mais modesto que seja, é de grande importância, por constituir esta pesquisa talvez o primeiro estudo em que se relacionam empiricamente os valores com o clima organizacional. A força preditiva dos valores organizacionais, porém, adquire o seu verdadeiro significado quando se coloca no contexto da multiplicidade de antecedentes do clima organizacional. Possivelmente, os valores não sejam o determinante mais importante do clima, mas certamente fazem parte dos preditores mais significativos. Esse resultado não é surpreendente, já que os valores da organização são princípios ou crenças que orientam a vida da organização. Como guias da vida cotidiana da organização, eles certamente determinam várias características do clima organizacional.

Dos sete modelos de regressão múltipla utilizados, nenhum deles integrou simultaneamente na sua equação os seis pólos axiológicos como antecedentes dos sete fatores do clima organizacional. A dimensão mais relevante para a explicação do clima foi a de hierarquia *versus* estrutura igualitária. O impacto desses dois pólos opostos sobre os diversos componentes do clima foi bastante consistente e diferenciado. Geralmente, as prioridades com respeito à hierarquia apresentaram relação positiva com os componentes do clima, e as de igualitarismo, relação negativa. A hierarquia entrou em todos os modelos de regressão, sendo, portanto, o preditor axiológico mais significativo do clima organizacional. O segundo preditor foi o igualitarismo, presente em cinco dos sete modelos, mas sempre com correlação negativa. Cabe ressaltar, finalmente, que os seis pólos axiológicos entraram, pelo menos, num dos modelos de regressão. Harmonia foi o pólo axiológico que apresentou menos poder preditivo, constituindo o elemento axiológico mais frágil do modelo explicativo do clima organizacional.

O resultado que mais merece ser salientado é, sem dúvida, o poder preditivo da dimensão hierarquia *versus* estrutura igualitária, sendo positiva sobre o clima a relação do primeiro pólo e negativa a do segundo. Convém lembrar que essa dimensão axiológica expressa a resposta das organizações à necessidade de definir e estabelecer uma estrutura para que o grupo possa funcionar e produzir. A estrutura organizacional é um fenômeno sociocognitivamente construído e resultante dos jogos de poder entre as diversas coalizões existentes. Em outras palavras, ela é o produto de projetos deliberados, elaborados por aqueles que possuem o poder na organização. Ela define as relações formais e informais dentro da organização. É obvio, portanto, que a sua importância na vida da organização seja altamente significativa. Como foi mencionado anteriormente, a estrutura organizacional é considerada pelos autores como tendo grande impacto sobre o clima. Esse resultado, portanto, está dentro do esperado.

O resultado mais surpreendente é a polaridade dos efeitos da estrutura hierárquica e da estrutura igualitária. Por que as correlações com clima são positivas, quando se trata da hierarquia, e negativas, no caso da estrutura igualitária? Em outras palavras, por que a estrutura hierárquica tem um efeito positivo sobre o clima, ao passo que a estrutura igualitária tem um efeito negativo? Do ponto de vista teórico, os autores insistem há algum tempo sobre a relação entre hierarquia e clima, mesmo se as pesquisas empíricas anteriores não tenham chegado a estabelecer, de forma clara, a influência benéfica da primeira variável sobre a segunda (Peiró, 1986; Schneider e Bowen, 1985). A própria definição de organização indica, implicitamente, que as organizações possuem diversos níveis hierárquicos. O efeito positivo da estrutura hierárquica sobre o clima, observado na pesquisa relatada neste artigo, pode ser explicado pela familiaridade cultural e vivencial que os empregados têm com modelos hierárquicos e pelo fato de que esses modelos definem, geralmente, de forma precisa, os níveis hierárquicos, os papéis organizacionais e as formalidades do relacionamento. Talvez os empregados se sintam mais à vontade ou mais seguros no contexto de uma estrutura hierárquica do que numa organização com estrutura igualitária, onde, por falta de familiaridade com essa estrutura organizacional, podem considerar que os papéis, as responsabilidades, as exigências que regulam as relações interpessoais e os outros fatores da vida cotidiana não são definidos de forma clara e precisa. Vários autores estadunidenses consideram que as relações hierárquicas, pelo fato de serem familiares, não exigem uma atenção concentrada e proporcionam menos insegurança aos sujeitos. Weick (1965), no seu estudo para explorar as formas como a experimentação de laboratório pode ser utilizada para obter uma melhor compreensão das organizações, afirma que um exercício empírico que implica relações hierárquicas pode ser mais facilmente aceito pelos sujeitos do que exercícios com estrutura igualitária.

A familiaridade com a estrutura hierárquica e a falta de familiaridade, ou a pouca familiaridade da parte dos sujeitos, com estruturas igualitárias parecem constituir um elemento válido para explicar, parcialmente, os efeitos opostos da hierarquia e da estrutura igualitária sobre o clima organizacional. A maior familiaridade com modelos hierárquicos parece não ser exclusiva do Brasil, já que vários autores no exterior também descrevem essa situação. Ela pode, porém, ser mais pronunciada no Brasil que em outros países. O autor deste artigo realizou em mais de quinze organizações um levantamento com o objetivo de obter uma amostra de valores organizacionais. Os sujeitos foram solicitados a escrever numa folha os valores mais importantes da sua organização. No momento de analisar os resultados, constatou-se que os valores relacionados com a estrutura igualitária estavam ausentes ou insuficientemente representados, ao passo que os valores que expressam a estrutura hierárquica estavam muito bem representados. Essa observação pode confirmar a falta de familiaridade dos empregados de organizações brasileiras com estruturas igualitárias.

Um dos pilares do clima organizacional parece ser o fato de a organização possuir uma estrutura familiar, na qual o desconhecido não ameaça o empregado e na qual ele não tem de improvisar, já que as normas básicas que regulam o seu comportamento social e organizacional fazem parte do seu repertório.

Infelizmente, os resultados desta pesquisa não podem ser confrontados com observações realizadas por outros pesquisadores, porque o autor deste artigo não encontrou nenhuma investigação empírica que estudasse a relação entre as estruturas hierárquica e igualitária e o clima organizacional. O resultado encontrado é específico da organização onde foi realizada a pesquisa? Ele é característico de organizações brasileiras? Ele pode ser generalizado a todas as empresas, independentemente do contexto cultural no qual elas se encontram? A réplica desta pesquisa em outras organizações brasileiras e estrangeiras dará resposta definitiva a essas interrogações. Por enquanto, o resultado obtido é o mais seguro para a predição do clima a partir dos valores organizacionais.

Referências bibliográficas

ASHFORTH, B. E. (1985). "Climate formation: Issues and extensions". *Academy of Management Review*, 10, pp. 837-847.

BROWN, S. P. e LEIGH, T. W. (1996). "A new look at psychological climate and its relationship to job involvement, effort, and performance". *Journal of Applied Psychology*, 81, pp. 358-368.

DALTSMACHIAN, A.; ADAMSON, R. e BLYTON, P. (1986). "Developing a measure of industrial relations climate". *Industrial Relations*, 41, pp. 851-859.

DEAL, T. e KENNEDY (1988). *Corporate cultures. The rites and rituals of corporate life*. Londres: Penguin Books.

DEER, C. E. (1980). "Measurement organizational climate in secondary schools". *Australian Journal of Education*, 24, pp. 26-43.

DREXLER, J. (1977). "Organizational climate: Its homogeneity within organizations". *Journal of Applied Psychology*, 61, pp. 38-42.

FEATHER, N. T. (1995). "Values, valences, and choice: The influence of values on the perceived attractiveness and choice of alternatives". *Journal of Personality and Social Psychology*, 68, pp. 1.135-1.151.

HALPIN, A. W. e CROFT, D. B. (1963). *The organizational climate of schools*. Chicago: University of Chicago Press.

HELLRIEGEL, D. e SLOCUM Jr., J. W. (1974). "Organizational climate: Measures, research, and contingencies". *Academy of Management Journal*, 17, pp. 255-280.

KATZ, D. e KAHN, R. L. (1966). *The Social Psychology of organizations*. Nova York: Willey.

HOY, W. K. e CLOVER, S. I. R. (1986). "Elementary school climate: A revision of the OCDQ". *Educational Administration Quarterly*, 22, pp. 93-110.

JAMES, L. R.; JAMES, L. A. e ASHE, D. K. (1990). "The meaning of organizations: The role of cognitions and values". Em B. Schneider (ed.). *Organizational climate and culture*. San Francisco: Jossey-Bass, pp. 41-84.

JAMES, L. R. e SELLS, S. B. (1981). "Psychological climate: Theoretical perspectives and empirical research". Em D. Magnusson (ed.). *Toward a psychology os situations: An interactional perspective*. Hillsdale, NJ: Erlbaum, pp. 275-295.

JOHANNESSON, R. E. (1973). "Some problems in the measurement of organization climate". *Organizational Behavior Human Performance*, 10, pp. 118-144.

JOYCE, W. E. e SLOCUM Jr., J. W. (1990). "Strategic context and organizational climate". Em B. Schneider (ed.). *Organizational climate and culture*. San Francisco: Jossey-Bass, pp.130-152.

LAWLER, E. E.; HALL, D. T. e OLDHAM, G. (1974). "Organizational climate: Relationship to organizational structure, process, and performance". *Organizational Behavior Human Performance*, 11, pp. 139-155.

LINCOLN, J. R. e ZEITZ, G. (1980). "Organizational properties from aggregate data: separating individual and structural effects". *American Sociological Review*, 45, pp. 391-408.

LOCKE, E. A. (1976). "The nature and causes of job satisfaction". Em M. D. Dunnette (ed.). *Handbook of industrial and organizational psychology*. Skokie, IL: Rand McNally, pp. 1.297-1.350.

MERTON, R. K. (1957). *Social theory and social structure*. Glencoe, Illinois: The Free Press.

MOOS, R. H.; INSEL, P. M. e HUMPHREY, B. (1974). *Preliminary manual for family environment scale, work environment scale, and group environment scale*. Palo Alto, CA: National Press Books.

MORGAN, G. *Imágenes de la Organización.* México: Alfaomega, 1991.

PAYNE, L. R. e PHEYSEY, D. C. (1971). "Stern's organizational climate index: A reconceptualization and application to business organizations". *Organizational Behavior Human Performance*, 9, pp. 120-125.

PEIRÓ, J. M. (1986). *Psicologia de la organización.* Madri: Uned.

PFEFFER, J. (1994). *Competitive advantage through people: Unleashing the power of the work force.* Boston: Harvard Business School Press.

POOLE, M. S. (1985). "Communication and organizational climates. Review, critique and a new perspective". Em R. D. McPhee e P. K. Tompkins (eds.). *Organizational communication.* Beverly-Hills: Sage, pp. 79-108.

PRAKASAM, R. (1986). "Organizational climate: Development of a questionnaire measure". *Psychological Studies*, 31, pp. 51-55.

REICHERS, A. E. e SCHNEIDER, B. (1990). "Climate and culture: an evolution of constructs". Em B. Schneider (ed.). *Organizational climate and culture.* San Francisco: Jossey-Bass, pp. 5-39.

SCHEIN, E. H. (1985). *La cultura empresarial y el liderazgo: una visión dinámica.* Barcelona: Paza e Janes.

SCHNEIDER, B. e BOWEN, D. E. (1985). "Employee and costumer perceptions of service in banks: Replication and extension". *Journal of Applied Psychology*, 70, pp. 423-433.

SCHWARTZ, S. H. e ROS, M. (1995). "Values in the west: A theoretical and empirical challenge to the individualism-collectivism cultural dimension". *World Psychology, 1(2)*: 91-122.

SCHWARTZ, S. H. (1994). "Are there universal aspects in the structure and contents of human values?" *Journal of Social Issues*, 50, pp. 19-45.

SILVA VÁSQUEZ, M. (1992). *El clima en las organizaciones. Teoria, método e intervención.* Barcelona: PPU.

TAMAYO, A. (1996). "Os valores organizacionais". Em A. Tamayo, J. E. Borges-Andrade e W. Codo. *Trabalho, organizações e cultura.* São Paulo: CAA.

TAMAYO, A. e SCHWARTZ, S. H. (1993). "Estrutura motivacional dos valores". *Psicologia: Teoria e Pesquisa*, 9, pp. 329-348.

TAMAYO, A. e GONDIM, M. G. C. (1996). "Escala de valores organizacionales". *Revista de Administração, 31(2)*: 62-72.

TAYLOR, C. W. (1972). *Climate for creativity*. Elmsford, NY: Pergamon.

WALLACE, M. J.; IVANCEVICH, J. M. e LYON, H. L. (1975). "Measurement modifications for assessing organizational climate in hospitals". *Academy of Management Journal*, 18, pp. 82-97.

WEICK, K. E. (1965). "Laboratory experimentation with organizations". Em J. M. March (ed.). *Handbook of Organizations*. Chicago: Rand McNally, pp. 194-260.

ZOHAR, D. (1980). "Safety climate in industrial organizations: Theoretical and applied implications". *Journal of Applied Psychology*, 65, pp. 96-102.

ALVARO TAMAYO é doutor em Psicologia pela Université de Louvain (Bélgica). Durante uma década lecionou na Universidade de Moncton (Canadá) e, atualmente, é professor titular no Departamento de Psicologia Social e do Trabalho da Universidade de Brasília. Foi chefe deste departamento e vice-diretor do Instituto de Psicologia. Leciona na graduação e nos cursos de mestrado e de doutorado. É autor de livros e de numerosos artigos científicos. Seus interesses de pesquisa estão, principalmente, na área de valores organizacionais e do seu impacto sobre o comportamento organizacional. Atua como consultor em empresas, particularmente na área de avaliação e desempenho, clima e valores organizacionais, avaliação de programas, avaliação de treinamento e análise organizacional.

Justiça no trabalho e poder organizacional

Maria das Graças Torres da Paz

São muitos os estudiosos que admitem ser uma organização uma associação de indivíduos que agem, na maioria das vezes, de acordo com normas de conduta estabelecidas, e que estas normas determinam um sistema de cooperação a fim de desenvolver o que for desejável para os que dela fizerem parte. Assim, à medida que, numa organização, há um somatório de cooperações individuais, ou melhor, há uma reunião ou conjunto de cooperações com o objetivo de se obterem vantagens mútuas, essa organização será marcada por conflitos e interesses individualizados, mesmo existindo identidade de interesses a partir do momento em que a cooperação social torna possível uma vida melhor para todos.

O conflito surge, dentre outras ocasiões, quando as pessoas começam a preocupar-se com as recompensas resultantes do aumento de produtividade decorrente de suas contribuições. Faz-se necessária, então, a existência de um conjunto de regras que norteie e assegure um acordo para a distribuição correta de benefícios. Essas regras de justiça social proverão a determinação de direitos e deveres nas organizações e definirão a distribuição adequada tanto dos benefícios como dos encargos advindos da cooperação social. Precisam, porém, tornar-se públicas, sendo necessário ainda que haja certa concordância entre aqueles que fazem a organização quanto ao conceito de justiça, pois, na ausência de entendimento sobre o que é justo ou injusto, será, evidentemente, mais difícil estabelecer uma partilha apropriada, o que acarretará problemas de eficiência, coordenação e estabilidade.

A interpretação e a aplicação desse conjunto de regras são realizadas por pessoas que constituem a organização. Há, portanto, os que as fazem cumprir e os que a elas se submetem, implicando relações de poder. A organização dá a certos indivíduos o poder da posição e do controle de recursos, inclusive daqueles que serão distribuídos em função das contribuições individuais e grupais na organização. A própria percepção de justiça ou injustiça na distribuição de recompensas vai depender, inclusive, de um julgamento individual que é determinado em função de um sistema de valor subjetivo de cada membro organizacional, que, por sua vez, tem relação com as características de suas personalidades. Estas características pessoais são fundamentais ao exercício do poder, que demanda vontade de exercê-lo, energia pessoal, atratividade e inteligência, influenciando a participação das pessoas nos jogos políticos usados para manutenção de redes de interação, de comando, de controle de resultados e de mudança organizacional. Por outro lado, a dinâmica organizacional também é caracterizada por configurações de poder específicas a cada empresa ou instituição, definidas em função das interações entre as coalizões internas e externas à organização, que determinam seus sistemas de influências e de metas, conforme salientado por Mintzberg (1983). A escolha e a adoção de critérios de justiça para distribuição de recompensas dependerão, em parte, desses jogos organizacionais e das configurações de poder da organização. Daí a dificuldade de isolar as questões de justiça no trabalho do poder organizacional. Daí a necessidade de enfocar a justiça sob o prisma da abordagem sistêmica, que contempla a inter-relação de variáveis macro e microorganizacionais para a compreensão dos fenômenos da organização.

Demonstrar as relações entre percepção de critérios de justiça distributiva no trabalho e poder organizacional é o objetivo deste capítulo, que enfocará as questões de justiça no trabalho como figura e o poder organizacional como fundo.

Inicialmente, a justiça distributiva será abordada salientando as questões de natureza sistêmica e estrutural, apresentando-se ainda a sua interação com a justiça dos procedimentos. Posteriormente, serão apresentados e enfaticamente discutidos os resultados de uma pesquisa empírica sobre o assunto.

Justiça distributiva

Vivendo a complexidade da realidade cotidiana, empresas e instituições tentam garantir uma distribuição correta de encargos e benefícios, adotando, algumas vezes, sistemas de avaliação de desempenho, o que vem a refletir a preocupação relacionada à eficiência dos seus membros e à distribuição de recompensas decorrentes das suas produtividades. Talvez por serem as avaliações de desempenho instrumentos que subsidiam a distribuição de recompensas, as questões de justiça distributiva têm sido enfocadas mais fortemente nos ambientes organizacionais. Embora, incontestavelmente, se trate de tema de grande importância, uma vez que enfoca a proporcionalidade entre contribuições e recompensas das pessoas que fazem a cooperação social, os estudos sobre a justiça só se intensificaram nas últimas décadas, salientando-se os trabalhos de Homans, Adams, Deustch, Leventhal e alguns outros.

Para Homans (1961), um homem numa relação de troca com outro esperará que as recompensas de cada homem sejam proporcionais a seus custos – quanto maiores as recompensas, tanto maiores os custos – e que as recompensas líquidas ou lucro de cada homem sejam proporcionais aos seus investimentos – quanto maiores os investimentos, tanto maior o lucro. O autor considera que a justiça distributiva é uma das condições centrais para a manutenção do equilíbrio do grupo, ressaltando a importância de considerar, nos estudos sobre o tema, as questões de *status*, autoridade e poder (1976).

Além da abordagem sociológica de Homans, estudos sobre justiça distributiva com um enfoque psicológico, segundo alguns autores, começaram com Adams (1965), que apresentou os fundamentos da Teoria da Ineqüidade,* relacionada ao sentimento de injustiça, à percepção de eqüidade ou ineqüidade entre o que a pessoa investe e o que recebe em troca. Um dos aspectos mais importantes refere-se às tensões provocadas pela ineqüidade e às reações comportamentais que reduzem essa tensão.

---

* A palavra ineqüidade é usada no texto como ausência de eqüidade, mas sem a conotação negativa relativa ao que é iníquo (extremamente injusto, perverso, malévolo). Por esta razão o neologismo é usado pela autora.

As proposições de Adams subsidiaram um grande número de pesquisas sobre as injustiças nas organizações de trabalho, como as realizadas por Goodman e Freedman (1969) e Pritchard (1969), que confirmaram a hipótese de que quando os sujeitos são super-recompensados eles aumentam seus *outputs* e tentam produzir mais no sentido de reduzir a ineqüidade que lhes é desconfortável; Lawler (1968), que concluiu que as pessoas super-recompensadas produzem mais alta qualidade e mais baixa quantidade que os recompensados eqüitativamente; Evam e Simmons (1969), que demonstraram que pessoas sub-recompensadas diminuem seus *inputs* ao fazerem um balanço entre *inputs* e resultados; Dela Coleta e Siqueira (1986), que avaliaram a preferência por diferentes alternativas comportamentais e cognitivas na redução de sentimento de ineqüidade provocado por situações de trabalho, concluindo que as reações a injustiças salientadas por Adams correspondem, em parte, às identificadas na pesquisa.

Embora a Teoria da Ineqüidade de Adams tenha sido a pioneira na área da Psicologia, a literatura sobre o tema levanta alguns aspectos caracterizados como críticos na teoria, como a dinâmica da interação social extremamente limitada da proposta, o desprezo do aspecto da interação na relação de troca e não consideração da negociação e barganha como influenciadores da concepção de eqüidade pelas partes envolvidas e a concepção unidimensional de justiça.

Abandonando a concepção unidimensional, que considera justo apenas o critério da eqüidade, várias pesquisas foram desenvolvidas utilizando também os critérios de igualdade e necessidade, associando-os a outras variáveis. Dentre os vários estudos já desenvolvidos, alguns são ressaltados pelo pioneirismo e contribuição para a compreensão do fenômeno no âmbito organizacional, como os descritos a seguir.

A investigação de diferenças entre decisões individuais e grupais para alocação de recursos e recompensas foi objeto de estudo realizado por Burnstein e Katz (1972), que concluíram ter a distribuição grupal um caráter mais genérico, ao passo que a distribuição individual tem uma conotação mais detalhada. Já Elliot e Meeker (1984, 1986) sugeriram que o grupo é usado como contexto dentro do qual o alocador pode interpretar a informação sobre características individuais de seus membros. Petterson (1975), por sua vez, ao trabalhar no nível das relações familiares, concluiu que os alocadores consideram mais o critério da necessidade que o da eqüidade quando os trabalhadores na empresa são membros da família, mas revertem o padrão com membros não-familiares. Greenberg e Ornstein (1983) e Greenberg (1988), ao investigarem se o valor do *status* na organização poderia provocar a percepção de injustiças, confirmaram que certos símbolos físicos são demarcadores de *status*, como natureza de equipamentos, soma de espaços, etc. Esses símbolos que foram percebidos como recompensadores despertam sentimento de injustiça por parte dos que não são favorecidos com esse tipo de recompensa. Griffeth, Vecchio e Logan (1989), ao investigarem as relações entre atração interpessoal e adoção de critérios de justiça, constataram que as correlações foram positivas entre atração interpessoal e formas de compensação, ou seja, houve favorecimento dos sujeitos que tinham maior ligação emocional com o alocador.

No entanto, além da justiça da distribuição que retrata a justiça da decisão final da alocação de recursos, os estudos sobre a justiça dos procedimentos, que consiste na justiça dos passos tomados no processo de alocação final de recursos e recompensas, também se intensificaram. Leventhal (1980) sugeriu critérios para avaliar a justiça dos procedimentos; na mesma linha, Lissak e Shepard (1983) apresentaram os critérios que podem ser usados para avaliar injustiças; Greenberg (1986) caracterizou os determinantes da percepção de justiça e injustiça em avaliação de *performance*; em 1987, o mesmo autor pesquisou a relação entre justiça da distribuição e dos procedimentos, concluindo que há interação entre elas. Nesse último estudo, Greenberg investigou ainda a origem do procedimento injusto, se individual ou organizacional. Os sujeitos concordaram que a injustiça é mais sentida quando compromete a pessoa e tem continuidade no futuro, admitindo que as conseqüências dos procedimentos injustos decorrentes das políticas organizacionais são vistas como mais sérias e permanentes que os procedimentos injustos decorrentes de ações individuais. Howard e Tyler (1986) investigaram a importância do procedimento justo considerando o tipo de relação interpessoal que é mantida no contexto situacional. Concluíram que a justiça dos procedimentos é mais importante em grupos cujas relações interpessoais são muito desejáveis, porém instáveis, que em grupos nos quais as relações são mais tranqüilas e estáveis. Gordon e Fryxell (1989) estudaram a relação entre características institucionais e justiça da distribuição e dos procedimentos. Os resultados retrataram correlação positiva entre satisfação com justiça de procedimento e instituições cujas associações são forçadas e correlação negativa com justiça do procedimento e instituições de associações voluntárias.

Partindo da distinção feita por Thibaut e Walker (1975) sobre controle da decisão – o controle feito sobre a decisão tomada – e controle de processo – que seria a oportunidade de manifestação das pessoas envolvidas no processo de tomada de decisão, Lind, Kanfer e Earley (1990) objetivaram investigar a influência da expressão verbal na justiça da distribuição e do procedimento. Concluíram que, quando há oportunidade de manifestação das pessoas, quando a intervenção é permitida, os julgamentos são mais favoráveis tanto no que se refere à justiça da distribuição como à dos procedimentos.

Fazendo-se uma análise dos estudos na área da justiça, constata-se que seus grandes marcos teóricos aconteceram nos anos 1960, quando também foram desenvolvidos estudos experimentais em laboratórios. Nos anos 1970, intensificaram-se os estudos de campo sobre a justiça da distribuição e, a partir dos anos 1980, ampliaram-se os estudos sobre a justiça dos procedimentos, relacionando-a à justiça da distribuição de recursos e recompensas.

Dois grandes pesquisadores, no entanto, tiveram um papel extremamente importante nos estudos sobre justiça nas organizações de trabalho – Deustch e Leventhal. O primeiro introduziu a visão sistêmica nos estudos da justiça, enfoque essencial para a compreensão no âmbito das organizações, e o segundo enfatizou o seu uso instrumental.

Segundo Deustch (1975), o sistema social favorece mais o uso de alguns critérios de alocação que outros, havendo, pois, uma certa pressão para a conformidade que estimula a disposição de seguir as normas que são aprovadas socialmente por outros alocadores. O autor hipotetizou, por exemplo, que, em relações cooperativas nas quais a produtividade econômica é o principal objetivo, a eqüidade, em vez de igualdade e necessidade, será o princípio dominante de justiça distributiva; já no caso de relações cooperativas em que a promoção ou a manutenção de relações sociais agradáveis é o objetivo comum, a igualdade será o princípio dominante; finalmente, em relações cooperativas nas quais a promoção do desenvolvimento e do bem-estar pessoal é o objetivo comum, a necessidade será o princípio dominante de justiça distributiva. Então, freqüentemente, um critério é mais aceito que outro, sendo possível o ignorar de um em favor de outro mais compatível com a situação e com os desejos do alocador.

Especulando o valor instrumental da alocação eqüitativa, Leventhal (1976) salientou as situações que seriam consideradas para utilização de diferentes critérios de justiça. Ao tratar do critério da eqüidade, uma das situações salientadas seria aquela em que o alocador deve distribuir recursos limitados ou essenciais. Partindo do princípio de que os recebedores mais produtivos usam os recursos de forma mais eficiente, o alocador usa o critério da eqüidade e dá mais recursos às melhores *performances*. Se, ao contrário, fossem dadas grandes somas de recursos aos de mais baixas *performances*, provavelmente os *outputs* do grupo seriam modestos, promovendo a ineficiência e o possível esbanjamento.

Uma segunda situação levantada que caracteriza o valor instrumental da alocação eqüitativa é aquela em que se objetiva o controle dos membros do grupo. Nessa situação, parte-se do princípio de que esse tipo de distribuição eqüitativa se torna mais atrativo para os recebedores que contribuem mais. Altas recompensas para altas *performances* tendem a elevar o moral do grupo, embora, do ponto de vista organizacional, não seja fácil deixar de recompensar os menos produtivos, porque algumas vezes a baixa produção decorre da falta de treinamento e de condições adequadas de trabalho.

Outra condição que caracteriza o valor instrumental do uso da eqüidade é quando se torna necessário ou atrair novos membros para a organização, ou impedir que os mais competentes se afastem. Nessa circunstância, parte-se do princípio de que o alocador precisa conhecer as alternativas dos recebedores e, se necessário, dar altas recompensas para reforçar as altas *performances* dos que *permanecem* no grupo, a fim de que não se sintam atraídos por outras alternativas.

A avaliação dos trabalhos desenvolvidos pelos recebedores, ou seja, a avaliação dos seus desempenhos, é uma outra situação considerada de valor instrumental para o uso da eqüidade. Parte-se, pois, do princípio de que, para quem tenta eliciar altas *performances* pelo critério da eqüidade, é imperativo avaliar a contribuição e o trabalho de cada recebedor. A comparação social, portanto, é parte essencial no processo de avaliação. Nesse caso, o alocador tende a recompensar relativamente os recebedores em função de suas habilidades, porque desconsiderar essas diferenças pode, em certo sentido, ser contraproducente. Por outro lado, a política de distribuição de recompensas somente com base na comparação social pode desencorajar os recebedores com pouca habilidade, reduzindo suas motivações no trabalho. Assim, além da comparação social, os alocadores podem também usar do recurso de avaliar o que cada um faz de melhor. Dessa forma, pode-se, ao usar o critério da eqüidade, considerar tanto a habilidade como o esforço.

A última situação analisada é que a distribuição de recompensas de acordo com a contribuição dos recebedores é uma política que auxilia a maximizar a produtividade. Mas alguns alertam para o fato de que distribuição de recompensas com base no mérito pode levantar consideráveis tensões e antagonismos, principalmente entre recebedores que recebem relativamente pouco.

Conclui-se, portanto, que parece apoiada e evidenciada a visão de que alocações eqüitativas favorecem uma alta produtividade, mas que algumas exceções importantes precisam ser consideradas.

O uso instrumental do critério de igualdade também deve ser discutido. A igualdade pode ser um critério usado como forma de prevenção de conflito. Em algumas situações de alocação, há um considerável potencial de conflito entre alocadores e recebedores, porque os últimos podem sentir-se pouco recompensados. Esse tipo de reação, que certamente provoca insatisfação entre as partes, pode também comprometer a posição do alocador, pois alguns empregados podem retirar-lhe o apoio e movimentar outros a também fazer o mesmo, o que provavelmente comprometeria a produtividade e abalaria a posição do alocador.

O favorecimento do uso da igualdade também se dá quando o alocador é um co-recebedor, ou seja, ele também faz parte do grupo que será recompensado por ele próprio; mas apenas na condição em que sua *performance* é superior às demais. No caso de ele ter *performance* inferior, até por questão ética e para evitar que o julguem como aproveitador, ele prefere considerar todas as *performances*.

Embora normalmente igualdade e eqüidade sejam vistas como critérios opostos, uma vez que os alocadores que visam a estimular a produtividade usam a eqüidade e os que desejam manter a solidariedade usam a igualdade, em algumas situações a igualdade é usada para favorecer a produtividade. Nessa condição, o alocador considera que, para manter a produtividade ou acelerá-la, é preciso que o clima grupal esteja tranqüilo, sem divergências. Aí então, em nome da produtividade, ele também usa o critério da igualdade.

O último critério de justiça distributiva utilizado nas organizações é o da necessidade. O alocador recompensa aqueles que demonstram ter maior necessidade, desconsiderando os *inputs* dos membros do grupo. Há, por parte do alocador, uma preocupação com o bem-estar e a saúde do recebedor. Alega-se que a recompensa que os alocadores dão aos que consideram mais necessitados é função da ligação emocional existente entre eles, mas que os alocadores não deixam de preocupar-se com a produtividade.

Embora dentre os três critérios de justiça distributiva o que mais tenha favorecido e fundamentado os estudos sobre o assunto tenha sido o critério da eqüidade, talvez até porque já se chegou a considerar que este seria realmente o único critério que poderia ser caracterizado como justo, partindo-se do pressuposto de que o justo é o proporcional, a grande tendência atual é a investigação da justiça com um enfoque multidimensional, tal como adotado no presente trabalho.

Partindo-se dos pressupostos de Homans, Deustch e Leventhal, que consideraram, respectivamente, a indissociabilidade dos estudos da justiça e do poder, a visão sistêmica como um dos enfoques sob o qual a justiça no trabalho deva ser investigada e o valor instrumental dos critérios de justiça nas organizações de trabalho, desenvolveu-se a pesquisa "Justiça no trabalho e poder organizacional", que teve como objetivos investigar: a) as relações entre os critérios de justiça distributiva efetivamente usados no sistema de avaliação de desempenho de uma empresa estatal e aqueles que idealmente deveriam ser utilizados de acordo com a percepção de seus empregados; b) as imagens de empresa poderosa e produtiva por parte dos mesmos empregados; c) as relações entre a percepção dos critérios de justiça distributiva reais e ideais e as imagens da organização; d) se variáveis demográficas (idade, sexo e escolaridade) e organizacionais (hierarquia, tempo de serviço, área de trabalho, tipo de atividade e salário) são preditoras da percepção de justiça distributiva e das imagens organizacionais.

Método e resultados

Seguindo a tradição das pesquisas na área, foi utilizado como referente para identificação dos critérios de justiça no trabalho o sistema da avaliação de desempenho de uma empresa, avaliação que subsidiava o sistema de distribuição de recompensas.

Em fase preliminar, para caracterizar as idiossincrasias da organização, entrevistas coletivas foram realizadas com setenta empregados de diferentes áreas e níveis hierárquicos. Pela análise de conteúdo dessas entrevistas, que retrataram a formação de imagens de empresa poderosa e produtiva, foram construídas as escalas de "Percepção do poder organizacional" e "Percepção de produtividade organizacional", de quatro pontos, unifatoriais, com itens descritivos e alphas de Cronbach de .86 e .78 respectivamente. As análises de documentos e as entrevistas anteriormente citadas subsidiaram a construção dos "Questionários de percepção de justiça no trabalho" (percepção real e ideal), específicos para a organização em foco e não adequados à fatoração estatística.

Os questionários e as escalas foram aplicados coletivamente e respondidos individualmente por duzentos empregados, correspondendo a 15% da população da empresa. A amostra foi estratificada, portanto, com representação de todas as áreas da empresa, em número de quatro.

Os resultados revelaram que a imagem de empresa poderosa não é bem definida, uma vez que a média foi 2,3 numa escala de quatro pontos, ao passo que a imagem de empresa produtiva é fortemente sedimentada – a média foi 3,8 também numa escala de quatro pontos. De fato, a empresa é percebida como poderosa pelos subordinados e menos poderosa pelas chefias. Quanto aos critérios de eqüidade, igualdade e necessidade reais, as médias foram, respectivamente, 5,0, 2,3 e 0,4 numa escala de oito pontos. Já os critérios de eqüidade, igualdade e necessidade ideais tiveram as médias respectivas: 6,7, 1,7 e 0,2, também numa escala de oito pontos.

Para identificar a força e a direção das correlações entre as variáveis da pesquisa, foi utilizado o "Teste de regressão múltipla". Para a construção das equações referentes às variáveis empresa poderosa e empresa produtiva, as variáveis demográficas e organizacionais entraram como independentes. Para a construção das equações referentes aos critérios de justiça reais, entraram como independentes todas as demais variáveis do modelo hipotetizado, assim como para a construção das equações referentes aos critérios de justiça ideais. Os resultados mais significativos retrataram que: a) dentre as variáveis organizacionais, a variável "salário" foi a que mais exerceu influência, sendo preditora das percepções de empresa poderosa (correlação negativa) e produtiva e dos critérios de "eqüidade ideal e necessidade real" (correlação negativa); b) tempo de serviço foi preditora da variável "igualdade real" (correlação negativa); c) hierarquia foi preditora da variável "eqüidade real"; d) área de operação foi preditora das variáveis "igualdade real e ideal" (correlações negativas); e) dentre as variáveis demográficas, escolaridade foi a única que permaneceu no modelo resultante da regressão, sendo preditora das variáveis "necessidade real e ideal" (correlações negativas); f) a imagem de empresa poderosa foi variável preditora dos critérios de "eqüidade real e ideal"; g) o critério de eqüidade ideal foi variável preditora de "eqüidade real"; h) os critérios de eqüidade ideal e real foram, respectivamente, variáveis preditoras de "igualdade ideal e real" (correlações negativas).

Em suma, no modelo resultante da regressão, as variáveis organizacionais são preditoras mais poderosas que as variáveis demográficas. Como permaneceram no modelo as variáveis "salário", "hierarquia", "tempo de serviço na empresa" e "área de operação" – área percebida como a mais nobre da empresa –, pode-se considerar que o *status* na organização foi determinante nas percepções de empresa poderosa e produtiva e nos critérios de justiça distributiva.

Percepção dos critérios reais e ideais de justiça distributiva: uma discussão

Conforme salientado anteriormente, embora a pesquisa tenha tido como um dos objetivos investigar a relação entre justiça no trabalho e imagem de empresa poderosa e produtiva, optou-se, neste texto, pela exploração mais aprofundada da variável justiça, e nesta direção é feita a discussão.

Os resultados da pesquisa tão favoráveis ao uso do critério da eqüidade na avaliação são bem explicados por Deutsch (1975), ao hipotetizar que, em relações cooperativas nas quais a produtividade econômica é o principal objetivo, eqüidade, em vez de igualdade ou de necessidade, é o princípio dominante de justiça. Não resta dúvida de que, realmente, o princípio dominante de justiça usado nas avaliações de desempenho da empresa foi o da eqüidade, percebido tanto por chefes como por subordinados das quatro áreas da empresa.

Segundo Deutsch, o critério de justiça utilizado depende da natureza e dos objetivos das relações cooperativas, ou seja, o sistema social, tipicamente, favorece mais o uso de alguns critérios para alocação que outros. Assim sendo, segundo Leventhal (1976), há uma certa pressão para a conformidade e a disposição para seguir modelos processuais de normas de alocação que são aprovadas socialmente, de forma que são seguidas pelos alocadores de maneira geral. Sendo a organização estudada uma empresa que visa à produtividade econômica, é compreensível que seus empregados optem pelo critério da eqüidade e que, em função da pressão para a conformidade tratada por Leventhal, haja um acentuado consenso quanto ao uso do critério, principalmente pelas chefias.

Essa consensualidade, porém, é bem caracterizada em relação aos chefes, mas nem tanto em relação aos subordinados, pois os resultados apresentados pelos dois grupos revelam diferenças significativas. De acordo com esses, o grupo de avaliados/subordinados teve percepções diferenciadas. Aproximadamente metade da amostra dos avaliados julgou que o critério de justiça mais usado na avaliação foi o da eqüidade, e a outra metade considerou que o critério mais usado foi o da igualdade, sendo que o critério da necessidade quase não foi admitido.

A bibliografia levantada sobre o assunto salienta que, quando os alocadores optam pelo critério da eqüidade, eles são de opinião que é este o critério que favorece altas *performances* e elicia e mantém altos níveis de motivação. Em se tratando de empresa que tem fins lucrativos, chega a ser lógico que os chefes tenham preocupações relativas à motivação e à *performance*, de forma que é compreensível que, como grupo de alocadores, usem a eqüidade como critério referente. Mas a que se deve a percepção de parte dos subordinados de que o critério usado nas avaliações foi o da igualdade, discrepando da percepção dos seus chefes? Uma das possibilidades consideradas nas entrevistas realizadas com funcionários da empresa para discussão dos resultados é que a distribuição igualitária de recompensas pode ter sido decorrente de uma distribuição proporcional. Ao comparar *inputs* e *outputs* dos seus subordinados, alguns alocadores admitiram que as *performances* eram semelhantes e que todos deveriam ter a mesma recompensa. Nessa condição, conclui-se que, em alguns casos de grupos de trabalho mais homogêneos, o critério usado pelos alocadores tenha sido o da eqüidade, mas, como conseqüência, as recompensas foram igualitárias e, dessa forma, percebidas pelos avaliados.

Considerando que alguns alocadores também admitiram ter usado o critério da igualdade, é importante não esquecer a colocação feita por Bandura (1969) de que o ambiente social está distante de ser monolítico. Freqüentemente, os indivíduos têm uma variedade de modelos alternativos para imitar e uma série de alternativas e insinuações de papéis a seguir. Semelhantes diversidades no ambiente social tendem a legitimar uma variedade de ações alternativas e de flexibilidade de comportamentos, de forma que o alocador pode ter bastante liberdade para decidir que critério de alocação deva seguir. Portanto, mesmo que o critério da eqüidade seja preferencialmente o mais usado pela organização como um todo, alguns gerentes podem ter preferido usar outros critérios, no caso, especialmente o da igualdade.

Alguns fatores podem explicar a preferência pelo uso do critério da igualdade por alguns alocadores. Um deles, há muito explicado por Steiner (1972), é de que pode ter havido alto nível de cooperação em alguns grupos. Nesse caso, uma alocação eqüitativa poderia provocar efeitos contraproducentes, pois muitas vezes torna-se difícil taxar precisamente as contribuições individuais, porque há um alto nível de cooperação entre os recebedores, a qual é essencial para que os objetivos sejam atingidos. Certos alocadores admitem ser importante emitir um alto nível de solidariedade no grupo, considerando imprescindível que ocorram relações sociais amistosas. Para evitar animosidades, a distribuição igual de recompensas é mais desejável (Howard e Tyler, 1986).

A situação contextual caracterizada por Miller e Hammblim (1963) que também explica a necessidade de alocação igualitária é quando há uma alta interdependência das atividades grupais. O uso da eqüidade nessa condição pode levar os membros do grupo à competição pela recompensa, ocasionando, assim, a ruptura das tarefas e das atividades.

Outra condição que explica o uso do critério da igualdade é levantada por Hommans (1961), que alerta para o fato de que a distribuição de recompensas com base no mérito pode algumas vezes levantar consideráveis tensões e antagonismos, ou seja, pode levar, especialmente aqueles que foram menos recompensados, a experienciar emoções negativas que podem comprometer ainda mais o desempenho de alguns membros do grupo.

O alocador pode ainda recorrer ao uso de uma distribuição igual por uma questão pessoal de natureza emocional relacionada à atratividade ou simpatia (Goode, 1967). Por dificuldade de recompensar menos aqueles com quem simpatiza, em algumas ocasiões prefere usar o critério da igualdade como forma de superar o apelo da atração e não parecer tão injusto.

O uso do critério da igualdade pelo alocador também pode ser decorrente de pressões do grupo. Os avaliados podem protestar e resistir à política de punir os incompetentes, ou por questões de simpatia e amizade aos colegas, ou porque querem limitar o poder do alocador, que pode ser usado contra eles. Além do mais, o uso do critério da igualdade pode ser usado pelo chefe como decorrência do medo de comprometer a sua posição, pois os subordinados podem tirar-lhe o apoio e ainda movimentar outros para fazer o mesmo. Tal comentário também foi salientado por alguns funcionários da empresa por ocasião da realização das entrevistas de discussão de resultados.

Com base nas entrevistas referidas anteriormente, outras hipóteses explicativas foram consideradas com relação ao uso do critério da igualdade. Uma é que, segundo os entrevistados, o momento de implantação do Sistema de Avaliação foi inadequado, pois nem todos os chefes e avaliados estavam bem informados a respeito do processo. Nesse sentido, alguns chefes preferiram usar o critério da igualdade para não prejudicar ninguém, pois a falta de mais informações a respeito do processo poderia favorecer alguma decisão injusta para os membros da equipe. Outra hipótese é que, devido ao fato de o Sistema de Avaliação ter sido implantado por questões políticas, segundo os entrevistados para atender às reivindicações do sindicato, alguns chefes podem ter adotado uma postura de contestação quanto à decisão da diretoria de implantar apressadamente o sistema de avaliação, não participando do processo da maneira proposta pela DRH (Diretoria de Recursos Humanos), optando pelo uso do critério da igualdade. Outros avaliadores também usaram o critério da igualdade para discordar da implantação formal da avaliação de desempenhos. Alguns chefes ainda usaram o critério da igualdade numa posição mais cautelar, por considerarem o treinamento dos avaliadores insuficiente, o que provocou certa insegurança para os mesmos. Problemas relativos ao instrumento de avaliação foram outra justificativa utilizada. Embora operacionalizados, os itens não foram entendidos da mesma forma por todos os avaliadores, caracterizando uma certa dificuldade para proceder a uma avaliação considerada justa para algumas chefias. Conseqüentemente, o uso do critério da igualdade foi considerado a solução mais adequada para eles.

Uma outra questão de importância para explicação dos resultados referentes à escolha do critério utilizado está relacionada ao próprio instrumento da coleta dos dados da variável "Percepção dos critérios reais de justiça". O instrumento não dava a oportunidade ao respondente de ordenar os critérios de justiça utilizados, no sentido do mais usado ao menos usado. Da forma como o problema foi abordado, o sujeito dava a sua resposta considerando o critério que, na maioria das vezes, determinou a avaliação. Assim sendo, no que se refere às percepções dos chefes, quase unânimes de que o critério considerado nas avaliações foi o da eqüidade, não significa que outros critérios não tenham sido usados.

Por todas as questões citadas anteriormente, é possível compreender por que houve discrepâncias entre a percepção de chefes e subordinados quanto ao uso dos critérios de eqüidade e igualdade na avaliação de desempenho dos funcionários.

Outro critério também percebido como dominante nas avaliações por uma pequeníssima parte de amostra, mas que também caracterizou certa discrepância entre percepções de chefias e subordinados, foi o critério da necessidade. Por meio das entrevistas, foi possível hipotetizar, nesse caso, que a percepção do uso do critério da necessidade tenha sido decorrente de uma ponderação de critérios. Como os elementos do grupo tinham igual *performance*, o alocador optou por usar o critério de dar mais a quem tinha mais necessidade. A importância da *performance* nessa situação foi considerada e mantida, e a necessidade seria apenas um critério de desempate. Para Schuartz (1970), no entanto, os avaliadores que recompensam aqueles que têm mais necessidade são chefes que se preocupam com o bem-estar e a saúde dos subordinados, e, neste caso, a escolha do critério seria função da ligação emocional existente entre as partes. Porém é preciso não esquecer que, ainda assim, as chefias são influenciadas pelo desejo de maximizar a produtividade, preservar a harmonia e conservar os recursos valiosos. Com essa intenção, as chefias podem ter usado o critério da necessidade para criar reciprocidade e comprometimento em alguns empregados que, pelo fato de receberem mais do que deveriam, podem sentir-se na obrigação de retribuir, aumentando sua produtividade.

Quanto à percepção dos critérios efetivamente usados na avaliação, constatou-se que algumas variáveis determinaram essa percepção. Uma forte preditora da percepção dos critérios de justiça usados na avaliação foi a variável "salário". Pelo que se pode constatar, os empregados com mais baixos salários foram os que mais admitiram o uso do critério de "igualdade e necessidade". Possivelmente, esses são empregados que desempenham funções que não exigem maior qualificação de mão-de-obra e, provavelmente, executam tarefas pouco diferenciadas, favorecendo uma distribuição igualitária por parte das chefias, pelo fato de terem *performances* semelhantes. Por outro lado, também os empregados de salários mais baixos são, provavelmente, os que têm mais necessidades, pelo menos de ordem financeira, podendo também, nesse caso, propiciar um certo favoritismo por parte de algumas chefias na hora da avaliação, favoritismo que contribui para o uso do critério de "necessidade". Considerando que 1,27% da amostra julgou ser este o critério dominante nas avaliações de desempenho da empresa, há de se convir que, no caso, a exceção pode ter sido percebida como regra, pois foi muito pequeno o percentual da amostra que concordou ser o critério da necessidade realmente o mais usado nas avaliações da companhia.

O nível de escolaridade também foi uma variável preditora da percepção dos critérios de justiça. Os empregados com nível de escolaridade mais baixo julgaram que a igualdade foi o critério mais usado nas avaliações. A resultado semelhante também chegou Walter (1966), que constatou ser o nível educacional uma variável interferente na percepção dos critérios de justiça. A explicação para esse resultado também é considerada na mesma linha de discussão da variável salário, ou seja, os empregados com mais baixo nível de escolaridade executam tarefas pouco especializadas, não havendo, portanto, grandes diferenciações nos desempenhos, favorecendo talvez o uso do critério da igualdade pelas chefias. Também nessas circunstâncias, é plausível que a distribuição igual seja conseqüente a um procedimento eqüitativo.

Um percentual bem menor de empregados com nível escolar mais baixo admitiu ser o critério da necessidade o mais usado nas avaliações. Pode-se até considerar que, nesses poucos casos, as chefias tenham realmente usado o critério da necessidade, mas também é provável que a exceção tenha sido percebida como regra.

Como se pode ver, os empregados de nível de escolaridade mais baixo foram os que mais admitiram serem os critérios de igualdade e necessidade os mais usados no sistema de avaliação. Os de nível de escolaridade mais alto, nível superior especialmente, consideraram que a eqüidade foi o critério dominante, juntamente com os que têm maior tempo de serviço na empresa, os de mais altos salários e de mais alta hierarquia na empresa. Esse é um resultado até certo ponto esperado, pois os empregados com maior nível de escolaridade ocupam cargos de chefia, têm mais altos salários e maior tempo de serviço na empresa (houve correlação positiva entre essas variáveis no nível de .01).

A última variável que também determinou a percepção dos critérios efetivamente usados na avaliação foi a área do empregado na empresa, apenas no que se refere ao critério da necessidade. A área de operação, considerada a área nobre da empresa, constituída pelos técnicos mais especializados, foi a que não considerou o critério da necessidade como sendo utilizado nas avaliações de desempenho. Embora se tratando de um percentual pequeno da amostra, os empregados que mais enfatizaram a necessidade como sendo o critério mais usado nas avaliações foram os da área administrativa. Nessa área, que é a área-meio da empresa, talvez as possibilidades de ascensão funcional de alguns empregados, como os de baixo nível de escolaridade, por exemplo, sejam ainda mais difíceis que nas demais áreas, por não haver grande diversidade de cargos. Assim sendo, o critério da necessidade pode ter sido adotado pelas chefias como uma maneira de manter a motivação dos empregados, conforme salientou Leventhal (1976).

Do ponto de vista ideal, grande parte da amostra considerou que a eqüidade deve ser o critério utilizado nas avaliações. Esse resultado – apresentado tanto por chefes como por subordinados, inclusive estes últimos, que idealmente consideraram mais adequada a adoção do critério de eqüidade que de igualdade – vem comprovar mais uma vez que, em empresas que visam à produtividade econômica, há prevalência da eqüidade como critério de justiça, conforme salientou Deutsch (1975).

As relações entre justiça no trabalho e poder organizacional: uma conclusão

Para concluir nosso estudo, algumas considerações finais precisam ser feitas com relação aos objetivos do trabalho.

Os objetivos da pesquisa consistiam em identificar quais seriam os critérios de justiça distributiva percebidos como efetivamente usados na avaliação de desempenho da organização e em investigar se os mesmos estariam relacionados aos critérios considerados ideais para utilização no processo. Além desses objetivos, também se considerou que a percepção dos critérios de justiça distributiva, tanto reais como ideais, variaria em função das imagens de empresa poderosa e produtiva que os empregados têm da organização, sendo que todas as variáveis citadas anteriormente seriam dependentes das variáveis demográficas e organizacionais propostas no modelo.

Pelos resultados obtidos, constatou-se que os empregados da empresa preferem, em sua maioria, que o critério de eqüidade seja, idealmente, o dominante nas avaliações de desempenho e, efetivamente, percebido como o mais utilizado. Considerando os resultados da regressão múltipla, verificou-se que as variáveis eqüidade real e ideal se correlacionaram positivamente. Portanto, quem concordou que a eqüidade foi realmente o critério de justiça dominante na avaliação também admitiu que, idealmente, este deva ser o critério utilizado. A percepção da eqüidade como sendo realmente usada na avaliação variou em função da imagem de empresa poderosa, do nível hierárquico e da percepção da eqüidade como sendo o critério ideal de justiça. Assim, os empregados que consideraram a empresa menos poderosa, os de nível de chefia e os que admitiram a eqüidade como critério ideal a ser aplicado na avaliação foram os que mais concordaram que a eqüidade foi o critério mais usado nas avaliações de desempenho.

Constata-se também que os critérios de eqüidade real e ideal correlacionaram-se, negativamente, com os critérios de igualdade real e ideal. Assim sendo, conforme representado no modelo de regressão, aqueles que perceberam a eqüidade como critério efetivamente usado na avaliação discordaram que a igualdade tenha sido o critério usado no processo. Os que julgaram ser a eqüidade o critério ideal de justiça não admitiram que o critério da igualdade devesse ser o mais usado na avaliação de desempenho.

É interessante notar que, se as percepções dos critérios de eqüidade real e eqüidade ideal correlacionaram-se positivamente, o mesmo não ocorre em relação aos critérios reais e ideais de igualdade e necessidade. O julgamento de que a igualdade deva ser efetivamente o critério dominante na avaliação não apresenta, na regressão múltipla, correlação com a percepção de que, idealmente, também este deva ser o critério dominante. A igualdade percebida como critério realmente usado na avaliação teve como preditoras as variáveis eqüidade real, tempo de serviço, área de operação (correlações negativas) e imagem de empresa poderosa. Portanto, a percepção de que a igualdade foi efetivamente o critério dominante na avaliação foi pouco considerada pelos empregados mais antigos na empresa, pelos que admitiram ser a eqüidade o critério real de justiça, pelos funcionários da área de operação e pelos que julgaram a empresa como menos poderosa. No que se refere ao julgamento de que a igualdade idealmente deva ser o critério usado na avaliação, é um julgamento que tem como antecedentes as variáveis eqüidade ideal e área de operação. Como as correlações na regressão múltipla foram negativas, constata-se que aqueles que são da área de operação e os que concordam com a eqüidade como critério ideal não admitem a igualdade como critério dominante na avaliação.

Quanto ao critério da necessidade, também não ocorreu, no modelo resultante da regressão, correlação entre os níveis real e ideal, não havendo, pois, correlações entre as variáveis. Uma das mais fortes preditoras do critério de necessidade real foi o salário. Os empregados de salários mais baixos foram os que mais concordaram que a necessidade foi o critério dominante na avaliação. Outra variável preditora foi escolaridade, retratando que os funcionários de mais baixo nível de escolaridade foram também os que mais acreditaram que a necessidade foi critério dominante. O baixo nível escolar ainda influenciou o julgamento de que o critério de necessidade deve ser idealmente usado nas avaliações.

As conclusões gerais do presente trabalho comprovam o que vem sendo salientado pela literatura. É imprescindível que, ao investigar sobre justiça distributiva nas organizações de trabalho, não se perca a visão sistêmica das mesmas. Nesse sentido, além de se comprovar o que foi colocado por Deutsch – que as empresas que visam à produtividade econômica optam pelo critério de eqüidade –, também se constatou que as variáveis independentes organizacionais, como hierarquia, salário, tempo de serviço na empresa e área de trabalho (área de operação), influenciaram, com maior força que as variáveis demográficas, a percepção dos critérios de justiça distributiva tanto reais como ideais. Ainda fortalecendo a proposta de que é necessário fazer a investigação do tema com uma visão sistêmica da organização, contemplando a interação de variáveis de diferentes níveis, também se verifica que a imagem de empresa poderosa foi forte antecedente da percepção dos critérios de justiça distributiva.

Mais uma vez, na mesma direção do que têm apontado os estudos sobre o tema, os dados da pesquisa revelaram que a questão da justiça distributiva não pode ser investigada de forma dissociada da questão do poder. No que se refere ao cotidiano do trabalho, conclui-se que são muitas as situações da dinâmica organizacional relativas ao sistema de reconhecimento e à distribuição de recompensas que merecem atenção, principalmente por parte dos gestores, para não favorecer sentimentos de injustiças que possam comprometer a produtividade das empresas e das instituições e o bem-estar dos seus membros.

Referências bibliográficas

ADAMS, J. S. (1965). "Ineavity in social exchange". Em L. Berkovitz (org.). *Advances in Experimental Social Psychology*. Nova York: Academic Press, pp. 267-300.

BANDURA, A. (1969). "Learning Theory of identificatory processes". Em D. A. Goslin (org.). *Handbook of Socialization Theory and Research*. Chicago: Rand McNally, pp. 213-262.

BURNSTEIN, E. e KATZ, S. (1972). "Group decisions involving equitable and optimal distribution of status". Em C. G. McClintock (org.). *Experimental Social Psychology*. Nova York: Holt Rinehart e Winston, pp. 412-448.

DELA COLETA, J. A. e SIQUEIRA, M. M. M. (1986). "Situações de ineqüidade no trabalho: preferência por soluções cognitivas e comportamentais". *Arquivos Brasileiros de Psicologia*, 38, pp. 1-19.

DEUTSCH, M. (1975). "Equity, Equality and Need: What determines which value will be used as the basis of distributive justice?" *Journal of Social Issues*, 31, pp. 137-149.

DOODE, W. J. (1967). "The protection of the inepte". *American Sociological Review*, 32, pp. 5-19.

ELLIOT, G. C. e MEEKER, B. F. (1984). "Modifiers of the equity effect: Group outcome and causes for individual performance". *Journal of Personality and Social Psychology*, 46, pp. 586-597.

____________ (1986). "Achieving fairness in the face of competing concerns: The different effects of individual characteristics". *Journal of Personality and Social Psychology*, 47, pp. 604-620.

EVAM, W. M. e SIMMONS, R. G. (1969). "Organizational effects of inequitable rewards: Two experiments in status inconsistency". *Administrative Science Quartely*, 14, pp. 244-237.

GOODMAN, P. S. e FRIEDMAN, A. (1971). "An examination of Adams Theory of Inequity". *Administrative Science Quartely*, 16, pp. 271-228.

GORDON, M. E. e FRYXELL, G. E. (1989). "Voluntariness of association as a moderator of the importance of procedural and distributive justice". *Journal of Applied Psychology*, 19, pp. 993-1.009.

GREENBERG, J. e ORNSTEIN, S. (1983). "High status job title as compensation for underpayment: A test of Equity Theory". *Journal of Applied Psychology*, 68, pp. 285-297.

GREENBERG, J. (1986). "Determinants of perceived fairness of performance evaluations". *Journal of Applied Psychology*, 71, pp. 340-342.

____________ (1987). "Reactions to procedural injustice in payment distributions: Do the means justify the ends?" *Journal of Applied Psychology*, 72, pp. 55-61.

____________ (1988). "Equity and workplace status: A field experiment". *Journal of Applied Psychology*, 73, pp. 606-613.

GRIFFETH, M. E.; VECCHIO, R. P. e LOGAN Jr., J. W. (1989). "Voluntariness of association as a moderator of the importance of procedural and distributive justice". *Journal of Applied Psychology*, 74, pp. 394-401.

HOMANS, G. C. (1961). *Social behavior: Its elementary forms*. Nova York: Brace and World.

HOWARD, E. B. e TYLER, T. R. (1986). "Procedural justice as a criterion in allocation decisions". *Journal of Personality and Social Psychology*, 50, pp. 296-304.

LAWLER, E. E. (1968). "Equity Theory as a predictor of productivity and work quality". *Psychological Bulletin*, 6, pp. 596-610.

_______________ (1971). *Pay and organizational effectiveness: A psychological view*. Nova York: McGraw-Hill.

LEVENTHAL, G. S. (1976). "The distribution of rewards and resources in groups and organizations". Em L. Berkovitz e E. Walster (orgs.). *Advances in Experimental Social Psychology*. Nova York: Academic Press, pp. 91-131.

_______________ (1980). "What should be done with Equity Theory?" Em K. J. Gergen, M. S. Greenberg e R. H. Willis (orgs.). *Social Exchange – Advances in Theory and Research*. Nova York: Plenum Press, pp. 27-55.

LIND, E. A.; KANFER, R. e EARLEY, P. C. (1990). "Voice, control and procedural justice: Instrumental and noninstrumental concerns in fairness judgments". *Journal of Personality and Social Psychology*, 59, pp. 952-959.

LISSAK, R. I. e SHEPARD, B. H. (1983). "Beyond fairness: The criterion problem in research on dispute intervention". *Journal of Applied Social Psychology*, 13, pp. 45-65.

MILLER, L. K. e HAMBLIN, R. L. (1963). "Interdependence, differential rewarding and productivity". *American Sociological Review*, 28, pp. 768-778.

MINTZBERG, H. (1983). *Power in and around organizations*. Englewood Cliffs: Prentice Hall.

PETTERSON, C. C. (1975). "Distributive justice within and outside the family". *Journal of Psychology*, 12, pp. 487-503.

PRITCHARD, R. D. (1969). "Equity Theory: A review and critique". *Organizational Behavior and Human Performance*, 4, pp. 176-211.

SCHWARTZ, S. H. (1970). "Moral decision making and behavior". Em J. Macaulay e L. Berkovitz (orgs.). *Altruism and helping behavior*. Nova York: Academic Press, pp. 127-141.

STEINER, I. D. (1972). *Groups process and productivity*. Nova York: Academic Press.

THIBAUT, J. W. e KELLEY, H. H. (1959). *The Social Psychology of Groups*. Nova York: Willey and Sons.

MARIA DAS GRAÇAS TORRES DA PAZ, professora do Departamento de Psicologia Social e do Trabalho da Universidade de Brasília, é doutora em Psicologia pela USP. Leciona nos cursos de graduação, mestrado e doutorado e desenvolve atividades de pesquisa e consultoria nas seguintes áreas: avaliação de programas e projetos sociais e organizacionais, incluindo avaliação de impacto; avaliação de desempenho ocupacional e organizacional e análise organizacional. O modelo de análise organizacional desenvolvido pela professora contempla as relações políticas e simbólicas de empresas e instituições, privilegiando as variáveis de justiça distributiva e poder organizacional.

IMPRESSO POR
Bárbara bela Editora Gráfica
Fones: (61) 371-6551 / 372-6620
Fax: (61) 372-8693